本书由苏州大学中国史重点学科资助出版

董其昌
暨明代书法研究

吴建华 著

苏州大学出版社
Soochow University Press

图书在版编目（CIP）数据

董其昌暨明代书法研究 / 吴建华著. -- 苏州：苏州大学出版社，2023.9
ISBN 978-7-5672-4473-3

Ⅰ.①董… Ⅱ.①吴… Ⅲ.①董其昌（1555-1636）—人物研究 Ⅳ.①K825.72

中国国家版本馆 CIP 数据核字（2023）第 169681 号

书　　名：	董其昌暨明代书法研究
著　　者：	吴建华
责任编辑：	朱坤泉
助理编辑：	汝硕硕
装帧设计：	吴　钰
出版发行：	苏州大学出版社（Soochow University Press）
社　　址：	苏州市十梓街 1 号　邮编：215006
印　　刷：	苏州市深广印刷有限公司
邮购热线：	0512-67480030
销售热线：	0512-67481020
开　　本：	700 mm×1 000 mm　1/16　印张：18　字数：286 千
版　　次：	2023 年 9 月第 1 版
印　　次：	2023 年 9 月第 1 次印刷
书　　号：	ISBN 978-7-5672-4473-3
定　　价：	62.00 元

若有印装错误，本社负责调换
苏州大学出版社营销部　电话：0512-67481020
苏州大学出版社网址　http://www.sudapress.com
苏州大学出版社邮箱　sdcbs@suda.edu.cn

搭建艺术与历史研究的津梁
——从艺术社会史的角度浅谈董其昌研究的体会（代序）

我的念书生涯，大学本科专业是历史，硕士研究生专业是明清史，博士和博士后专业是社会史，与艺术没有直接交集与专门训练。立足历史，研习历史，成为治学主道，肯定无疑。然而机缘巧合，1992年，在我年届而立之际，有幸拜师徐伯荣先生学习书法，专习碑帖隶书，前后长达三年。后因忙于历史本业，未能延续这一业余爱好，书道浅尝辄止而已。到如今，半个甲子过去。另一个机会是，与吴门花鸟画家顾景林先生薄有交往，有机会观赏其飞书作画。由此，对于字画技法奥秘，略知其中三昧。悟得书画同源、书画同理，师傅领进门，修行在自身，实为至理名言；书画艺术技法，必得现场亲见作法，运笔运气，结构布局，然后临帖摹碑，心领神会，对此不语之师，终身膜拜，天地万物，会乎一胸，方得有成。

大约职是之故，1997年，受友朋抬爱，坚邀参与写作《中国艺术史·书法篆刻卷》专著，被引入中国书法篆刻史领域。我深知学识鄙陋，难以担当此任，于是坚决只肯承担部分章节，且重在历史方面，而书法篆刻技艺性强的内容，尽量减少，以免捉襟见肘，贻笑大方。然而，总体的明代书法篆刻情况，还是无法推免。就此只能扬己历史之长，从有明社会背景去认识其书法，主要依据祝嘉先生《书学史》[1]明代一章的线索，进行清理，有所习得。

全书原本拟十章，几乎就是命题写作，也在年壮气盛，不遑多顾，沉浸研习，边学边研，竟然成篇。其中对于董其昌的篇幅，居然从《容

---

[1] 祝嘉：《书学史》，上海书店1990年，根据教育书店1947年版影印。

台集》《画禅室随笔》[1]读起，条分缕析，越写越多，多达4.6万字有余，只好将"明代后期的书法"一章内关于董其昌的一节单列出来成一章，写成了十一章。总计自撰全书七章，即第一章"明代书法概述"、第二章"明代书法的土壤"、第五章"明代后期的书法"、第六章"集帖学书法大成的董其昌"、第七章"从晚明诸家看明代书法对清代书法的影响"、第十章"明代'文房四宝'与书画装潢艺术对书法的影响"、第十一章"明代书法作品的流传、鉴藏与辨伪"。1998年交稿之后，信讯渺茫，后被告知事生变故，无法出版，以为就此搁浅，只作增加学识而已。岂料转瞬十年，荏苒物华休，在2006年，突告可将所写内容以多卷本《中国艺术史》的《书法篆刻卷》（上、下卷）[2]内的一章出版，稿酬无分文，赠送成书上、下卷一套。清样来后，看到字数悉数保留，顿时感受了尊重，也确实被此种敬业所感动。想来能将心血文字如此免费问世，已经万幸，于是权当谊属义务，得书作为学艺念想了。

就在撰写明代书法篆刻史，尤其对于董其昌书法花费功夫之后，中国社会史年会1998年在苏州大学召开、2002年在上海师范大学召开，我便以"'民抄'董宦事件"为题，前后写了5篇文章，作为系列论文，内刊发4篇，即《"民抄"董宦事件与晚明江南社区的大众心态》（《中国社会经济史研究》2000年第1期）、《晚明江南的社区与大众心态：乡绅的宣言——"民抄"董宦事件的个案分析之一》（唐力行主编《家庭·社区·大众心态变迁国际学术研讨会论文集》，黄山书社1999年。此文与上文相近，故本书收录一篇）、《晚明江南的社区传播与大众心态——"民抄"董宦事件的个案分析之二》（张国刚主编《中国社会历史评论》第二卷，天津古籍出版社2000年）、《晚明江南的社区失范问题——"民抄"董宦事件的个案研究之四》（唐力行主编《国家、地方、民众的互动与社会变迁》，商务印书馆2004年）、《晚明江南的

---

[1] 董其昌：《容台集》，崔尔平选编点校：《明清书法论文选》，上海书店出版社1994年；董其昌：《画禅室随笔》，《艺林名著丛刊》第三种，北京市中国书店1983年，根据世界书局1936年版影印。现今《容台集》有邵海清点校，西泠印社出版社2012年本；《画禅室随笔》新出版本较多，更有《董其昌全集》（严文儒、尹军主编，上海书画出版社2013年），当时根本不敢奢望。

[2] 史仲文主编：《中国艺术史·书法篆刻卷》，河北人民出版社2006年。

社区失控与国家政府、地方士绅、民众的互动——"民抄"董宦事件的个案研究之四》("国家、地方、民众的互动与社会变迁"国际学术研讨会暨第九届中国社会史年会论文,2002年。此文的部分经改写收入会议正式出版论文集,仍作"之四")。

2020年盛夏,《"民抄董宦"事件与晚明江南社区的大众心态》一文,被陆军主编《江南文化的样本——松江》一书收入(上海辞书出版社2021年)。由此萌生一念,在2021年承蒙苏州大学中国史重点学科资助,申报出版选题,就将董其昌与明代书法的已刊文字结集,作为学术留痕。趁此良机,对所撰文字重加检阅,刊削讹误,统一格式,文字则大致存旧。在此期间,一直思考的问题是,如何看待自己的旧作及其选题的价值?

作为中国书画艺术大师的董其昌,其艺术成就,海内外研究硕果累累。对其绘画,本人纯属门外汉,没有发言资格。对其书法与明代书法,自认有点学习心得,在明代社会背景之中,尤其是使用历史实证的本家方法,尚能窥其门径一二。而对于事关董其昌名声毁誉的"民抄"董宦事件,更是评价董其昌绕不过去的一道坎,自己能从晚明江南社区(地方)、传播、心态、社会规范、国家地方民众互动与社会变迁等多角度探讨这一问题,应当比较深入的了。

然而,怎样将这二者结合起来,融成一个选题,加以有机的观照呢?随着社会史研究蔚为大观,似乎恍然大悟:若把上述与董其昌相关的研究搭建津梁,链接起来,那就是非艺术社会史莫属了!董其昌书法与明代书法艺术,属于中国艺术史的范畴,而明代书法生长的环境或土壤、董其昌生平事迹,包括"民抄"董宦事件,直接影响其书画艺术创作与从政生涯,则属于历史或社会史的范畴。搭建艺术社会史这一津梁,正可以将艺术与历史这两个貌似风马牛不相及的学科链接起来。毋容置疑,艺术社会史,超越了单纯的艺术史或社会史的范畴。

在艺术方面,包括书画专家,其艺术技巧为内行,而对于书画等艺术家的时代与社会情况,却可能欲说还休,往往一笔带过,不甚了了,因为不是历史本行的缘故。而在历史方面,包括社会史专家,其历史技巧为内行,而对于书画等艺术技巧,毕竟外行居多。能够像元史专家陈高华先生那样,刻意收集整理出版画家史料,兼及中国绘画史研究者，实属凤毛麟角了。[1] 很明显，这是艺术、历史分科研究的结果。

看重艺术发展的历史背景，由此产生艺术社会史，这是艺术社会学发展的必然产物。在研究出版论著的程序上，像艺术社会史、艺术社会学的大家和先驱人物，匈牙利阿诺尔德·豪泽尔（1892—1978），首先是从艺术社会史出发，然后提炼上升到了艺术哲学、艺术社会学的。[2] 他那既无前言也无后记"裸著"的《艺术社会史》，毫无疑问，打破了艺术归艺术，而置其政治等时代社会背景的关联于不问的学术现状，使人有机地明了艺术变迁的社会因素，由此形成了独到的艺术社会史。当然，他是站在熟谙艺术的基础上，写出了世界（主要是欧洲）的艺术社会史。

站在艺术角度，兼顾历史背景，阐释艺术的研究，兼跨艺术和历史学科，进行的是社会艺术史研究。而站在历史角度，切入艺术领域，兼跨历史和艺术学科，进行的是艺术社会史研究。这是针对历史、艺术两科的落脚点而言的，侧重有不同，却都在进行历史和艺术两科关联性的研究，因而艺术社会史，搭建了历史和艺术沟通的津梁。至于名称是社会艺术史还是艺术社会史，这差异大致可以不必太去计较。

能够开展艺术社会史的研究，诚须归功于社会史的蓬勃发展。在西方，年鉴学派的史学运动改造了传统史学面貌，使之成为新史学，充满活力，具有广泛的探索性，以及交叉学科与跨学科研究共同历史话题的包容性。而在中国，自从梁启超提出建设"新史学"以取代传统史学，历经中国社会史大论战，促使历史的学术实证研究贯穿一线，新中国社会史从停滞到复兴、兴旺，已经成为马克思主义中国史学发展的一大分支，并与国际同行实现了平等交流对话。

与国内其他学科古籍整理相比，中国书画艺术史籍的整理比较滞

---

[1] 陈高华的著作有：《元代画家史料》（上海人民美术出版社1980年）、《元代画家史料汇编》（杭州出版社2004年）、《宋辽金画家史料》（文物出版社1984年）、《隋唐画家史料》（文物出版社1987年）。

[2] 参见阿诺尔德·豪泽尔《艺术社会史》，黄燎宇译，商务印书馆2020年，"译者序"。

后，然而正在加紧赶上，以便符合研究的史料之需，[1] 而书画艺术的社会史研究，亦即属于艺术社会史研究，也有日益兴起的势头。譬如，中国美术学院中国思想史与书画研究中心，正在实现中国思想与书画的交叉研究的初衷，从出版此中心的年刊《中国思想与绘画：教学和研究集》（一—四），由关注思想与绘画到关注思想与书画，年刊改名《中国思想史与书画教学研究集》（五—六）。这是思想史与书画艺术的结合。广义言之，也属于艺术社会史的范畴了。就明代书法研究而言，像施锡斌《明代书法与社会结构关系研究》[2]，做的应是书法社会史研究，亦即艺术社会史研究的细分部分。

历史学者研究艺术社会史，往往艺术行话少，历史底蕴深。与此相反，艺术学者研究社会艺术史，往往历史底蕴欠缺，艺术技巧居先。具备这两种知识结构和理论素养的学者，正好能够互补，使同一的研讨对象比较完整，逐渐趋于立体化的建构。

日本学界对于董其昌的研究，同样可分为书艺与历史两路。有对于董其昌书法思想的研究，实际上类同于思想中的艺术、艺术中的思想的研讨，不过，总觉得艺术书家与史家，所论董其昌，差别仍是不小的。[3] 而酒井忠夫《中国善书研究》中"明末的社会与善书"一章，对于明末士人"浇风"影响"民抄"董宦事件以及善书规范，倒是较早地做了社会史的着力分析。[4] 这样利于对董其昌书画艺术成就的解析，可以走向类似于艺术社会史的诠释。

---

[1] 参见山西教育出版社《中国书画史籍校注丛典》总序。此外，大部头的整理丛书，有上海书画出版社《中国书画全书》《中国书画基本丛书》，浙江人民美术出版社《艺术文献集成》，上海古籍出版社《古代书画著作选刊》，华东师范大学出版社《历代艺术史料丛刊·书画编》，等等。卢辅圣主编《中国书画全书》，更是民国《美术丛书》（四集本，后台北出到六集本，以书画为主）之后的最大书画古籍整理工程，其序言指出中国书画史资料的特色（卢辅圣主编：《中国书画全书》第一册，上海书画出版社1993年，第18-23页）。

[2] 金观涛、毛建波主编：《中国思想史与书画教学研究集》（六），中国美术学院出版社2018年。

[3] 神田喜一郎「董其昌の思想について」禪學研究会編『禪學研究』第58號、1970年3月、191-205頁。

[4] 酒井忠夫：《中国善书研究》，刘岳兵、孙雪梅、何英莺译，江苏人民出版社2010年，第194-205页。

英国柯律格的《长物：早期现代中国的物质文化与社会状况》[1]、《雅债：文徵明的社交性艺术》[2] 作法，可以说是站在艺术角度，对明代社会艺术史的成功研读。

《董其昌和他的江南》，由书画艺术和历史学者共同参与，共收录16篇论文，其中5篇研究历史，提供了董其昌所在社会生活背景，也有艺术史学者关注消费市场，颇有艺术社会史之味道。[3]

在进行艺术社会史或社会艺术史研讨之时，原始资料的引用与注释的规范方面值得重视。一是书画艺术家的传记较多，又比较简略，常常是后人梳理性的著录，使得何者为原始资料较为模糊。二是艺术的书写相较于历史书写的谨慎，讲究无一字无来历，要显得稍微疏离些。造成如此状况很重要的原因，在于以书法艺术鉴赏而言，由于论者所执审美标准不同，十分不易统一。李兆洛所谓"而后之学者，品题讥弹，又各因其人之学问、性情以为取舍"[4]。正如董其昌"题跋多率尔落笔，不暇详检载籍，而书家品韵，往往以悬判得之"，并非靠考据得之，清"淡墨探花"王文治对此大为赞赏，并加以发挥。[5] 这也是艺术与历史两个学科属性的差别。三是有的著作引用许多书人传记，况且资料选用又不完整，因而改变了原文面貌，这对原文的完整理解增加了困难。四是不少书画真迹或题跋，人云亦云，久已耳熟能详，也就难以一一核实，遂致其出处反而不详，为了符合史学考证之法，不得不花费时日查明加注，却劳心费力，常会一无所得，其间心境，自不堪言。由此看来，艺术资料之收集考订，汇为大成，制作索引，方便查

---

[1] 柯律格：《长物：早期现代中国的物质文化与社会状况》，高昕丹、陈恒译，生活·读书·新知三联书店2015年。

[2] 柯律格：《雅债：文徵明的社交性艺术》，刘宇珍、邱士华、胡隽译，生活·读书·新知三联书店2012年。

[3] 如冯贤亮《晚明江南的松江府：士人生活与社会变化》、巫仁恕《民抄董宦与晚明江南的城市社会》、颜晓军《董其昌诸子及董氏第宅》、叶康宁《董其昌与晚明江南的书画消费》，均见上海博物馆编《董其昌和他的江南》，北京大学出版社2019年。其中，颜晓军文进一步弄清了董其昌有四子：祖和（字孟履，号起玄。上海廪生，荫入国学，工部工事）、祖权（字仲权，号得庵。华亭庠生，以荫任至江西司主事。祖常应为祖权之字）、祖源（字季苑。官生）和祖京（字欲仙，号瀛山。官生。"民抄"董宦事件时尚未出生）。此外，董家在松江府城的六处第宅有图示，非常清晰。

[4] 王文治：《快雨堂题跋》，李松朋点校，上海书画出版社2020年，第131页。

[5] 王文治：《快雨堂题跋》卷一《颍上兰亭》，第144页。

考，势在必行。[1] 目前有的书画古籍整理丛书也正在为此努力。

艺术社会史，从更为宏大的范围而言，属于文化社会史的分支。因此，更多的文化研究理论与方法，也可以适当地引入。

由上而知，董其昌与明代书法研究，是可以通过艺术社会史，紧密链接，发挥既有历史学者也有艺术学者的各自专长，以便进行更为深刻而全面的探究。

回顾本人往昔所做董其昌与明代书法探究，不禁汗颜！因为除了一些肤浅之见难免存在之外，错讹之处也还不少，主要没能一一从原始资料出发，开始之时就确保资料源头考订的准确性，于是正好借机尽量订正，而全篇总体存旧。况且，在当时根本没有艺术社会史的概念或意识，纯属随兴而至，停留在历史是历史、书法是书法，历史与艺术各自分立的地步，最多增加的是对董其昌生平的时代背景的理解；也根本想不到可以像现在这样，通过艺术社会史或社会艺术史的津梁，将二者沟通联系为一体。

现今处于新时代的历史与艺术结合研究的学术，必将呈现新的起色。上海师范大学与中国美术学院连续合办两届江南社会史论坛，营造历史与艺术的对话互动平台，在艺术社会史或社会艺术史的研究之路上，必将起到重要的推动作用。

---

[1] 卢辅圣主编《中国书画全书》（上海书画出版社1992—1999年，初版14册，2009年修订本20册）丛书时，设想编纂规模宏大的三部曲，另外两种是《中国书画文献综录》与《中国书画文献总索引》，其中的《中国书画文献总索引》试图做集大成的传统书画检索的工具书。结果第一部于1999年出齐，第二部未能顺利展开，第三部仅对《中国书画全书》而作，改名为《中国书画文献索引》（上海书画出版社2005年）。

目录

上编　明代书法暨董其昌书法研究

第一章　明代书法概述 / 003
　第一节　明代书法的继承和流变 / 003
　第二节　明代书法的流派和风格 / 017
　第三节　明代书法的历史贡献 / 043

第二章　明代书法的土壤 / 051
　第一节　政治、经济、思想文化、社会风尚与明代书法 / 051
　第二节　儒学、佛教、道教与明代书法 / 063
　第三节　文学、绘画、建筑、篆刻等艺术与明代书法 / 069
　第四节　个人性格与明代书法 / 076

第三章　明代后期的书法 / 086
　第一节　奇顽狂放的书坛怪杰徐渭 / 087
　第二节　浪漫自趣的书家群体 / 095

第四章　集帖学书法大成的董其昌 / 112
　第一节　帖学大师的一生 / 112
　第二节　帖学大师的书学经历 / 117
　第三节　帖学大师的书学理论和书法特色 / 122

第五章　从晚明诸家看明代书法对清代书法的影响　/　171

第六章　明代书法作品的流传、鉴藏与辨伪　/　183

    第一节　明代书法作品的著录与收藏　/　183

    第二节　明代传世的主要刻帖　/　192

    第三节　明代主要书迹　/　199

    第四节　明代书法作品的作伪与鉴别　/　218

下编　"民抄"董宦事件研究

第七章　晚明江南的社区与大众心态：乡绅的宣言

    ——"民抄"董宦事件的个案分析之一　/　229

第八章　晚明江南的社区传播与大众心态

    ——"民抄"董宦事件的个案分析之二　/　243

第九章　晚明江南的社区失范问题

    ——"民抄"董宦事件的个案研究之四　/　262

后记　/　272

上　编

明代书法暨董其昌书法研究

第一章　明代书法概述

明朝（1368—1644）在反元战争的硝烟中诞生，却直接继承了元朝的制度和文化，包括书法艺术的成就，只不过在某些方面进行了一番必要的改革。

第一节　明代书法的继承和流变

在书法文化上，明太祖朱元璋于开国之初就在宫廷设立皇家书画收藏机构和书画装潢机构，重视传统书法绘画佳作的收藏和修补，从总体上改变了元王朝不重视书学而造成的民间书法放任自流、自生自灭的局面，有利于对中国悠久的书法文化的继承和传习。朱元璋本人喜欢书法，且心有领悟，曾书"第一山"三大字，悬挂于中都凤阳龙兴寺，端严遒劲，[1] 气势雄强。但是，朱元璋的文化知识水平不高，书法识见有限，能够用毛笔书写，却不是书法专家，所以，他对传统书法艺术的推动也不十分积极和热心。他能够做到在政策上扶持书法艺术这朵中华文化的绚丽奇葩，不至于让她像在元朝那样大面积地枯萎下去，已是十分难能可贵了。因此，明初的书法家如危素、俞和、宋克等人的书学成就主要是他们在元朝时靠刻苦自砺、锲而不舍才取得名望，再带入明朝的，而刘基、宋濂的主要声名不是建立在书法上，而是奠立在政治作为上的。

永乐帝朱棣通过"靖难之役"篡夺侄儿建文帝朱允炆的皇位，通

---

[1] 朱谋垔：《续书史会要》，《景印文渊阁四库全书》第八一四册，台北：台湾商务印书馆1986年，第810页。

过军事暴力的途径，采用极其野蛮的政治高压手段，建立起长达22年的统治。这一政治特殊性决定他必须一改以往他父亲朱元璋的许多做法，另外树立一种圣王明君的新形象，从而取得天下对他的尊崇和膜拜。朱棣本人志气宏大，英武有为。这两个因素结合在一起，共同促使他重视明朝对文化的振兴，其中包括在政策和制度上确保书学的持久性发展。与朱元璋对书学的重视程度相比，朱棣更是大有过之而无不及的。

永乐二年（1404），朱棣广招天下擅长书法的人才到京师，"储翰林，给廪禄，使进其能，用诸内阁，辨文书"[1]。他让这些书法人才书写政府的诏令外制，选拔其中的优秀者留在翰林院写内制，做法比朱元璋时更进一层。除了授官中书舍人外，专隶中书科官署，还由吏部特简选拔，特别重视。不但如此，他还在中书舍人中精选28人专门学习王羲之、王献之父子的书法。在永乐朝被选的能书之士之中，许多还是默默无闻地生活在民间的读书人或普通百姓，其中有不少是江南地区的人。例如，常熟张衡被征入京师书写诰敕；无锡王绂"用荐，以善书供事文渊阁"，"于书法，动以古人自期"[2]；华亭朱寅"永乐初以能书被选"[3]；朱寅的族弟朱铨，"得钟王笔法，太宗选写金字经"[4]；鄞县杨尹铭以楷书进，又能小篆，[5]吴江陈琮"书法遒美，永乐初，征书诰敕"[6]；解缙、胡广、滕用亨都因能书奉侍帝侧，备受重用；而松江府华亭县的沈度、沈粲兄弟最受永乐帝赏识。"太宗征擅书者试而官之，最喜云间二沈学士，尤重度书，每称曰：'我朝王羲之。'"[7] 沈度的书法婉丽飘逸，雍容大度，以工整典雅见称，当时目为书法宗匠，竞相仿效，直接影响到"台阁体"书法的形成。永乐帝如此隆遇书学

---

[1] 祝嘉：《书学史》，上海书店1990年，根据教育书店1947年版影印，第329页，引黄佐《翰林记》。

[2] 《明史》卷二百八十六列传第一百七十四《文苑二·王绂》，中华书局1974年，第7338页。

[3] 祝嘉：《书学史》，第347页，引《松江府志》。

[4] 祝嘉：《书学史》，第347页，引《江宁县志》。

[5] 祝嘉：《书学史》，第349页，引《宁波府志》。

[6] 祝嘉：《书学史》，第348页，引《松陵文献》。

[7] 李绍文：《皇明世说新语》卷六，《续修四库全书》第一一七三册，上海古籍出版社1996年，第572页。

之人，是元朝无法相比的。这种举动让天下读书士人舒心振奋，雀跃欢呼：仅靠书法一技之长，就能班列殿廷，得到重用，"给廪禄"[1]。科举士人则更感到自己前程远大，对新朝新君充满信心和希望，一时以"二王"为起始的帖学书风炽盛而起。

明代皇帝共有16位。从洪武帝朱元璋开始，永乐帝朱棣、洪熙帝朱高炽、宣德帝朱瞻基、景泰帝朱祁钰、成化帝朱见深、弘治帝朱祐樘、正德帝朱厚照、嘉靖帝朱厚熜、万历帝朱翊钧、泰昌帝朱常洛，直到崇祯帝朱由检，共有12位皇帝喜欢汉字书法或绘画，占比达75%。

洪熙帝"无他嗜好，万几之暇，留意翰墨，尝临《兰亭帖》赐沈度，意法神韵，唐之太宗不能过也"[2]。其子宣德帝的书法出于沈度兄弟，更"能于圆熟之外，以遒劲发之"[3]，犹如行云流水，飞动笔端。还专门写《草书歌》，重视书法天真自然的气韵和笔法。除书法外，他还能画画，"随意所在，尽极精妙"[4]，是个能文能武、能书善画、多才多艺的君王。洪熙、宣德时期，国家设立皇家书画院，人才济济，对于明代书画艺术事业顺沿洪武、永乐开辟的道路，从此走向鼎盛和创新的局面，并把中国书画艺术传播至海外贡献最大。

弘治帝酷爱沈度笔迹，每天临写上百字作为自课。[5] 嘉靖帝对于操觚染翰之事，无不究其精微，穷其墨妙，一点一画，动以古人为法。[6] 万历帝"天藻飞翔，留心翰墨，每携大令（王献之）《鸭头丸帖》、虞世南《临乐毅论》、米芾《文赋》以自随"[7]。好写大字。十余岁时，字画遒劲，鸾回凤舞。赐首辅申时行手敕，字大于钱，行书，得苏（轼）意，作字多，纸亦不长。[8] 崇祯帝草书秀润娟好，[9] 楷书端谨。

---

[1]《明史》卷二百八十六列传第一百七十四《文苑二·沈度》，第7339页。
[2] 朱谋垔：《续书史会要》，《景印文渊阁四库全书》第八一四册，第810页。
[3] 王世贞：《艺苑卮言》，崔尔平选编点校：《明清书法论文选》，第173页。
[4] 祝嘉：《书学史》，第331页，引何乔远《名山藏》。
[5] 朱谋垔：《续书史会要》，《景印文渊阁四库全书》第八一四册，第810页。
[6] 祝嘉：《书学史》，第331页，引张居正《太岳杂著》。
[7] 钱谦益：《列朝诗集小传》，上海古籍出版社1983年，第5页。
[8] 祝嘉：《书学史》，第332页，引于慎行《穀城山馆诗文集》；顾复：《平生壮观》卷五，林虞生校点，上海古籍出版社2011年，第149页。
[9] 祝嘉：《书学史》，第332页，引刘繇《五石瓠》。

这些明朝皇帝的风雅和书画艺术爱好对明朝书法的发展起到不可忽视的推动作用，特别是他们基本上都推崇遵循"二王"书学路子的沈氏兄弟的书法，并涉及唐宋以至晋代法，对于明代书学发展有着导向功能。

在永乐帝以后的一些明朝皇帝，能奉行祖宗家法，选拔能书之人授予官衔，列班朝廷。如解缙的从子解祯期善书，选天下第一，洪熙时召为中书舍人。[1] 弘治时，余姚杨节以善书直内殿为序班，后为高邮判官。书效颜真卿，更加瘦劲。画菊，有草书法。[2] 还有卓迪，"善篆书，奇峭深蔚，自视米南宫（芾）父子以下不论也；后以能书，选入翰林"[3]。这些都是朝廷对读书善书之士给以的持续性奖赏和鼓舞。

明代许多亲王贵族酷爱书法艺术，潜心玩赏，刻意收藏，对于明代书学的发展起了推波助澜的作用。周宪王朱有燉真行醇婉，无一笔失度，学得十分卖力逼真，可惜特少腕力，缺乏风格。[4] 他集汇古代书法名迹10卷，亲手摹临，勒石传世，称为《东书堂法帖》。[5] 宁靖王朱奠培书法矫洁遒劲，号称"银钩铁画"。作字必自创结构，不肯袭古。每书成，"尽搜古帖，偶一字同，弃去更书"。集古今法书10余卷。[6] 他的书帖众多，习古很深，而且富有创新意识，自我书法境界极严极高。三城康穆王朱芝垝"所作行草，人称妙绝"[7]。荆端王朱厚烇"尤以篆隶著名"[8]。益端王朱祐槟"工楷篆"[9]。

皇室女性当中也有喜爱书法的，以宁王朱宸濠的妻子娄妃最为突出，"书仿詹孟举（希原、希元），楷书《千文》极佳。江省（江西）永和门并龙兴、普贤寺额，其笔也。后人以其贤，不忍更之"[10]。她因人品传其书，又因书传其名。

---

[1] 祝嘉：《书学史》，第345页，引何乔远《名山藏》。
[2] 祝嘉：《书学史》，第361页，引陶元藻《越画见闻》。
[3] 祝嘉：《书学史》，第348页，引解缙《文毅集》。
[4] 王世贞：《艺苑卮言》，崔尔平选编点校：《明清书法论文选》，第173页。
[5] 朱谋垔：《续书史会要》，《景印文渊阁四库全书》第八一四册，第811页。
[6] 朱谋垔：《续书史会要》，《景印文渊阁四库全书》第八一四册，第811页。
[7] 朱谋垔：《续书史会要》，《景印文渊阁四库全书》第八一四册，第812页。
[8] 祝嘉：《书学史》，第332页，引朱谋玮《藩献记》。
[9] 祝嘉：《书学史》，第332页，引何乔远《名山藏》。
[10] 朱谋垔：《续书史会要》，《景印文渊阁四库全书》第八一四册，第847页。

明朝皇帝、宗室及皇室女性对中国传统书画艺术的珍爱、喜好和鉴藏风气蔓延开来，世代接续，以及重用书法人才等制度确保了书法事业的久盛不衰，具有内在驱动力，而逐渐恢复发展的社会经济和开放的文化思想氛围对书法艺术的兴旺发达起到物质和精神上的双重动力作用。纵观明朝一代书法，大致经历了明初期"赵体"书法流风余绪期，明中期以苏州"吴门书派"为核心的兴盛期，明后期以帖学集大成者董其昌为首的"华亭书派"和从徐渭到黄道周、王铎等人的浪漫书家群体多元化书法的发展期。书法艺术的发展遵循着从明初继承元朝赵孟頫书体风格居多，自我创新较少，逐渐过渡到明中后期时既继承深厚的中国书法帖学传统，又十分注重形成自我独特风格的书学这样一条明晰的轨迹。从数量规模上讲，如果说明初期的创新书家是以个体零星地存在着，那么，明中后期的创新书家则以群体而涌现，并且从中涌现出祝枝山、文徵明、王宠、董其昌、徐渭、黄道周、张瑞图、王铎等书法名家。

明朝书法从上承元朝时期累积的中国书法的优良传统拉开序幕，经过众多书法爱好者、书法家们的勤恳努力探索，终于酿造出百花斗妍、名家盛出的繁荣格局，并下启清代乃至近现代、当代书法创作和书学的光明前景。

只享 97 年国祚的元王朝在书法艺术上也留下了卓越的成就，这种成就不同于明朝，元政府并不重视书法。元朝拥有引以自豪的、首屈一指的书法大家，如赵孟頫、鲜于枢、邓文原、康里巎巎。但是，由于国运短暂，书法文化积累和传播乏力，书法家群体规模远不如明朝。不过，天资聪颖的赵孟頫勤学苦练，博采众长，走了从唐宋上溯魏晋，从黄庭坚、米芾到智永、褚遂良，踵接钟繇、"二王"的正统帖学书派的路子，将唐法、晋人书法冶融一炉，终于炼就自我一格，特具新姿别态，柔润闲雅，秀美飘逸，赢得"赵体"的美誉，不仅使当时中国书法界的耳目为之一新，心灵从此一振，赵孟頫一跃被公推为元代书坛盟主，构筑起中国书学的又一座丰碑，而且声著后世，累代不息，给相当多的书法研习者以艺术灵感和书风导引。直接承继元朝的明朝，由于与它时间近，"赵体"书法比较容易观摹临习，赵氏书界泰斗的地位仍牢不可破，因而出现"赵体"遮蔽下的书家和书法作品，就不足惊奇了。

明初政治社会背景变了，广大的百姓消泯了元朝政治下形成的心理阴影与人格萎缩，对悠久的华夏文明的学习重新获得了选择的自由，重新寻到了华夏文明的优越感，并为这种文明的传播倾注了持久不懈的心力。作为华夏文明花园中一朵奇葩的书法艺术不仅受到最高统治者的普遍喜好和重视，而且在广大书法家和书法爱好者的热情和刻苦传习中走上正常发展的轨道。因而，明初期就自然地出现一批书法名家。例如，擅长行草书的刘基，工于小楷的宋濂，楷行兼长的危素，被称为"三宋"的宋克、宋广、宋璲，与"三宋"齐名的陈璧，与宋克并称的俞和，以及被书法理论家丰坊推为师承吾子行（吾衍、吾丘衍）的篆法、小篆"当代第一"的名家滕用亨，[1] 大楷名家詹希原，华亭人"两京书博士"[2] 颜禄擅长行楷分隶，更有沈度、沈粲"二沈"，还有书法家和书法理论家解缙以及杜环、姜立纲等人。但他们的书法都有意无意地烙上"赵字"的痕印，显出"赵体"对明初书风的影响。它在预示：到赵孟頫为止的中国帖学书法的成功路子从宋元以来备受人们青睐，发展到明代，将会继续沿着赵孟頫的书风惯性前行，直至推进到淋漓尽致的境地。"赵体"书法成为明代书学极高的起点，也向明代书家提出强烈的挑战：你怎样才能超越"赵字"，写出自我来？为此，明代书家付出了将近三个世纪的艰辛劳苦探索。

确切地讲，明初书法的佼佼者危素、俞和、宋克等人，大部分时间生活在元代，书法成就是在元朝奠定的。但是，他们死于明代，《元史》不列其传；加上入明之后，他们还有些事迹，因此就被称为明人了。其实，他们作为元末明初、旧新两个时代交替的过渡性书法家，才是合乎情理的。明了明初书家这一书法主体自身的时代特征，就容易明白元代书法，尤其是"赵体"书风为什么能够极其自然地下传明代，并且深刻影响明代书风了。

危素的书法承自康里巎巎，他和饶介一起得到康里巎巎的指授。以

---

[1] 丰坊：《书诀》，卢辅圣主编：《中国书画全书》第三册，上海书画出版社1992年，第844页；祝嘉：《书学史》，第307、334、346页。滕用亨，字用衡，初名滕权。参见《明史》卷二百八十六列传第一百七十四《文苑二·滕用亨》，第7340页。

[2] 祝嘉：《书学史》，第337页。

后，危素把所学书法传给宋璲、杜环、詹希原，饶介则把所学书法传于宋克。[1] 危素的书法以智永、虞世南为宗，"楷行草三体并臻于妙。凡世臣大家、释老寺观、穹碑短碣，多出公手"[2]。宋濂讲他"博学善文辞，至正中独以文鸣"，"尤精于书"，人们能"得片楮只字者，宝秘以为荣"。[3] 宋克初习赵孟頫书法，后来崇尚晋人风韵，"杜门染翰，日费十纸，遂以善书名天下"[4]。他擅长草书，善于创新，融楷行章草于一体，写出明初流行的草书体，对陈璧、"二沈"影响很大。更善写章草，在赵孟頫之后高举章草大旗，成为明初章草的主将。从此，这种书体重新受到人们重视，通行明代，成为法书学习的一种字体，取得与其他书体平等的地位。詹希原的大字楷书独步当时，陆深称"国初书法，以詹孟举希原为第一"。詹景凤说："自洪武而下至永乐，多法詹宋（克）。"[5]

总的看，危素、宋克等人的书法都师承康里巎巎、赵孟頫，上继王羲之等晋唐名家帖学的路子，和"赵体"一致，崇尚婉媚，成为时尚。明书法家、鉴藏家詹景凤评论明初书法道："国朝楷、草推三宋，而仲温（宋克）首称。仲温楷师钟繇，章法皇象，然未免烂熟之讥。又气近俗，但体媚悦人目尔。"[6] 承认宋克等书家宗法晋唐，淳朴古雅，具有独创性，但又指出他们深受"二王""赵体"书法影响，脱不开当时人们习以为常的"烂熟"的书法面目，真正走出"赵字"笼罩的圈子，展现自己的面目特性。幸而"三宋"之一的宋璲在行草书之外，还能以篆书独领书坛风骚，显现明初书法可以保留书法的另一种临习和发展的路子。

追循"二王""赵体"的晋唐书学正途，明初华丽典雅的书风发展

---

[1] 解缙评述明初书坛传承时说："国初宋仲珩（璲）、饶介之（介）、宋仲温（克），杜叔循（环），皆笃志于书，（端木）智与之颉颃，三四十年间，遂空冀北，无与为比者。"端木智是溧阳人，书学宗"二王"。祝嘉：《书学史》，第 347 页，引解缙《文毅集》。

[2] 徐一夔：《始丰稿》卷六，《景印文渊阁四库全书》第一二二九册，第 225 页。

[3] 宋濂：《宋濂全集》卷五十四，黄灵庚编辑校点，人民文学出版社 2014 年，第 1274 页。

[4] 《明史》卷二百八十五列传第一百七十三《文苑一·宋克》，第 7331 页。

[5] 祝嘉：《书学史》，第 334 页，引丰坊《书诀》、陆深《玉堂漫笔》；第 337 页，引詹景凤《书苑补益》。

[6] 故宫博物院编：《詹氏性理小辨》第二册，海南出版社 2001 年，第 104 页。

到永乐、洪熙、宣德时，随着内阁逐渐形成制度，便衍生出一种称为"台阁体"的书法来。永乐帝经过战争夺取了皇位，为了强固统治，大力改变洪武朝政。他在宫廷大内委派心腹大臣参与国家机务，因在殿阁办事，称作"内阁"，从而弥补了朱元璋取消丞相制度之后明朝行政机构的中枢真空造成的皇帝既做皇帝，又兼宰相，全国庶务都要过问，因而劳碌过度的缺陷。在内阁办理国家大事，需要文书公文书写，自然必须选拔字迹工整、书法秀美、气度端庄雍容的人才。而永乐帝重视书法，优待书家，果然选拔出一批擅长书写的人才授官任职，立成制度执行下去。华亭沈度、沈粲兄弟，吴县滕用亨，长乐陈登，同被荐选，名震一时。

当时朝廷书家以江西官员最多。吉水解缙，聪明早发，师从危素、周伯琦，书法自有一股生气活力，而且擅长书法理论的总结和阐述，留有《春雨杂述》，是一位书论兼长、最负盛名的书坛高手。吉水胡广，出身状元，登高宦，书法为人所重，"行草之妙，独步一时"，"知名当世"[1]。永丰人状元曾棨，官至礼部尚书，工书法，草书雄放，有晋人风度，自解缙、胡广之后，"独步当世"[2]。泰和梁潜、长洲（在今苏州）王琏也工于书法。他们早就奉侍在永乐帝两侧，随时备写制文诏令。等到沈度兄弟见选，格外得到永乐帝的钟爱，被称为"大小学士"[3]，"本朝羲、献"[4]。特别是沈度，被视作明朝当代的王羲之，和"书圣"相提并论。因为书翰，兄弟二人同时获取功名，骤作显贵，既反映明初重视有一技之长的人才，书法技艺被当作一桩技能，能达到通过科举步入仕途、谋取功名利禄的目标，也反映书法作为一种实用技能，在国家日常行政事务中必不可少，尤其到了比较平和的时代，可以讲究字体形状的美观和风格了。当然，最高层统治者的个人情趣、对书法的倍加重视有着重要的导向作用。

沈度兄弟依靠勤勉练就书名，且学有专门，不图虚妄，互相推让，工于一体：沈度不写行草，专写楷书；沈粲不写楷书，专写行草。沈度

---

[1] 祝嘉：《书学史》，第345页，引雷礼《列卿记》、黄佐《翰林记》。
[2] 祝嘉：《书学史》，第348页，引郑晓《吾学编》。
[3] 《明史》卷二百八十六列传第一百七十四《文苑二·沈度·弟粲》，第7339页。
[4] 顾复：《平生壮观》卷五，第158页。

书法以婉丽取胜，沈粲书法以遒逸取胜，[1] 各具姿态个性。他们师承晋唐，受到赵孟頫、宋克书风的深刻熏染。沈度书法阴柔秀润，平和姿媚，一派婉丽端庄、雍容华贵的庙堂气度；沈粲书法得张旭、怀素笔意很深，又特别受到宋克盛推一时之冠的新草体书法的影响，都是"二王"、"赵体"、宋克帖学书法的路子。由于朝廷格外推崇，加上沈氏兄弟书法本身的艺术魅力，"二沈"成为永乐、洪熙、宣德三朝书坛的宗匠。他们的书法成为天下习书的楷模。摹习"沈体"书法，成了当时学习自"二王"以来中国优秀书法传统的集中体现。学好学成了，马上可以取官职、干利禄，接近天子，升迁高官。这不免惹起天下士子苦学"沈体"的时尚。结果许多人只能趋投皇上一人所好，却抛弃"沈体"书法本身的艺术成就，把书学引向歧途歪路。把文字研磨得方正、光洁、乌黑、齐整，上行下效，成为明代官场的标准书体，即"台阁体"。"台阁体"因沈氏兄弟的书法见重当朝而开其滥觞。但永乐帝过分喜爱沈氏兄弟一家书法，反而起到另外一种效应，也是永乐帝等人始料未及的。这或许是中国封建时代艺术和政治、书家和高官结合过于紧密的必然产物，可以作为中国书法和艺术发展的一个特色。

明初朱元璋鉴于元朝迅速灭亡的前车之鉴，大肆强化封建中央集权和皇权专制，废除自汉以来绵延一千多年的丞相制度，集君权、相权于皇帝一身。但国家事务繁忙，朱元璋的个人意志和行为毕竟不符合行政管理的法则。在执政的 31 年的后期，由于精力不济，他被迫委任几个心腹大臣顾问两侧，参与国家机要决策。包括书法在内的艺术不仅仅被当作艺术来看待，还是社会伦理、风俗教化至关重要的工具，因此在不同的政治、经济、社会背景下有着不同的走向和风貌。赵孟頫书法在明初一统天下书坛，不仅有其书法技法的必然趋势，更有其明初一统天下、政治安定、自给自足的自然经济的"洪武模式"的社会根源和需求。指望哪个书法家能够骤然超脱于这种模式之外应是反历史的做法。超越赵孟頫书法，就像超越"洪武模式"一样，成为明代一个漫长的缓变历程。而且，即使到"洪武模式"已被遗忘的时代，社会变化深刻了，"洪武模式"规定的明代国家祖宗体制的本质影响还随时让人们

---

[1]《明史》卷二百八十六列传第一百七十四《文苑二·沈度·弟粲》，第 7339 页。

能感觉得到。同理，当赵孟𫖯书体不再成为习书者必学之书之时，"赵体"书风因其巨大深刻和卓越的艺术魅力曾经存在过，也会让习书者和书家随时随地并且实实在在地去体验它的遗风余韵。

从永乐到宣德的明朝诸帝，逐渐改变和完善朱元璋洪武体制，选派宠信重臣在宫廷大内的文华殿、武英殿、东阁等殿阁办理国家大事，重权在握，挂上大学士的名衔，但不是正式丞相，成为有宰相之实而无宰相之名的特殊官职，这是明代君主专制制度高度发展的畸形儿。不过这些内阁官员必须能够书写得法，得到皇帝赏识。书法技能与当官、当天子身旁的高官在这里碰巧联结了。沈度、沈粲（真行）、解缙（真行草）、胡广（行草）、梁潜（真）、王琏（真）、姜立纲（真）等书法家在这个特殊的场合应运而生。在某种意义上说，他们是御用书法家。至于天下习书者，包括士人和平民，以崇尚"沈体"为重心，希图成为新的御用书法家，不能不说这是书法艺术发展的一条狭路。书法艺术在这种氛围和误导之下，不可能真正兴旺发达起来。这是明代"台阁体"书法的极大弊端。

然而，平心而论，"台阁体"书法作为中国书法史上一种非常特殊的书体，还有它的贡献之处。首先，它是一种实用型书体，为大国政府文书的规范美观，为从政之人必须具有实用的书写基本功，定下不成文的基本标准，为书学在明朝的繁荣奠定了坚实的基础。其次，培养了一批书法人才，尤其对一些学习书法的有心人而言，倘若把学习"沈体"书法作为书法学习的契机，从中窥见宋克、赵孟𫖯等书家一路上溯宋唐晋名家法书的心路，步入中国书法殿堂，潜心规摹，绎出自我来，也是一条比较现成的汲取他人书法艺术成功之道的捷径。当然，这条捷径要求人们为艺术而奉献，不是从"沈体"走向"台阁体"，才能解救书法的困境。

沈度、沈粲的书法水平在中国书法史上肯定算不上第一流的。被誉为"我朝王羲之"的沈度只是"我朝"的，即明朝的，和晋朝的王羲之有相似性，实际水平却相距一大截，反映出明前期与晋朝的书法水平不可同日而语。然而，沈氏兄弟的书法和明初危素、宋克等人相比，不相上下，属于当时第一流的书家，在中国书法史上至少是第二流的书家。把"沈体"作为书法学习的对象，起点较高，完全行得通。问题的关键不在于能否把"沈体"作为临摹习书的对象,而在于一旦摹习"沈体"书法成为一种时尚,成为书学的正宗定法,就会排斥其余书家书法书风,走向类似"赵体"专霸书坛的"沈体"书法时代。无论"赵体"还是由"赵体"发展出来的"沈体",还是再由"沈体"发展出来的"台阁体",一旦书法成体,说明这种书法字体已经融合不少名家法书的特长,有了自我个性,有了自己的面目,可以同其他书家面目区分开来。尽管这种自家面目有美有丑,有人赞同,有人反对,有人不置可否,有水平的高低,却都值得肯定它在书法意义上的探究价值、艺术发展的个性创新。书法艺术发展的生命力就是书法家的独创性。如果一种书体被推奉为正宗,不允许其余字体存在,那么,在这种书法体制下产生的正宗书法作品,就会逐渐变得僵化、呆滞,失去该书体在形成"体"的过程中的艺术生命力,丧失继续革新创造、独特前行发展的内在动力。

在"沈体"的风行蒸熏之下,许多读书人为了能够顺利考中科举功名,早日摆脱穷酸书生的窘境,在应考时刻意仿效殿阁官员的字体,写出工整、平齐、清晰的"台阁体"书法,希图迎取考官的书法之好,得到赏拔,把本来属于应用的书法推到更加具有简捷效益的科举功名道路上去,乃至录取之后的书写字体,也谈不上书法艺术和独创,只是在一个圈子极小、急功近利的范围内写出的公文书体。学习"台阁体"书法和"台阁体"名家的书法,水平相差已有不少,"台阁体"书法和"沈体"书法,水平相差也有不少,"沈体"书法同沈氏兄弟摹习的"赵体"等书法,水平相差又复不少,擅"赵体"的书法名家和"二王"等帖学先驱,再各有千秋。这样,书法学习对象的水平层摞起一部中国书学史来,对后来的书法学习者的书法道路影响至关重大。是从"台阁体"或"沈体"入手学习传统书艺,还是直接取法"二王",避免兜个大圈子去接触"二王"书韵?着实是个迄今为止都值得在书法教育中加以研讨的理论和应用方法问题。

在这种意义上讲,"二沈""台阁体"书法都有自我生成、发展、传播的权利和价值。"二沈"书体是"二沈"兄弟认真感悟总结从晋唐到元末明初中国书法技巧的结晶和完形,体现他们能够达到的书法艺术水平的极限,毫无疑问带有他们的个性特征。"台阁体"是在"沈体"

书法影响下经过众多台阁官员琢磨实践之后形成的一种实用书体，一种通俗的艺术书体。皇帝的喜好和科举功利的刺激强化了这种书体的应用功能，从而愈来愈丧失其自身的艺术价值，束缚不少具有书法才能的读书人进行书法探索。或者说，至少一些具有书法天分的士人被迫投付必要的时间和精力去俯拾"台阁体"书法，以便作为科举早日成功的敲门砖和早登显贵高官的跳板。就像许多士人明知"八股文"于文体几无益处，只是一种文体，朱注"四书"未必全部正确，只是一家心得一样，为了应付科举考试，却不得不先去学习练习。因此，无论"沈体""台阁体"，还是"赵体""王体"，都没有权利作为独尊的书体而存在，作为惟一的正宗霸主书法，去歧视、贬低其他类型的书体或书家。只有在众多书家的主体性参与实践之中，才会自然地升腾出一颗又一颗的书法明星，愈来愈多地点缀中国书法艺术的夜空。

幸而，在明初"赵体""沈体""台阁体"书法弥漫之时，还有一些书法家保持清醒的头脑，力图超越"台阁体""沈体"，向"赵体"挑战，赋予自己的书法以浓厚的个性色彩，走着自己的路。例如永乐时的"台阁体"书法家解缙，才气超群，书法豪放磊落，圆润纯熟，一如其为人处世。明宪宗成化时张弼的草书"怪伟跌宕，震撼一世"[1]，如颠张（旭）复出，名扬海外，执书坛之牛耳。他用创新的书风振刷着当时书界的拟古之风。但庄昶认为张弼的草书"好到极处，俗到极处"，变得还不够，做到"写到好处，变到拙处"才算达到书法抒性写意的艺术极境。他的书法力争百幻百出，自立面目。[2] 吴宽、李东阳、王鏊等阁臣高官书法自放，各有特色，宣告明初书风向中后期的异动。更有一些名气不大的书法家埋头默默探求书法真谛，另辟蹊径。如宜兴人马治，善写真行书，小字"独法晋唐"[3]，与洪武、永乐时多法詹希原、宋克书法的习书路子有所不同，直接接续帖学书源，超迈时尚所趋了。

"沈体""台阁体"作为书体之一存在并支配一时的书坛取向，使书学有了标帜，显示书学的作为和受到的重视，又因独断书坛而滋生不

---

[1]《明史》卷二百八十六列传第一百七十四《文苑二·张弼》，第7342页。
[2] 周俊杰等：《书法知识千题》，河南美术出版社1991年，第205页。
[3] 祝嘉：《书学史》，第337页，引詹景凤《书苑补益》。

利于书坛多元化发展的弊端。作为一种书体，它成为书法改进和革新的参照物。明初解缙这样的"台阁体"书家受传统书法影响极深，十分明白中国书法的传承脉络。他在成功运用这种书体之余，潜心研摩自己超出"台阁体"的书法个性来，预告世人：书法艺术的定法成例只是相对的准则，要使书法艺术持续不断地充满朝气活力，就必着努力实践，努力革新，在继承传统基础技法前提下写出自我个性书风。可惜，解缙的时代书风和他个人的不幸遭遇只能允许他走到提出这个问题、初步尝试实现这个想法的地步，真正完成和体现解缙书法理论和实践的明代书法家还有待于明朝中期，特别是明朝后期出现。

事实上，过分强调"台阁体"对明代书法的负面影响没有必要。"台阁体"只是明代官场中通行、部分读书人追捧摹写的一种书体，并未囊括所有书体的临习。而且主要是指楷书，社会上还存在篆、隶等书体。即使在内阁官员当中，他们的正书十分严整端庄，俨然台阁气派，他们的行草书却另有一副模样，往往轻松自在，欲出樊篱。头脑清醒的书学传人依然不懈地透过书坛隐漏的这一出口通道，进行书法艺术的艰苦求索，迈向更高的书法境界。

在经济逐渐开放、商品交换发达、货币经济风行的江南地带，到明中期文化艺术有了较大的变革趋势，个性意识萌苏，书画交流频繁，书法与绘画一起，在元末明初的传承基础上，在全国率先走向兴旺。以苏州为中心，弘治之后直到明末，涌现徐有贞、沈周、李应祯、吴宽、王鏊等人开山，祝允明、文徵明、陈淳、王宠"吴中四名家"奠基，并以唐寅、文徵明之子文彭与文嘉、王穀祥、周天球、王世贞、王穉登、李流芳等一大批书画家、书法理论家为核心的"吴门书派"，声势浩大，全国其他地方无与匹敌，用王世贞的话讲是"天下法书归吾吴，而祝京兆允明为最，文待诏徵明、王贡士宠次之"，"吾吴中自希哲（祝允明）、徵仲（文徵明）后，不齐家临池而人染练，法书之迹，衣被遍天下，而无敢抗衡"。[1] "吴门书派"的书学实践活动丰富多彩。徐有贞、吴宽、王鏊以文学大家显贵领袖词翰，一改书坛宋沈习气。徐有贞习褚、王、怀素、米芾，吴宽学东坡，书学的文化修养深厚。不少书家

---

[1] 王世贞：《艺苑卮言》，崔尔平选编点校：《明清书法论文选》，第180、182页。

书画兼擅，像沈周、唐寅、文徵明，又是"吴门画派"主将，如文彭还开创"吴门印派"。王世贞、王世懋兄弟和申时行都是文学大家，多才多艺。他们刻苦钻研，切磋书道，师生相传，同志相联，力图打破明初以来书法的陈规套数，自辟新路，率性而为，潇洒自然，平淡天真，和"台阁体"书风迥然有异，和"赵体""沈体"书风距离增大，使明代书坛充满了生机。

从中国书法史上看，"吴门书派"取得了惊人的艺术成就，占有着书坛的一席之地，成为明代书法界具有创新意识的第一个区域群体，对后世书学的发展有着不可磨灭的功勋。然而，似乎"吴门书派"所处的从明初向明后期的时间过渡阶段限定着他们的书学角色和地位；或许因为有的书家年寿不永，如王宠只活40岁，正处于艺术创作巅峰时刻却骤然殒亡，令人至为痛惜；或许因为艺术火候欠足，如祝允明，烂漫恣纵，欲想脱尽尘俗腐气，反而有点骄躁浮硬之嫌；或许因为天性沉稳醇雅，如文徵明，以致有碍率性洒脱，略带滞凝？到"吴门书派"末流主将如王穉登等人，则又难以逾越祝、文等书坛高山而仰止，愈益失去往日书派初创之际精锐求进的冲劲，从而，明代书坛上崛起另一个地域书学流派——"华亭书派"，将它取而代之，继续担当领导书学前进的角色。

毗邻苏州府的松江府与苏州同属江南吴语文化圈，明代经济文化几乎与苏州同步发展，只是被遮蔽于苏州的盛名之下，同创江南之盛，而比苏州稍逊一步，才臻于领导的昌盛角色，在"苏州时期"之后进入"松江时期"。作为松江府治的华亭，在明后期崛起中国帖学书法的集大成者董其昌。他高擎"华亭书派"的大旗，认为陆机、陆云、沈度、沈粲、张弼、张骏、陆深、莫如忠等人都是"华亭书派"的先驱。实际上，这些书法名家之间没有直接师承关系，风格差别很大，只是都产生在华亭地块上而已。不管怎样，董其昌、莫是龙、陈继儒等华亭后起之秀都在书学上做了杰出贡献，堪称不辱华亭书法先贤累世构造的业绩英名。董其昌书法率意平淡，虚和秀逸。与他齐名的陈继儒书法潇洒飘逸。两人意趣接近，声势呼成，形成一个密契的书家群体，体现出明后期社会开放、个性解放思潮下的书法变化特征。

与此同时，河北、山东、浙江、福建、广东、安徽等地，随着明朝中后期社会思潮和文化环境的整体性渐变，兴起一阵清新的浪漫书风，"明人无不能行书"，"明人类能行草，其绝不知名者，亦有可观，盖帖学大行故也"。[1] 明代行草书大盛，继承宋元以来的书学传统。明中后期，渐出新异奇态，率先革新书法。徐渭、邢侗、米万钟、张瑞图、黄道周、王铎、倪元璐、陈洪绶等人，都是其中的杰出代表，取得辉煌成就，值得明代书学自豪和讴歌。特别是徐、张、黄、王、倪等书家，以清逸的韵致和洒脱不羁的笔势，甚至已经超出传统技法点画和结构的限制，纯粹把书法当作自己直抒心臆的工具，任意挥舞洒墨，真正体验着书法的真谛与奥秘，以至发生藐视传统技法、走向狂野的倾向，和邢侗、董其昌、米万钟等人的书法形成风格类型上的差别对照，对后世书学起着各自不同的巨大影响。

但是，无论是邢、董、米，还是徐、张、黄、王、倪诸家，他们都有一个首先努力学习承继中国历代书法帖学优秀遗产的过程，只是在变动深刻的社会环境中更好地从另一个角度把握书法发展的趋向，担负起对明朝当代和前代书学的成败总结、继承和传播、发展的使命，把书法艺术顽强地向前推进。流派纷呈，风格多样，瑰丽多姿，令人目不暇给，明代中期以后的书学呈现一种兴旺发达之势，书坛明星闪烁，贻留一种真诚深邃的书法艺术精髓、一块书法艺术瑰宝。

第二节 明代书法的流派和风格

明代书法家星罗棋布，按照其书学渊源，可以分为帖学派、碑学派以及碑帖混合派；按照其地域，有"吴门书派""华亭书派"；按照其书法风格，可以分为光齐平黑的"台阁体"，柔润典雅、逸丽稳健的"正统"派，放荡不羁的浪漫派，或者其余流派，如"第三类书家"[2]等；按照其身份或职业，可以直观地称其为帝皇书、亲王书、贵族书、官员书、平民书、妇女书（包括后妃书）、僧道书、画家书等；还可以使用其他一些标准区分书家流派。使用这些概念和标准的目的都是更好

---

[1] 康有为：《广艺舟双楫》，《艺林名著丛刊》第二种，北京市中国书店1983年，根据世界书局1936年版影印，第60、15页。

[2] 王强、刘树勇：《中国书法导论》，社会科学文献出版社1992年，第173页。

地理解明代书法发展的脉络，弄清明代书法的全貌以及明代书法在中国书法史上的贡献和地位。

按照不同的概念和标准划分的书家群体和流派之间可能互有渗透，例如，帖学派与地域书派、"正统"书派、"台阁体"之间，浪漫派与帖学派、碑学派之间，即使在"吴门书派"与"华亭书派"、帖学派与碑学派、"台阁体"与"正统"派之间，也不是绝对对立、泾渭分明的，因为文化艺术的影响总是相互碰撞、互相感染的。只有在不同文化艺术分子的碰击之下，各自的代表成员才会深深感悟出自身本体与对方本体之间的共性与差别，于是产生共鸣、分流，异彩纷呈，百花斗妍，竞天地之芬芳，繁华艺术事业。书学流派风格的产生和存在、传播都为书学事业的繁荣做出了独到的贡献。

明代是中国书法历经甲金篆隶的鸿蒙古朴、真行草隶的生机勃发，走向开合巨变的"成熟后"时期。一方面，先秦、秦汉魏晋唐宋元以来的书学鼎盛，硕果累累，书法巨星名家层出叠见，积累了非常深厚的书学沃壤；流派纷呈，碑学、帖学，绚丽多姿。任何一个有志于书学的人，都可以在进入这座书法艺术的花园之后，纵情徜徉，无管怎样生吞活剥，或沈浸研磨，含英咀华，汲取前代先贤馈赠的书法艺术养分，都不过分；另一方面，这悠久厚实的书学流派和技法的囊橐确实十分沉重，一不当心，一生光阴飞逝而过，很可能入书海宝山而空手而归。要想在书学中创出一番事业，开辟一方天地，独树标帜，令天下书界赞同或默认，不仅仅是学习赵孟頫，超越"赵体"，形成"沈体"，画成"台阁体"，就算完成使命的。要想写出自我，超越前人，首先必须做前人的书奴，潜心钻研包括沈度、沈粲家法和"台阁体"等书法的长短，系统把握包括赵孟頫在内的中国历代书法名家的独到技法，并进一步上溯甲骨、金铭、简牍、帛缣、石刻等众多题材的无名书法的特征及风格，找出适合自己心性口味的书派风格，在自己已有的天赋和书学根基上勤学苦练，才能希冀卓然成立，才能真正在前人书学沉甸甸的囊橐中探到宝藏，有助于自身和后世书学的健康发展。

明代读书人和书法爱好者几乎每天都和以文房四宝为主干的专业文具打交道，因而非常熟悉如何运用毛笔书写的基本姿势和技巧。可是，由于多种缘故，并不是每一个熟悉文房四宝和书写方法的人都能够把握正确的书法用笔和用墨技巧，写出在书法含义上的文字，从日常生活里能够书写的庞大阵营中脱颖而出。真正的书法造诣只能出自那些埋头钻研、不折不挠、持之以恒，摘取书写桂冠的书家，善于运用中国汉字独特象形的点画线条，汇融自然、社会和人生的感悟于一心，抒发性灵情愫，求得交流沟通的书写艺术。在这里，书写的汉字线条已经极大限度地超越作为认知文字的原始符号含义，成为书家得以凭借抒灵写性的最佳工具。书家的阅历、知识、修养和领悟的功力深浅将会决定其书学的成就水平，影响凭借汉字线条抒灵写性时挥洒自如的程度。一部书法史就该是那些勇于继承和创新的书家们孜孜汲汲、顽强拼搏、苦心求索、精心揣摩、巧思通达书法真谛，最后巍然屹立这一过程的真实记录，为后人留下的书学经验、教训以及由后人的认知标准鉴定而成的书学财富。

明代书法爱好者和书法家们一旦跃入浩渺无涯的中国书法艺术的海洋寻幽探宝，他们大多数选择帖学书法作为门径，承继晋唐宋元以来灿烂的书学传统。可是，面对一座座晋唐宋元帖学书法丰碑，他们中间有的人俯首拜服了，再也不敢造次行事，塑造自己的面目，只是随波浮沉，终老一生；有的采取枝节整修，有些自我心意，却成不了大的气候；有的不甘平伏，奋起抗争，以猖狂无拘的反叛姿态出现，给予人们新的书学面貌和神采，留下逆向的深刻启示；有的经过长期揣摩，虚心领悟，终于拔地而起，从书奴中跳将出去，昂首挺胸，顶风冒雨，一步一个脚印，朝前走出自我的书法样子来，树立起中国书学的崭新丰碑；有的试图另谋他径，平淡写心，不求闻达于一时，却同样发人深省，捧出一份别致的书学瑰宝。

从书学门径和源流上来清理明代书法遗产，更利于我们把握中国书法艺术的脉络。地域书派和风格书派都是在书学传承的基础上由具有多种身份职业的书家自然构成的，可以视作书学传承特色的地理外延和书学内涵的拓展。把地域书派和风格书派的书法家放置到书学传承门径和源流中一起分析，可以比较系统地反映一个时代书法发展的全貌。我们既要突出明代杰出的书法大师，又要顾念那些书法大师得以孕生和存在的背景。换言之，大量呈现一鳞半爪自我书法特色的书家们的存在，为孕生书法大师创造了有利条件。据此，我们可以把明代的书法家们分为两大类（表1、表2），他们具有明晰的书法特色。

一、遵循帖学书法的书法家

明代书学鼎盛，以专工行草真书为主流。行草真书基本上遵循魏晋唐宋元以来一脉相承的帖学书法正路。应该看到，魏晋逐渐完成的书法材料革命带来了书法学习和创作的革命，这是科学技术推动社会经济和文化艺术的结果，是历史的进步。跟从法帖学习书法传统的方法具有很多优势，如方便、真切、易于普遍传播等。隋唐印刷技术的改进更为书学法帖的广泛刊刻流传创造了基本前提。宋代以来刻帖的盛行是书法印刷和石刻传统双重作用的产物。明代继承刻帖的宋元时尚，使书法学习十分便捷。书学之人从追摹明朝当代名家法书开始，上溯"近代"的元朝赵孟𫖯等名家书迹，并沿着赵孟𫖯复兴王羲之书学的道路，穷究宋、唐书家心迹，以至直接接上帖学的钟、王源泉，形成多姿多彩的书法风貌。

祝嘉先生的《书学史》"明朝之书学"一章，共收录书者和书家359人（内重2人，实收357人）。他爬梳大量的文献资料得到这一书法主体的规模，虽然在今天来看疏漏还多，[1] 地域还不广，但毕竟做了开榛辟莽的工作，至今嘉惠后学良多。里面的书学之人，有的是书法名家，有的仅得零星半点。从帝皇亲王官僚，到平民僧侣妇女，可以概见明代书法群体的面貌。依据内中可知的书学门径和渊流，我们做出表1、表2，分别观察和分析明代遵循帖学书法的盛况，以及注重碑学仍离不开帖学的书法家。

从帖学练就出来的明代书家，专精书体不一，有的擅长楷书，有的擅长草书，很多书家兼长楷行，或者行草，甚至楷行草、章草都能。所宗书家，因此有所不同，应分别看他们的书体擅长而定。从明朝"当代"书家到元宋唐书法名家巨匠，乃至晋人风范，历历在目，都有人仿效。所谓百花斗妍，书随所愿，从明初到明末，没有多少整体上的束缚。不满足当时书学研探，因而直循书法帖学渊源，成为明代书法帖学

---

[1] 据《书法知识千题》，经粗略统计，明代史籍记载的有名有姓的书法家达1600余人，是魏晋唐宋元以来书法家记载人数最多的一代。则祝嘉先生得到的明代书家数量约占总数的22.3%。周俊杰等：《书法知识千题》，第215页。

一种基本的趋势，也是学习书法的智慧结晶。尤其是"三宋"、詹希原、"二沈"的书法模式到明中期之后被打破或超越，书学重返赵孟頫之前的宋唐晋帖学名家林立、摹习渠道多样、不拘一格的路径，对明代中后期书学大师涌现、书法成就卓越所起作用极大。祝允明、董其昌等人对前代书法名家几乎无所不窥，无所不研，无所不改，树立了新书法权威，又给他们分别所在的时代带来类似于宋克、沈度等人的影响。这时，又需要出现新的宋克、沈度、祝允明、董其昌，新的书法天才，进一步总结、继承和创新，超越业已形成的新权威书学模式。明代书法艺术就是在以书家为主线、在传统书艺的继承和创新中顽强地向前行进着。

在帖学书法大盛的同时，以往一直被人们忽视的另一种明代书学的趋势和风格值得我们今天倍加留意和探讨，即明代存在大量既习帖学，又习碑学，碑帖书学并重的书法家。其中出现一些书林高手，有的名气很大，有的却默默无名，都是我国书艺传统中另一种类型和风格的传承者，对清代及其后世的中国书法碑学的勃兴、全面的书艺繁荣起到直接的作用。这里，我们称他们是明代"遵循帖学书法的书法家"之外的一类书家或风格。

表 1　明代擅长楷行草书的书法家

序号	姓名	籍贯	擅长书体	书源	备注
1	朱高炽	凤阳	行草	王羲之	明仁宗
2	朱瞻基	凤阳	行草	沈度、沈粲	明宣宗
3	朱祐樘	凤阳	楷	沈度	明孝宗
4	朱翊钧	凤阳	行草	王献之、虞世南、米芾	明神宗
5	朱有燉	凤阳	楷行	—	周宪王
6	朱芝垝	凤阳	行草	—	三城王
7	娄妃	—	楷	詹希原	
8	刘基	青田	行草	智永	
9	高启	长洲	楷行草	—	
10	杨基	吴人	楷行草	钟繇、"二王"	
11	徐贲	吴人	楷草	张旭、怀素	

续表

序号	姓名	籍贯	擅长书体	书源	备注
12	危素	金溪	楷行草	智永、虞世南、康里巎巎	也作临川人
13	宋克	长洲	行草、章草	钟繇	
14	宋广	南阳	草、章草	张旭、怀素	
15	杜环	南京	楷行草		
16	詹希原	新安	楷	颜真卿、蔡襄、欧阳询、虞世南	
17	胡布	盱江	—	宋克	或与宋克同受业于绍兴老僧
18	揭枢	丰城	楷	揭傒斯、晋	家传
19	程曰可	休宁	楷	—	
20	陈远	宁波	—	晋	
21	俞贞木	吴县	小楷	—	
22	俞和	钱塘	行草、章草	赵孟頫、晋、唐	一作桐庐
23	张宣	江阴	楷行	张旭	
24	乌斯道	慈溪	小楷行草	—	
25	马治	宜兴	楷行	晋、唐	
26	袁养福	吴人	楷	—	
27	周砥	苏州	行草	苏轼	
28	王绂	无锡	楷行		
29	唐肃	山阴	楷草	柳公权	
30	谢肃	上虞	楷草	"二王"	
31	金铉	华亭	章草		
32	俞友仁	钱塘	楷草		
33	张翼	无锡	草	—	
34	龚炯	晋江	楷	欧阳询	
35	马孜	吴江	小楷	詹希原、晋、唐	
36	张翬	太仓	楷	晋	

续表

序号	姓名	籍贯	擅长书体	书源	备注
37	沈宗学	吴县	楷	—	
38	周昉	钱塘	小楷	晋	
39	许鸣鹤	庐陵	楷行草	詹希原	
40	李善	宜山	楷	晋	
41	陈性善	山阴	楷	—	
42	解缙	吉水	楷行草	欧阳询、危素、周伯琦	
43	解祯期	吉水	楷行草	—	解缙从子
44	胡广	吉水	行草	—	
45	杨士奇	庐陵	行草	"二王"	
46	夏原吉	湘阴	楷	—	
47	胡俨	南昌	楷、行、草	—	
48	王偁	长乐	行草	苏轼	
49	沈度	华亭	楷	詹希原、陈璧	
50	沈粲	华亭	行草	宋克	沈度弟
51	沈藻	华亭	楷行草	沈度	沈度子
52	王璲	吴人	小楷行	晋	
53	朱寅	华亭	—	钟繇、王羲之	
54	朱铨	华亭	—	朱寅、钟繇、王羲之	朱寅族从弟
55	吴勤	永新	—	晋	
56	端木智	溧阳	—	"二王"	
57	陈辉	闽县	草	怀素	
58	黄卓	江夏	草、章草	—	
59	张顺	奉新	草	—	
60	陈琮	吴江	行草	—	
61	俞行之	清江	草、章草	—	
62	周浒	常熟	楷草	—	
63	曾棨	永丰	楷草	晋	

续表

序号	姓名	籍贯	擅长书体	书源	备注
64	黄蒙	温州	楷	—	
65	何博	金华	—	晋	
66	潘暄	嘉定	楷行草	—	
67	张衡	常熟	楷	—	
68	陈敬宗	慈溪	行草	宋克、赵孟頫、虞世南	
69	刘实	安城	草	晋	
70	王直	泰和	行楷	—	
71	聂大年	安福	行草	欧阳询、赵孟頫、李建中	
72	徐有贞	吴人	草	—	
73	夏㫤	昆山	楷	赵孟頫、詹希原	
74	李绍	安福	—	晋、唐、苏轼	
75	叶盛	昆山	楷行	苏轼	
76	刘珏	苏州	行、草	智永、怀素、李邕	
77	朱贞	江宁	楷	—	
78	姜立纲	永嘉	楷	沈度	
79	苏致中	蜀郡	—	钟繇、王羲之、怀素	
80	章瑾	华亭	—	"二王"	
81	陆鏞	嘉定	小楷、行草、章草	钟繇、王羲之	
82	钱溥	华亭	小楷、行草	—	
83	陈献章	新会	行草	—	
84	罗伦	永丰	楷行	文天祥	
85	张弼	华亭	草	—	
86	张弘宜	华亭	楷	朱熹	张弼仲子
87	张弘至	华亭	草	张芝、张旭、"二王"	张弘宜弟
88	桑悦	常熟	楷草	晋、怀素	
89	邵珪	宜兴	小楷草	晋、唐	
90	曹时中	华亭	小楷草	怀素、宋克	

续表

序号	姓名	籍贯	擅长书体	书源	备注
91	陈煇	福建	行草	—	
92	黄谦	江宁	楷行草	—	
93	支鉴	昆山	楷	夏泉	
94	吴宽	长洲	行草	苏轼	
95	邵宝	无锡	行草	颜真卿	
96	吕献	新昌	草	—	
97	张元澄	青浦	楷草	怀素、沈度、沈粲	
98	蔡潮	临海	楷	—	
99	沈周	长洲	行	黄庭坚	
100	张渊	吴兴	行草	苏轼	
101	王一鹏	华亭	楷	—	
102	詹僖	鄞县	小楷行草	王羲之、赵孟頫	
103	李壁	晋江	草行	宋翼	
104	王鏊	吴县	行草	晋、唐	
105	刘春	巴县	楷	欧阳询	
106	王守仁	余姚	行	王羲之、褚遂良、张弼、李东阳	
107	祝允明	长洲	楷行草	晋、钟繇、"二王"、智永、褚遂良、虞世南、欧阳询、赵孟頫、怀素、张旭、李邕、苏轼、黄庭坚、米芾	
108	唐寅	吴县	行	赵孟頫	
109	王守	吴县	行	王羲之	
110	王宠	吴县	楷行	王献之、虞世南、智永	王守弟
111	张宾	鄞县	—	张即之、颜真卿、蔡襄	
112	王逢元	南京	—	王羲之、智永、黄庭坚	
113	顾璘	上元	楷行草		
114	郑善夫	闽县	楷行草	王羲之、张旭、怀素	
115	杨慎	新都	—	赵孟頫	

续表

序号	姓名	籍贯	擅长书体	书源	备注
116	常 伦	沁水	—	晋	
117	华 爱	栎阳	行草	"二王"	
118	金 琮	南京	—	赵孟頫、张雨	
119	杨 节	余姚	—	颜真卿	
120	谢承举	南京	—	苏轼、黄庭坚	
121	张 诗	北平	草	—	
122	董宜阳	上海	楷行	虞世南、智永	
123	林 熿	闽县	楷	赵孟頫	
124	张 炜	闽县	楷	朱熹	
125	夏 言	贵溪	楷行	—	
126	林一阳	漳浦	—	朱熹、陈献章	
127	周 伦	昆山	行草	黄庭坚	
128	湛若水	增城	楷行	陈献章	
129	陆 深	上海	楷行草	李邕、赵孟頫	
130	许成名	聊城	—	王羲之、赵孟頫	
131	许宗鲁	咸宁	—	王羲之	
132	苏若川	休宁	行草	"二王"、文徵明、丰坊	
133	王 问	无锡	楷行草	欧阳修	
134	方元焕	山东	楷行草	—	
135	莫如忠	华亭	楷行草	"二王"	
136	莫是龙	华亭	小楷行草	—	莫如忠子
137	陈 鎏	吴县	楷行草	钟繇、颜真卿	
138	王毅祥	长洲	楷行	赵孟頫、文徵明	
139	朱曰蕃	宝应	—	晋、祝允明	
140	马一龙	溧阳	草	怀素	
141	彭 年	长洲	楷行草	欧阳询、颜真卿、柳公权、苏轼	
142	顾德育	吴县	楷	文徵明	
143	戚元佐	秀水	楷	文徵明	

续表

序号	姓名	籍贯	擅长书体	书源	备注
144	周天球	太仓	楷	钟繇、赵孟頫、文徵明	
145	黄姬水	长洲	楷行草	虞世南、祝允明、王宠	
146	张凤翼	长洲	行草	"二王"	
147	张献翼	长洲	楷	—	张凤翼弟
148	陈芹	南京	—	钟繇、王羲之	
149	顾源	南京	行草	孙过庭	
150	姚涞	南京	行	黄庭坚、赵孟頫	
151	徐渭	山阴	草	—	
152	张电	上海	楷行草	陆深、李邕、沈度、姜立纲	—
153	顾从义	上海	楷行	钟繇、"二王"、颜真卿、赵孟頫	
154	浦泽	上海	—	晋、唐	
155	张德让	华亭	楷草	李邕、陆深	
156	余重谟	将乐	楷草	朱熹、苏轼、祝允明、陈献章	
157	汤焕	仁和	楷行草	文徵明	
158	王锡爵	太仓	楷行草	唐碑、虞世南、褚遂良、王羲之	
159	王衡	太仓	—	晋、唐、苏轼	王锡爵子
160	申时行	吴县	楷行草	—	
161	王世贞	太仓	行草		
162	王世懋	太仓	—	晋	王世贞弟
163	王泮	山阴	楷草	"二王"	
164	邢侗	临清	楷行草	王羲之	
165	董原正	华亭	楷行草	王羲之	董其昌堂侄。有作从兄,误
166	董其昌	华亭	楷行草	王羲之、颜真卿、柳公权、李邕、米芾、杨凝式	
167	吴易	—	楷行草	董其昌	
168	黄辉	南充	楷行	钟繇	
169	焦竑	南京	楷行	苏轼	

续表

序号	姓名	籍贯	擅长书体	书源	备注
170	沈天启	—	楷	晋诸王	
171	朱之蕃	南京	楷行	颜真卿、赵孟頫、文徵明	
172	卜履吉	苏州	行	王宠	
173	米万钟	关中徙宛平	行草	米芾、苏轼	
174	刘一焜	南昌	—	晋	
175	张以诚	华亭	小楷	王献之	
176	蒋如奇	宜兴	—	晋	
177	姚履旋	江宁	楷行	欧阳询	
178	黄汝亨	武林	行草	苏轼、米芾	
179	詹景凤	休宁	草	—	
180	刘黄裳	光州	行草	"二王"、张旭、黄庭坚	
181	何湛之	江宁	行草	"二王"	
182	何淳之	江宁	行	晋	何湛之弟
183	陆彦章	华亭	小楷	—	
184	王思任	山阴	行草	—	
185	张民表	中牟	草	—	
186	朱 音	南京	行	智永	
187	杨嘉祚	太和	—	王宠	
188	李宁俭	南京	草	孙过庭、文彭	
189	陈继儒	华亭	行草	苏轼	
190	周叔宗	吴江	—	"二王"、颜真卿、米芾、祝允明	
191	陆万里	华亭	楷行草	—	
192	黄道周	漳浦	楷行草	钟繇、王羲之	
193	洪周禄	黄冈	行草	—	
194	娄 坚	嘉定	行草	—	
195	俞可进	婺源	—	钟繇、王羲之	
196	江 淮	休宁	楷	—	

续表

序号	姓名	籍贯	擅长书体	书源	备注
197	宋献	—	楷行草	—	
198	文震孟	长洲	—	李邕	文徵明曾孙
199	吴应箕	贵池	行草	颜真卿、米芾、黄庭坚	
200	林日本	绍兴	草	—	
201	李日华	嘉兴	行草	—	
202	张瑞图	晋江	楷行草	孙过庭、苏轼	
203	陈元素	长洲	楷草	"二王"、欧阳询	
204	王心一	苏州	—	苏轼	
205	归昌世	昆山	草	晋、唐	
206	倪元璐	上虞	行草	—	
207	魏之璜	上元	楷行	王羲之、欧阳询	
208	金汤	浙江	楷	颜真卿	
209	章冕	嘉定	楷行草	—	
210	李永昌	休宁	—	董其昌	
211	葛应典	吴县	楷行	"二王"	
212	徐弘泽	—	—	赵孟頫、张雨	
213	洪墨卿	休宁	楷	—	
214	吴高节	休宁	小楷行	赵孟頫	
215	陈师泰	黄冈	行	苏轼	
216	王琦	昆明	—	李邕	
217	卓晚春	莆田	草	—	
218	释德祥	仁和	行	—	
219	释无辨	大同	草	—	
220	释宗奎	杭州	楷行	颜真卿	
221	释智舷	—		颜真卿	
222	释道生	黄梅	—	智永	
223	高柯莹	—	小楷	—	解缙母

续表

序号	姓名	籍贯	擅长书体	书源	备注
224	蔡氏	吴人	行	—	韩奕妻
225	杨夫人	—	—	—	邢侗妻
226	邢慈静	临清	—	邢侗、李卫	邢侗妹、马拯妻
227	马间卿	南京	—	苏轼、陈鲁南	陈鲁南继妻
228	陆卿子	长洲	—	—	赵宧光妻
229	黄氏	—	行	—	黄珂女、杨慎继妻
230	徐元宾妻	—	—	王宠	
231	徐媛	吴中	—	—	范元临妻
232	叶纨纨	吴江	—	晋	叶绍袁女
233	蔡润玉	—	—	黄道周	黄道周继妻
234	徐范	嘉兴	临摹诸体	—	
235	梁小玉	杭州	—	王献之	
236	朱无瑕	南京	—	—	
237	杨宛	南京	草	—	

表2 明代擅长篆隶等书体的书法家

序号	姓名	籍贯	擅长书体	书源	备注
1	朱厚烷	凤阳	篆、隶	—	荆端王
2	朱祐槟	凤阳	篆、楷	—	益端王
3	宋璲	浦江	篆、隶、真、行、草	康里巎巎	宋濂次子
4	陈璧	华亭	篆、隶、真、草	怀素	
5	朱芾	松江	篆、隶、楷、草	—	
6	吴志淳	无为	篆、隶、草	—	
7	汪广洋	婺源	篆、隶、楷	晋、唐	

续表

序号	姓名	籍贯	擅长书体	书源	备注
8	邵 谊	休宁	篆、隶	—	
9	陶宗仪	黄岩	篆	赵雍	赵雍为赵孟頫子
10	钱 逵	吴县	篆、隶、楷、草	—	
11	王 廉	丽水	篆、隶	韩择木	
12	孔彦缙	曲阜	篆	—	
13	颜 禄	华亭	分隶、楷、行	苏轼	
14	陶 琛	长洲	篆	—	
15	王 时	昆山	篆、隶、章草	—	
16	郑 定	福建	篆、隶、草	—	
17	宋季子	临川	隶	汉、魏	
18	谢 林	武进	篆、隶、楷、行	—	
19	张 绅	济南	篆、楷	—	
20	范 礼	常熟	篆、隶、楷、草	—	
21	颜 悫	慈溪	篆、隶、楷、草	—	
22	程 铬	新城	篆、隶、行草	—	
23	王尹宾	宁波	篆、隶	—	
24	高廷礼	长乐	隶	—	
25	滕用亨	吴县	篆、隶	—	
26	陈 登	长乐	篆、隶	—	
27	张 黻	华亭	隶、行草	陈璧	
28	张 黼	华亭	篆、隶	秦汉	张黻弟
29	吴余庆	宜黄	篆、隶、楷、草	—	
30	周 冕	鄞县	篆、隶、行草	秦汉碑刻、晋唐法书	
31	卓 迪	—	篆、行草	—	
32	陈 廉	福清	篆、草	—	
33	杨尹铭	—	篆、楷	周伯琦	
34	胡 正	庐陵	篆、楷、草	—	

续表

序号	姓名	籍贯	擅长书体	书源	备注
35	邹颖	常熟	篆、隶、行草	赵孟頫	
36	黄翰	华亭	隶、章草	—	
37	凌安然	归安	篆、楷	李斯、晋	
38	陆赞	海盐	篆、隶	—	
39	程南云	南城	篆、隶、楷、草	陈登	
40	金湜	鄞县	篆、隶、行草	汉、晋	
41	岑俊	慈溪	篆、隶	—	
42	庄琛	晋江	篆、隶、楷、草	—	
43	沐璘	云南	篆、草	—	
44	黄谏	兰州	篆、隶	—	
45	左赞	南城	篆、隶、楷、行草	蔡襄、蔡京	
46	伍福	临川	篆、隶、楷、行草	—	
47	张骏	华亭	篆、隶、行草	怀素	
48	杨茂元	鄞县	篆、隶、草	—	
49	李东阳	长沙	篆、楷、草	晋、唐、颜真卿、赵孟頫	
50	李应桢	长洲	篆、隶、楷、行草	欧阳询、颜真卿、苏轼、黄庭坚、蔡襄、米芾	
51	王纶	昆山	篆、隶、楷	欧阳询	
52	朱存理	长洲	篆、楷	晋、唐	
53	乔宇	乐平	篆、隶、楷	李东阳、李斯、李阳冰	
54	张嘉谟	宁夏	篆、隶、行草		
55	文徵明	长洲	篆、隶、楷、行草	"二王"、欧阳询、虞世南、褚遂良、智永、黄庭坚、赵孟頫	
56	文彭	长洲	篆、楷、行草	—	文徵明长子
57	文嘉	长洲	篆、楷	文徵明	文徵明次子

续表

序号	姓名	籍贯	擅长书体	书源	备注
58	彭 年	长洲	篆、楷、行	欧阳询、颜真卿、柳公权、李邕、苏轼、赵孟頫	
59	徐 霖	南京	篆、楷、行	颜真卿、柳公权、欧阳询、詹希原	
60	江巨石	—	篆	李斯、蔡邕	
61	丰 坊	鄞县	篆、隶、楷、行草	魏、晋、唐、宋、元	
62	徐 兰	鄞县	隶、楷、行草	欧阳修、朱协极、钟繇、王献之、蔡邕	
63	陆师道	长洲	篆、行草	颜真卿、钟繇、王羲之	
64	许 初	长洲	篆、楷、草	"二王"、欧阳询	
65	胡汝嘉	江宁	隶、草	钟繇、张芝、崔瑗、祝允明	
66	王穉登	江阴	篆、隶、楷、草	文徵明	
67	俞允文	昆山	隶、楷、行	汉、欧阳询、褚遂良、柳公权、米芾、赵孟頫	
68	盛时泰	南京	隶、行	苏轼、米芾	
69	黎民表	从化	篆、隶、行草	文徵明	
70	顾 亨	长洲	篆、隶、楷、行草	—	
71	吴 锦	休宁	篆、隶、楷、行草	许元复、文徵明	
72	吴君懋	宁阳	篆、隶、行草	—	
73	李 登	上元	篆、行草	李斯、王羲之	
74	李开芳	永春	篆、隶	李斯、程邈	
75	胡宗仁	上元	隶	蔡邕、魏	
76	郭天中	秣陵	篆、隶	秦、汉	
77	尹嘉宾	江阴	篆、隶	—	
78	赵宧光	太仓	篆	三国	
79	欧阳序	江宁	篆、楷	欧阳询、李邕、梁鹄	

续表

序号	姓名	籍贯	擅长书体	书源	备注
80	朱 完	南海	篆、隶、楷、行草	颜真卿	
81	宋 珏	莆田	隶、楷、行	汉	
82	邝 露	南海	篆、隶、行草	—	
83	孙克宏	—	篆、隶、楷、行	秦、汉、宋克	
84	周履靖	嘉兴	篆、隶、章草、楷、行	—	
85	马元震	南海	隶	—	
86	詹希贤	休宁	篆、隶、楷、行草	—	
87	詹万里	休宁	善书	—	詹希贤子
88	朱庆斯	—	篆、隶、行草	—	
89	周荣起	江阴	篆	—	
90	何玉仙	—	篆	—	史痴翁妻
91	马如玉	南京	隶、小楷	—	

二、注重碑学书法但仍离不开帖学的书法家

我国碑学书法在秦汉魏唐最盛。秦汉崇尚篆隶书体。魏晋开始变化，楷行成为主流书体，篆隶书体日趋衰落，甚至晋楷称为晋隶，唐楷与唐隶混淆难分。隶书名家自唐至元一直很少。篆书方面，唐代写篆书的名家以李阳冰最具功力，其余人不大出名。宋人书法尚意，自书心情，得书中乐趣，超越唐代书法法度森严的风尚，开出书学的新气象。以苏东坡、黄庭坚、米芾、蔡襄为首的四大名家，都以行草见长，而且书学一变唐代碑学楷书正体大盛的局面，转向以晋唐以来的书法帖学为宗，因而篆书名家更为稀少。徐铉、徐锴"二徐"兄弟和郭忠恕的小篆最有成就。

碑学书法到元代稍微有些改观，篆隶书体的势力有些抬头，主要因为元代的书学名家，如赵孟頫、吾丘衍、泰不华、周伯琦等人的努力实践产生一些影响。但是，赵孟頫以楷书为重，名列中国书法史上欧阳

询、颜真卿、柳公权之后。唐代之后，仅他一家正楷书家，以楷法规整可以上承上比唐代极盛的正书，次以行草为佳。他的篆书作为碑额、墓志铭盖，自然退居次要地位。泰不华的小篆《王烈妇碑》流畅酣放，是清代碑学复兴、邓石如篆法的先声。周伯琦的《李公岩》《六书正伪篆文》等篆书，沉厚雅致。他还撰写《论篆书》等书论著作，为明代碑学书法、篆书的学习打下基础。然而，元代书学的主流仍然是楷行草体帖学书法。

明代继承元代书学传统，以帖学书法、楷行草书体为重，碑学书法、篆隶书体仍在总体上处于弱势。可是，明代书家或书学者不仅比较系统地学习、钻研自元溯晋的帖学书法，而且没有遗忘在帖学书法系统之外的碑学书法（详见表2）。有许多书家或书学者在埋头临摹、研习自秦汉以来的篆隶书法，如浙江归安人凌安然、江苏上元人李登、福建永春人李开芳及江巨石都篆法李斯。李开芳的隶书师法秦隶，遥接程邈。篆隶远法秦汉魏的书家另有不少，如江西临川宋季子、华亭张黼、浙江鄞县周冕和金湜、江苏上元胡宗仁、福建迁秣陵（南京）郭天中、福建莆田宋珏及孙克宏等人。赵宦光于三国《天玺碑》独得心源，自成一家。有的书家在唐韩择木、李阳冰和元赵孟𫖯、周伯琦等人的篆隶书法基础上锲而不舍，勤学苦练，终于有成。

明代碑学篆隶书法出现一批当时颇负盛名的书法家。如明初"三宋"之一的宋璲，小篆之工为明初第一，"大小篆纯熟姿媚"[1]，带有行草书的用笔特征和元末明初书法风格类型。陈璧的小篆圆熟有气。[2]邵谊善篆隶，詹希原、朱同都盛推他的字学。[3]陶宗仪刻志字学，著有《古刻丛钞》《书史会要》，蜚声书坛。他跟随舅舅赵雍学习篆法，[4]而赵雍就是赵孟𫖯的儿子。因此，陶宗仪实际上继承了"赵体"篆字家学。曲阜衍圣公孔彦缙身为孔门后裔，却有书学创新精神，

---

[1] 祝嘉：《书学史》，第333页，引何乔远《名山藏》、陶宗仪《书史会要》。参见何良俊《四友斋书论》，崔尔平选编点校：《明清书法论文选》，第139页。

[2] 祝嘉：《书学史》，第334页，引何乔远《名山藏》、陶宗仪《书史会要》、何良俊《四友斋书论》。

[3] 祝嘉：《书学史》，第335页，引凌迪知《万姓统谱》。

[4] 《明史》卷二百八十五列传第一百七十三《文苑一·陶宗仪》，第7325页。

"精篆书，笔力豪壮，入于能品"[1]。王时精于篆隶章草，用意深密，凡六书源委，靡不择究，被明初苏州著名学者卢熊深深称美[2]。临川宋季子"留意于隶古之书，所获汉、魏诸碑刻，必夙夜潜玩，于是学大进，遂以善隶书知名"[3]。浙江王尹宾在永乐时以篆隶书擅名海内。同时的福建陈登也以篆隶擅名，而且考据精博，王尹宾也让他几分[4]。滕用亨篆法之妙，高出近世；篆、八分，知名当世[5]。张黼的篆隶得秦、汉遗法，非流辈所及[6]。福清陈廉学书20年，孜孜不倦，篆籀草隶皆尝究意，而草隶尤为时重[7]。程南云在明英宗正统时以精篆隶名显书坛，为时所尚。他的篆法传自陈登，隶草都古朴有方[8]。著名书法鉴藏家朱存理也工篆籀。先世由姑苏徙居金陵的徐霖，"精研六书"，"篆登神品"，为李东阳、乔宇"推为当代一人"，"岂徒二百年来江南杰出之士？盖亦海内翩翩善书者也！"[9] 他的篆书直继元周伯琦，与李东阳相伯仲，还是书法史家，著有《续书史会要》一书，在明代书学史上很有价值和地位。

有的书家钻研精神十足，如鄞县周冕玩心字学，凡秦汉碑刻、晋唐法书，必探其精妙[10]。更有一些远追高古、不屑后世书学的书法家。如陶琛工古篆书，多得籀法[11]。江巨石好为钟鼎大篆，李斯、蔡邕以下，耻而不为[12]。孙克宏隶篆上追秦汉[13]。鄞县人、著名书学理论家丰坊是明代中期少见的书学全才，五体书法都能。与他同时的邑人徐兰

---

[1] 朱谋垔：《续书史会要》，《景印文渊阁四库全书》第八一四册，第824页。
[2] 祝嘉：《书学史》，第338页，引《昆山县志》。
[3] 祝嘉：《书学史》，第339页，引宋濂《浦阳人物志》。
[4] 祝嘉：《书学史》，第346页，引陶宗仪《书史会要》；第347页，引黄佐《翰林记》。
[5] 祝嘉：《书学史》，第346页，引罗凤《延休堂漫录》、黄佐《翰林记》。
[6] 朱谋垔：《续书史会要》，《景印文渊阁四库全书》第八一四册，第823页。
[7] 朱谋垔：《续书史会要》，《景印文渊阁四库全书》第八一四册，第820页。
[8] 祝嘉：《书学史》，第350页，引雷礼《列卿记》、陶宗仪《书史会要》、黄佐《翰林记》。
[9] 祝嘉：《书学史》，第359-360页，引何乔远《名山藏》、盛时泰《苍润轩碑跋》、宋荦《漫堂书画跋》。又《列朝诗集小传》第350页，叙生平甚详。
[10] 祝嘉：《书学史》，第348页，引《宁波府志》。
[11] 祝嘉：《书学史》，第337页，引《长洲县志》。
[12] 朱谋垔：《续书史会要》，《景印文渊阁四库全书》第八一四册，第835页。
[13] 祝嘉：《书学史》，第381页，引秦祖永《桐阴论画》。

好作隶书，不师汉人而师宋人欧阳修、朱协极，并作《古文奇字》，得边鲁（号鲁生）的笔法。他的八分初法蔡邕《淳于长碑》，不失矩度，到晚年参以己意。时人称他的书法与程南云并驰。[1] 陆师道以进士任主事，养母告归，拜师文徵明，工小楷古篆。[2] 永春李开芳，"好以篆隶八分作署书，自谓得（李）斯、（程）邈遗意；体势虽涉奇怪，袤丈之字，略无怯涩，亦人所难"[3]。长洲许初，官太仆寺主簿，尤工篆籀，誉重公卿间，小篆"庄整而秀"[4]。江宁胡汝嘉，隶书师法钟元常（繇）。[5] 王穉登"隶书遒古，大胜真草"。他"妙于书及篆隶，闽粤之人过吴门者，虽贾胡穷子，必踵门求一见，乞其片缣尺素然后去"。[6] 金陵盛时泰"隶书更优"[7]，著有《苍润轩碑跋》。南海黎民表，官秘书，隶篆行草山水画均妙。子黎邦琰也会隶书。[8] 上元胡宗仁，"善汉隶，得中郎（蔡邕）遗法"，实际上，他师从《魏受禅碑》，"简劲方正中，雅气逼人"。[9] 郭天中"购畜古法书名画，不事生产，专精篆隶之学，穷崖断碑，搜访摹拓，闭户冥搜，寝食都废。晚年隶书益进，师法秦汉，最为逼古"[10]。江阴人尹嘉宾"字画瘦劲，晚更杂篆隶出之"[11]。赵宧光笃意仓、斯之学，创作草篆，在明代篆书中最有独创性。子赵均亦能草篆，[12] 承继了学家。

广东南海朱完隶书严整清劲，独步一时。康有为曾从朱完的后裔、他的老师朱九江那里见到他的篆隶书法，"结体取态，直与完白（邓石如）无二，始叹古今竟有暗合者。但得名不得名，自视世风所尚耳"。[13]

---

[1] 祝嘉：《书学史》，第366页，引都穆《金薤琳琅》、《宁波府志》。

[2] 《明史》卷二百八十七列传第一百七十五《文苑三·陆师道》，第7364页。

[3] 祝嘉：《书学史》，第376页，引陶宗仪《书史会要》。

[4] 祝嘉：《书学史》，第367页，引《吴县志》、詹景凤《书苑补益》。

[5] 祝嘉：《书学史》，第368页，引《江宁府志》。

[6] 祝嘉：《书学史》，第369页，引袁中道《游居录》。又参见《明史》卷二百八十八列传第一百七十八《文苑四·王穉登》，第7389页；钱谦益《列朝诗集小传》，第482页。

[7] 祝嘉：《书学史》，第370页，引周晖《金陵琐事》。

[8] 朱谋垔：《续书史会要》，《景印文渊阁四库全书》第八一四册，第841页。

[9] 祝嘉：《书学史》，第376页，引《江宁府志》、谢肇淛《五杂俎》。

[10] 钱谦益：《列朝诗集小传》，第534页。

[11] 钱谦益：《列朝诗集小传》，第586页。

[12] 朱谋垔：《续书史会要》，《景印文渊阁四库全书》第八一四册，第843页。

[13] 朱谋垔：《续书史会要》，《景印文渊阁四库全书》第八一四册，第843-844页；康有为：《广艺舟双楫》，《艺林名著丛刊》第二种，第21页。

同邑诸生马元震，"隶书与朱完争名，用笔虽古，体势多怪"[1]。福建莆田宋珏"善八分书，规橅《夏承碑》，苍老雄健，骨格斩然"[2]。陕西周至县举人赵崡穷30年之力，搜罗片石只字，考据疏记，作成《石墨镌华》，多有都穆、杨慎所未见，推动碑学学习与研讨，当时陕西只有华州郭宗昌可与他互为伯仲。[3]

以上所列，都是专攻碑学篆隶书体或以其见长的明代书家。从明初到明末，断断续续，一直都有书家探索和实践碑学书法和篆隶书体。不过，在时间的具体分布上，以明初、明末稍多一些，明中后期较少。特别在"二沈"书体渐趋正统书体的时候，书法主流在正书，其次在行草书。这时，只有极少数有心思却不可能取得书学大名望的书家，还在根据自己的爱好选择篆隶碑学书法作为学习的对象。

明代书学重视碑学书法，重视篆隶书体，取得一些成就，但相比帖学书法，相比行草书体要逊色一等。何况碑学书法、篆隶书体毕竟成不了书学主体。贡献较大的书家还在行草正书上。有些专攻篆隶的书家，甚至不去涉及李斯、蔡邕以下的篆隶书法，孤傲旷世，不为时风所动，执守自己的艺术宗旨，十分难能可贵。事实上，很多书家既是篆隶书体、碑学书法的爱好、学习者，又是帖学书法的热衷追求者。他们精求诸体，互为融通，只是在碑学、篆隶书法方面更加擅长，取得了名望而已。

宋璲篆隶真草都很精到，行书有气韵，却以篆书最好，与其余"二宋"最大的区别在此。在明初"赵体"帖学书法的支配氛围中，宋璲作为高官宋濂的次子，能够取得如此不同凡响、不趋流俗的书学成就，不能不令人敬慕他的果敢胆略和独行气魄。陈璧兼善四体，用笔都从怀素《自叙帖》中流出，正书酷似欧阳询，行草渐逼王献之。无为吴志淳，元末知县，擅长篆隶草。华亭朱芾，官中书舍人，工真草篆隶，清润遒劲，俱有古则，[4] 风度不凡。福建郑定，"以草书名天下，甚为解

---

[1] 朱谋垔：《续书史会要》，《景印文渊阁四库全书》第八一四册，第844页。
[2] 钱谦益：《列朝诗集小传》，第588页。
[3] 钱谦益：《列朝诗集小传》，第532页。
[4] 朱谋垔：《续书史会要》，《景印文渊阁四库全书》第八一四册，第815页；《明史》卷二百八十五列传第一百七十三《文苑一·吴志淳·朱芾》，第7323-7324页。

学士（缙）所推许"，又"工古篆隶书"。[1] 庐陵胡正的正草书"用笔如篆"[2]，将篆意贯于正草书体，是善于书学进取者。归安凌安然，官都察院掌院事，楷书学晋，小篆师秦相（李斯），[3] 二者兼得，各有书路。华亭张骏，行草隶篆入妙入神，与张弼齐名，时称"二张"。[4]

　　明前期许多书家受"赵体"和"三宋"书风影响，以帖学书法为主，兼及碑学诸体，包括篆隶楷书，发展到中期，受"二沈"帖学书法影响至深至重，于是碑学诸体不受人们重视。直到吴门书家巨匠出，才有改观。长洲李应祯的"真行草隶，皆清润端方，如其为人"，"篆楷皆入格"。[5] 太原府乐平人乔宇，官至吏部尚书，"通篆隶，有二李（李斯、李阳冰）风"[6]。吴门书学大师文徵明书学"二王"、欧、虞、褚、赵，清丽古雅，集名家之长，自唐"开元以来无此笔也"。他对篆隶曾下过功夫，"常自负隶法则不尚古人，而歉于篆"，因为篆书有些纤弱之态。[7] 门人学习他的隶法，能学到一些新意。他的隶书精良，连以篆隶自负的李东阳也深加叹赏，自愧以为不如。不过，他的兴趣重心不在篆隶上，而在行楷帖学上，特别是小楷，负海内重名，无与匹比。他的两子文彭、文嘉继承家学，真行草外，篆隶兼顾，体体有加法，有创新发展或变通，能自成家。文彭尤精篆隶，索书者接踵不断，还开创"吴门印派"。文嘉工书画篆刻，小楷清俊如瘦鹤。这是文徵明开放的艺术态度在书学实践上的必然去向、全面继承中国传统书学艺术的大家气度的结晶。

　　长沙李东阳早年书学赵孟頫，中年以后学颜真卿。"大草，中古绝技也！玲珑飞动，不可按抑，而纯雅之色，如精金美玉，毫无怒张蹈厉

---

　　[1] 祝嘉：《书学史》，第338页，引陶宗仪《书史会要》、何乔远《名山藏》。
　　[2] 祝嘉：《书学史》，第349页，引陶宗仪《书史会要》。
　　[3] 祝嘉：《书学史》，第349页，引雷礼《列卿记》。
　　[4] 祝嘉：《书学史》，第353页，引何三畏《云间志略》。
　　[5] 祝嘉：《书学史》，第355页，引雷礼《列卿记》、陶宗仪《书史会要》。
　　[6] 祝嘉：《书学史》，第357页，引雷礼《列卿记》、丰坊《书诀》。又见《明史》卷一百九十四列传第八十二《乔宇》，第5134页。
　　[7] 祝嘉：《书学史》，第358页，引丰坊《书诀》、陶宗仪《书史会要》、王世贞《艺苑卮言》。又见《明史》卷二百八十七列传第一百七十五《文苑三·文徵明》，第7361-7363页。

之态，盖天资清澈，全不带滓渣以出。"[1] 他学习赵孟頫，临习篆书，成为明代中期碑学书法一大健将，又以内阁大学士的身份，影响书坛习尚。他的"篆书'亲交赠别'四字，魄力雄厚，直逼松雪翁（赵孟頫）"[2]，当时号称"篆圣"。与李东阳齐名的徐霖，"真行，皆入精妙，碑版书师颜、柳，题榜大书师詹孟举（希原），并绝海内"[3]。篆法登神品，深入堂奥，李东阳也自愧不如。

书法到丰坊（字人翁）手里，气度不凡。他"书学极博，五体并能，诸家自魏、晋以及国朝，靡不兼通，规矩尽从手出，盖工于执笔者也；以故其书大有腕力，特神韵稍不足"。他的"草书自晋、唐而来，无今人一笔态度，唯喜用枯笔乏风韵耳"[4]。以特有的艺术灵性天赋，他完全可能成为一个超一流的书法天才，但他的领悟力超越他的苦心实践力，以至于心性品质的纯洁减却了艺术的神韵魅力。尽管像王世懋所论，"丰人翁实有笔，人望不副，天下恶其人并废其书，非也"[5]，却只能屈居于二流书家的地位。因而丰坊的篆隶书法如同其余书体一样，只成为他摄取艺术实际经验的一种渠道，而不是目的。但是，他在书法上重视篆籀，值得肯定。

王穉登楷行篆隶都能，保存着"吴门书派"的特色，但他以篆隶见长，却是"吴门书派"中的佼佼者了。长洲顾亨，"行草篆隶并入能品，真楷为一时之冠"[6]。这是另外一位吴门书家的书学道路，书法各体，包括篆隶，写得都好，却以正楷最为知名。这样的全才性书法家，既有全面扎实的书法学基础，又有个人特长和专攻书体。除了个人的孜孜不倦外，他苦心追求书学精髓，确实具有书法天赋，不是一般的书学者所能企及，也不是书法各体都能摆弄几下，结果流于平常、一无所是

---

[1] 祝嘉：《书学史》，第355页，引安世凤《墨林快事》。

[2] 祝嘉：《书学史》，第355页，引周密《须静斋云烟过眼录》。

[3] 祝嘉：《书学史》，第359页，引何乔远《名山藏》。

[4] 祝嘉：《书学史》，第363页，引詹景凤《书苑补益》、陶宗仪《书史会要》。

[5] 王世懋：《王奉常集》卷五十《丰道生书卷跋》，《四库全书存目丛书·集部》第一三三册，齐鲁书社1997年，第717页。参见王世贞《艺苑卮言校注》卷六、附录卷三，罗仲鼎校注，人民文学出版社2021年，第430-431、780页；《明史》卷一百九十一列传第七十九《丰熙·子坊》，第5071-5072页。

[6] 祝嘉：《书学史》，第371页，引《长洲县志》。

的书学者可比的。

明代篆隶书法家群体十分庞大，从政治地位和社会身份上看，有各级官员，亦有各级功名的士人，当然，更多的是平民书家。

明初右丞相、婺源汪广洋，书学晋、唐，"善篆隶，尤工大字"[1]，凌安然官居都察院都御史，程南云是太常卿，李东阳官至内阁大学士，还有吏部尚书乔宇，尚宝少卿陆师道，太仆寺主簿许初，太仆寺少卿李应祯，浙江布政使张绅，解州同知陈璧，湖广提学副使解元、进士尹嘉宾等人，他们大多出身进士，像李应祯则是举人。在繁重的中央或地方公务之余，闲心书法，玩弄高古字体，不下点功夫，无法写出点书法的名气来。他们的热心倡导，身体力行，自然会影响明代书坛风气，使得篆隶书法断断续续，成为中国书学宝库中的传承物，得到接存和传播，以至在清代重放异彩，大盛于天下书坛。同时，这些官员士人书家的书法兴趣又不限于篆隶书体，还兼擅行草楷书，这使得篆隶书法得到的重视和传播力度不足，此乃明代篆隶书学的重要特征和最大的不足之处。

和擅长真行草书的官员士人的数量相比，有心于篆隶书法的官员士人较少，可知明代的书坛主流和重心确实不在篆隶书法，而在帖学书法上。至少，从政治社会身份上看，影响力较大的官员士人的书学取向就是如此。他们的书学选择对广大平民书学爱好者的书学选择产生较大的导向作用。

很多平民书法爱好者被吸引到书法帖学的路子上去，忽视篆隶等碑学书法。可是，有一批数量可观的平民书学家或书法爱好者潜心篆隶书法，弘扬中国书学宝库中另一种艺术精神。他们的地域分布广泛，书名传遍全国者为数极少。很多平民篆隶书家湮没无闻。从他们生活的地方的志书或文献中能找到的书学成就记载，只是其中的极小部分，而且大多寥寥几笔，十分简略。能够擅名乡邦数十里，知名一时有数年，已经很不错了。然而，无可否认，他们用切身的篆隶书法实践，积累中国书学艺术的又一批可贵财富；用另一种字划线条，另一种艺术面貌，表达书法主体的精神和感受，展示书法艺术的宽博、弘大和多姿多彩。

---

[1] 祝嘉：《书学史》，第335页，引丰坊《书诀》、郑晓《吾学编》。

应该说，留下姓名和书法成就记录的艺术家是极其幸运的，他们仅仅是当时社会众多书法家和书学爱好者群体中漏万挂一的人物，或许他们并不是个个都很卓越，值得留载传承下来。相反，有的独到的书学家可能失载，作品因时代鉴赏的关系而失传，这是他们的不幸。在后人眼里，留下姓名和书学功绩的书法家和书法爱好者的经历和经验，不论他们的成败如何，不论他们的成就地位高下如何，都值得好好清理、总结、鉴别和继承。明代篆隶书法没有帖学书法那样轰轰烈烈、声势浩大，却是同时并行的一股书学流向。广大平民篆隶书家群体更是推进这一股书学流向的中坚力量。

明代书家或书法爱好者群体中，有地域朋友，有同门师生，有家人亲友，包括祖孙、翁婿、父子、兄弟妹、夫妻等，如沈度、沈粲、沈藻、张弘宜、张弘至、莫如忠、莫是龙、王锡爵、王衡、赵宧光、赵均、王世贞、王世懋、何湛之、何淳之、邢侗、邢慈静、陈鲁南、马间卿等，互相砥砺书学，磨炼出纷繁异彩的书法风貌，篆隶书学也不例外。"吴门书派"，文徵明与文彭、文嘉父子相承，弘扬书法精神；祝允明书承外祖父徐有贞、岳父李有祯，开创书学新风貌；王宠、王守兄弟，都是家庭或家族书派书风发展的范例。

到了明末，以行草扬名天下的书法家保持着对篆隶书法的浓厚兴趣，从篆隶书法中汲取营养，滋润并形成具有独特个性的书法。如米万钟著有《篆隶考讹》二卷；"神笔"王铎精研六书古文字学、钟鼎款识与秦汉碑碣文字，认为学古才能创新，能写篆隶书，可是他的隶书明显不精，也不用心，带有不少行草书味，没有骨力，缺乏古朴之气，表明他的主攻书体方向不在于此，却能写出不同于常人的隶书。更为重要的是，他的楷书因为古法深研，带上独特的篆隶笔法，超过同时代一般书家。

总之，在中国书法史上，自碑帖并行之后，随着书法材料的革命与改进，书法的学习已经没有简单的习碑习帖之分，往往碑与帖有所侧重。完全脱离帖学的碑学书法或者脱离碑学搞帖学书法的时代几乎不再存在。碑帖不分家，只有书体源流的差别、书体形式的差别，并没有书学精神的阻隔和融通上的差别。对于在书学上做出成就的书家来讲，尤其是这样。他们善于继承和发扬一切书体的精华，走自己的书学成功之路。明代很多书法大家、名家在赵孟頫的影响下，全面学习书法传统，自我创新，碑帖书学都有研习，又在帖学书法上贡献最大。明初宋璲，明中期的李东阳、文徵明、徐霖，明后期的赵宧光等，不仅是篆隶名家，还是其余书体帖学的名家。著名的馆阁体书家沈度以真行最称显赫，实际上，他不是单打一的书法家，善篆、隶、真、行、八分书，有着很深厚全面的书法功底。明前期名臣、"三杨"[1]之一、文学家和书法家杨士奇评论这位与他同入翰林、相交33年"最相得"的好友说，"八分尤高古，浑然汉意"[2]，是篆隶名家，只不过因为真行书名掩盖篆隶之才，而且以后明代的书学重心置放在帖学上，才让人们更加误解沈度的书学才能。像沈度这样最为著名的明代"台阁体"帖学书法家也是从中国全面的书法艺术遗产中诞生的。他在书法的碑学和帖学路径中滚打，炼出了他在帖学书法方面的煌辉成就，影响明代相当长一段时间的书风。至于明成祖酷爱他的书法，捧戴他为桂冠书法家，行政意志渗透书法艺术，形成崇尚"沈字"的时髦，只是在沈字有了较高的时代书法成就之后的衍生物，而不是沈度书法本身的咎过。

第三节 明代书法的历史贡献

中国书法艺术像一条不断向前发展的艺术长河，每个时代都有自己的特征。经过原始时代的彩陶等刻画文字，商周甲骨、钟鼎等篆籀文字，周秦汉的竹木简牍、秦汉碑石等篆隶文字的书法阶段之后，中国书法艺术顺着自身内在运行的轨道，步入汉魏晋以丝帛缣麻纸为书写材料的书法时代，章草、行草、今草相继发明，并向真书过渡，蓬勃之势不可阻遏。

书写材料的革命带来书法的全新时代。特别是在使用方便清新的麻纸之后，加上笔墨砚等书写工具的不断改进，书法家们在使用墨色线条表达内心的神情韵致方面发挥得淋漓尽致。装裱工艺的讲究增添了法帖书法的独特魅力。安逸的生活，对文化艺术的追求和领悟，共同促进法

---

[1] 指杨士奇、杨荣、杨溥，历任永乐、洪熙、宣德、正统四朝内阁大臣。
[2] 杨士奇：《东里文集》卷十六《沈学士墓表》，刘伯涵、朱海点校，中华书局1998年，第227-228页。

帖书学的繁荣。晋人尚韵，以神采为上，形质次之，飘逸、疏朗、美姿；唐人尚法，庄严、方整、豪迈，书法特色鲜明，名家大家辈出，基本的书法技巧趋于丰富完备，树立起一块块书法丰碑、一处处书法营垒。

值得注意的是，书写材料在魏晋六朝和隋唐时期有了质的飞跃，尽管碑石与纸张的书法并行不悖，但麻纸代替碑石、竹木简、丝帛，广泛得到使用，已成为大宗书法材料。因此，以纸为载体形成的帖学书法日渐隆盛，以钟王、欧虞褚薛、颜柳、素旭智为代表的以真行草书为主体的书法系统因其实用功能之大而得到强化，而篆隶等书体逐渐退居装饰性和次要的书法地位。到唐末，篆隶书法衰落，唐碑已以楷书为主要书体，出类拔萃的篆隶书家，如李阳冰之类，已很稀见。

宋代科举取士人数之多，文人政治社会地位之隆遇，促进文化教育的繁荣，人才辈出，成为我国科举制度的黄金时代。大量社会各阶层，尤其是平民阶层出身的士子登上政治舞台，代表社会阶层多方面利益发表政治主张，共同治理国家，促使社会与政治结构发生剧烈变动，贵族血缘社会转化为官僚社会。文化艺术结构与面貌随之变化，因为注入了新生命力，文化艺术在继承传统遗产的基础上有所创新。书法艺术也不例外。借助能够最大限度地直抒心性的行草书体，宋代形成以苏、黄、米、蔡四大书法名家为代表的五彩斑斓的书风和尚意的特色。因为行草书体的运写比篆隶真书更加率意随心，适于纸上发挥，因而宋代帖学大盛。同时，也产生疏于碑版、丢弃唐人方整的书法气度、过分追求晋人疏朗潇洒的书法偏向。篆隶书法一落千丈。宋代书学把魏晋以来的帖学一途书法推至巅峰，也使魏晋以前的碑学书法坠入深渊。

元代书法，初则宗唐，后则宗晋。元初以唐代"颜体"为宗。赵孟頫改变书坛风气，以晋人书法为宗，专以古人为法，实际上上接帖学之源，深入晋人书学精髓。另一方面，他又不限于帖学书法一途，篆书效法《石鼓》《诅楚》，隶书效法梁鹄、钟繇，结果"篆、籀、分、隶、真、行、草书，无不冠绝古今，遂以书名天下"[1]。他根柢钟王，出入晋唐，妙在真行，特别用意楷法，集晋、唐楷法之长，创出"赵体"，

---

[1]《元史》卷一百七十二列传第五十九《赵孟頫》，中华书局1976年，第4023页。

位于颜、柳、欧体之后，不愧书坛巨擘。"自是四百年间，文人才士纵极驰骋，莫有出吴兴（赵孟頫）之范围者。"[1] 元代书家宗晋者自然多从"赵体"入手，摆脱宋代诸家书风束缚，在"复古"的书学主张和实践中尝试艺术的继承和创新。赵孟頫拨正了中国书学的航向。

  在全面"复古"，挖掘中国书学遗产的大旗下复兴汉文明，并有所创新，这本身就蕴藏着对元朝贵族实施高压统治的不满。聪敏的赵孟頫巧妙地避开他的赵宋情结，在政治上明哲保身，又以他的政治地位领导文坛、书坛，倡导对汉文明的传承和研究。他涉及中国书法的碑学、帖学源流，身体力行，卓然有成。他对吾丘衍的篆书大力支持，不仅要在书学上把赵宋"四大家"宗晋宗唐的根子保留延续，而且要把中国书学的帖学之先的书法继承下来，保留延续书学的老根。因此，赵孟頫的书法"复古"具有超出书法意义的价值。当然，对元代的书风产生了最直接深刻的影响。

  元朝国运短促，却没有过早地结束赵孟頫的书法时代。明清受惠于他的书坛学子很多，使他的中国书坛巨星地位牢不可破。可是，他的书学成就以楷行为最高，他的篆隶书法实践更多地成为他楷行成就的基础，从而使他的全面"复古"的书学主张受到了损伤。"赵体"的形成标志着元代书法仍然沿着宋代帖学的路子惯性运行，并且在"赵体"帖学书法的圈子中摸索了。帖学依然高于碑学。然而，赵孟頫毕竟是书坛领袖，他极高的书学天赋，勤勉的书法实践，深厚的功力，在继承基础上的创新，都让一般书家望而生慕，由慕生畏，由畏生敬，由敬生叹。他坎坷的个人经历和仕途终究不能和他的书法成就同日而语，更不会使后者蒙黑。后代书家顺着赵孟頫振兴的书学新路，回归书学真源，没有单一追求意、法、韵，还坚忍不拔地向前探索，一方面使帖学书法继续昌盛；另一方面，寻到碑学，又一书法活源。

  明代的书法一开始就奠立在赵孟頫开创的书学两源并举，又略以赵氏帖法为重的高台巍基之上，这不能不说是明人书学的极大幸运，也是赵孟頫对后世书学之人的最大嘉惠。但是，明代封建君主专制统治加强，人们的生活经历、知识传承、修养和个人兴趣同社会环境，包括政

---

[1] 康有为：《广艺舟双楫》，《艺林名著丛刊》第二种，第14-15页。

治、经济、文艺倾向一起，对个人和时代书学取向发生作用。赵孟頫全面"复古"书学的主张，在明代失去隐含的文明复兴价值，寓有了新意。明代书家身处政治高压下，面临以下一些书学问题：是全面还是部分继承赵氏书学？能否全面继承赵氏书学？能否在继承赵氏书学的基础上创新？抛开赵氏书学的创新能否成功？对于这些问题的解答，决定了明代书法的历史地位。

从赵孟頫上溯"二王"书学，经验实在太丰富了，但这个书学包袱也实在太沉重了，何况还有赵氏所重视的"二王"之前的书学渊源！明代书坛面临历史上任何一朝的书学同行们所没有遇到的书学选择。明代书家的任务更加艰巨了。单单是消化前代书法精华，就要花费许多时间和精力，何况，并不是很多的书学者具有前人书法遗产的丰厚积累，具有精研细磨的优越条件。在这样的前提下，大多数明初书家能够承继赵氏书学精髓之一斑就很不错了，可以成名成家了。对他们因循守"赵"的过多指责大可不必，因为毕竟只有少数佼佼者才能在赵氏书法的高起点上脱颖而出，成为明代书坛主将，甚至上超赵孟頫，直逼乃至凌越钟王，独树一帜，成为新的书坛盟主，前辉后映。

明代书家们经过艰苦的探索，至少在以下几方面具有鲜明的时代特性，做出了杰出的书学贡献。

（一）以帖学书法为主，碑学书法为辅；以楷行草书为主，以篆隶书法为辅。这是受赵孟頫书法影响，直接继承元代书学，在明代有所发展，改变唐宋轻视篆隶书法的结果。然而在整体上看，帖学书法名家多，大家多，学习者数量多、规模大。不少书家从碑学学书法，取得较高成就，但因个人书名仍在帖学书法上（如文徵明），或因帖学书法大盛，他们没有受到足够的重视。这些人为数不少，如和李东阳齐名于一时的徐霖与李东阳后来的书学名望相比，简直有天壤之别，实在是因受了书学主流冲击，受到不公正的冷落。今天我们必须重视这些人的书学贡献和地位。

（二）帖学书法自"近世"上溯书源，即自元末上溯唐晋。因为赵孟頫书学的直接传承和影响，明代书学起点极高。在学习赵氏书学，继承"赵书"各有侧重的书法过程中，书学家和书法爱好者们触摸到"赵书"的真谛和习书心路，于是，因循赵氏的书学历程，直接取法原作，从元而宋而唐，直到晋代帖学之源。而且有些书家还不肯就此止步，涉及篆隶等古代书法，广泛采撷书学营养，丰富自我。从赵孟頫的"复古"之中开始全面承继、清理中国书学遗产，在尚意与尚法中寻绎协同共进之路，为后世书法创新提供了宝贵的经验。

（三）书派的出现。从官方推崇的"沈体""台阁体"书法，到"吴门书派""华亭书派"的崛起，显示明代书法的活跃和昌盛局面。尽管"沈体""台阁体"书法标明的是书家的艺术个性受到政府的提倡，被奉为圭臬，不利于艺术百花的群芳竞艳，却形成了一定书法水准的书坛时尚，对书法起过推动作用。

真正书法意义上具有个性特征的流派应数"吴门书派"，它是以苏州为中心地域自然形成的书法家群体，区别于其余地域的书法家。这是中国书学史上的大事。一种书学风格通过师承关系赖以世代传续，既反映它的独到魅力，吸引着后学，又显示书法的现实应用价值高，离不开深厚的文化土壤和书学的世代积累根基。

"华亭书派"的名称，相比之下，有些勉强，它的师承不明确，断断续续，只是在明代华亭（即松江）的地域上出现一些书法名家，到董其昌集其大成而已。不过，我们应当密切注意，"华亭书派"出现在毗邻苏州的地方，而且到明末，书学之势盖过苏州，终于从祝允明、文徵明、王宠、王穉登等书家手里接过明代书学的主帅大旗，使书坛盟主营垒发生小距离位移。这是由松江地区社会经济发展引起的与文化艺术地位变化紧密关联的新动向。

从全国范围内讲，不论"吴门书派"还是"华亭书派"，甚至"沈体"，都是江南太湖流域的书学特产。

（四）书家队伍庞大，层面广泛，书法名家多，书法大家辈出，不仅有对传统书学的继承，更有书学的创新。

明代书家群体是全面的，自上及下，上有帝皇亲王、皇亲国戚、达官贵人，各级功名的士人和官员乃至武将，下至农工商贾、僧道妇孺以及青楼女子，都有文献记录。书家队伍的数量超过以前各个朝代。他们书体不一，很是齐全。书法和绘画、篆刻等艺术相互融通，互相影响，一些书法家同时就是画家、篆刻家，或者诗人、戏剧家、文学家、哲学家，甚至军事家、宗教领袖。

正是如此深厚的书学基础，才有一批书法名家、大家脱颖而出。明代书家顺着赵孟頫探出的书学"新"路，触摸宋唐书家的书学心路，一直追溯到钟王帖学真源，返璞归真，清理中国书学的宝库，促使帖学书法臻于极盛。这是近300年明代书学的基础。从危素、宋克、詹希原、解缙、沈度、沈粲、曾棨、姜立纲、张弼、张骏，到沈周、祝允明、文徵明、王宠、陈淳，再到明末邢侗、董其昌、米万钟、张瑞图、黄道周、王铎、倪元璐等书法名家，无一不是从晋唐帖学中走出来的佼佼者。但是，这一书法名家群体又有极大的等级差别。

一些书家继承与创新俱半，成为二流书家，如宋克、张弼、张骏、米万钟、邢侗等；一些书家能在继承的基础上自成一家面目，如祝允明、文徵明、王宠、徐渭、张瑞图、黄道周、倪元璐等；更有几个书家独辟蹊径，把中国线条墨色白纸的书法艺术领悟得透彻，表现到极致，既继承书学财富，紧贴传统特色，又不囿于传统，只借助传统形式率意写真，有着深厚的书学功力，董其昌、王铎当为此等书坛巨擘。跟前代书学巨擘相比，他们应是毫不逊色的集大成者。

碑学书法在明初到明末一直有书家兼顾与钻研，甚至专精。在赵孟頫的倡导和力行影响下，明初宋璲、滕用亨，明中期李东阳、文徵明、王穉登等"吴门书派"书家，明后期文彭、文嘉兄弟，特别是赵宧光，以草篆创新，光彩夺目。他们鼎力振兴，取得巨大成就和社会反响。"吴门印派"重视篆书书法艺术，开创治印新格局，影响后世深远。还有一批默默无闻、埋头苦干、不乏优秀成就的平民书法家，他们或者因为缺少全国性的传播媒介，只在乡邦郡县中闻名道途；或者因为缺乏名人和书学理论界的评论，很少或没有详细记载流传下来；或者因为缺少巍科功名、显宦达官头衔而引不起人们的特别注目，从而使得一部书学史往往写成事迹记载详细者的艺术成就记录，即有名有姓者的艺术史。广大无名的群众书家群体作为酝酿萌生那些有着详细记录的书家们的土壤或衬托背景，被人们记录极少，以致根本遗忘了。然而，正是他们的普遍存在，才提高了整个国民的书法水平，熏蒸出艺术国度的书法艺术氛围。

（五）明代书法教学开展得比较扎实，对书法技法、书学历史、书学理论的重视和总结进入一个新时期。

对书学之法与意的关系进行辩证思索和实践，是明代的新课题。以解缙《春雨杂述》、陶宗仪《书学史》、王绂《书画传习录》、祝允明《书述》、杨慎《墨池琐录》、徐渭《笔玄要旨》、何良俊《四友斋书论》、王世贞《艺苑卮言》、丰坊《书诀》、董其昌《画禅室随笔》、赵宧光《篆学指南》为代表，许多书家着力著书立说，留下一批十分珍贵的书学理论和实践经验，有极高的鉴赏水平。丰富的收藏著录和大量传世书法作品，装裱工艺理论著作的首次出现，篆刻流派的首创，都是明代书法艺术繁荣昌炽的结果。

总之，从14世纪后期到17世纪前期，是中国社会动荡变化的时期。随着商品经济发达、人性自觉，书法艺术从"赵体"中走出来，各地域的书家纷纷根据自己的艺术探讨，各显神通，风姿绰约。明代书法承上启下，达到了自己能够探摸到的书学高度。它的书法作品和书学理论财富，各家风格流派以及得失成败，都给清代及近现代、当代书学以直接的启示。

明代帖学与碑学书法的学习、继承、创新，两条腿行走的道路，不是水平进行的，而是一瘸一拐的。帖学大行，它的分量、成就和声威大大高于碑学，真行草书的艺术成就远远大于篆隶书法。章草、草隶、草篆的探讨随着古文字学的研讨取得较好的成绩，说明单一的篆或隶体书法的难度较大，人们对真行草书体的探索和创造力的发挥易于较快得到体现。当然，明代篆隶、甲金、简牍、碑石文字实物和拓本的零星性也会限制书家们书法艺术的眼界和想象力。这一书学的时代缺陷不应该让几个书家来承担，更不应该一味掼落到几个声名卓著的帖学书家巨匠肩上。

书法作为一门和审美结合的实用艺术，需要世代传承、学习与研究，自有其内部运行的规律在起作用，书家的认识和实践每行进一步，尽管"用笔千古不易"，却有必要付出巨大的劳动，经过无数次重复认识与实验，才能取得共识。赵孟頫、宋克、詹希原、沈度、沈粲、祝允明、文徵明、董其昌、王铎等书体的形成，"馆阁体"书派、"吴门书派"与"华亭书派"等地域书派的形成，还有书风特色的显现，都是社会与书学界对某些书法规律认识比较一致的术语，是明代极其珍贵的书学财宝。

正因为在明代书法的基础上，清代书学才出现从董其昌书法到赵孟頫书法、从"台阁体"到"馆阁体"书法的转变和极盛状况，最终走向极度尊碑抑帖审美趣味的改变，走到书学的歧途以及重新认识碑帖、开启碑帖书法共融、促进书学繁荣的新时代。可以说，没有明代书家沿着赵孟頫的书学之路进行长久的书法艺术探索，在高度重视帖学书法的同时，不放弃碑学书法的途径，积累碑、帖书学或兼长帖碑书学、以帖为主的丰富艺术实践，形成一支庞大的书家群体，清人书学认识和实践的进一步展开只能如空中楼阁，无扎实的台基。就像明代承继的是以赵孟頫为杰出代表、直接钟王魏晋书法风度、糅合唐法的中国书学形象，篆隶真行草诸体全面开花，以帖学书法为胜，清代接受的中国书学传统是以董其昌和王铎为代表的直接钟王魏晋风韵，糅合唐法、宋意和明人书法之趣的行草书法形象，高书法起点奠定了清代书学繁荣的基础。而徐渭、陈淳等大写意行草，宋克、宋璲、李东阳、文徵明、赵宦光等的章草、篆隶碑学书法价值，要等到静心反思明代帖学书法的成败得失时才会被重新领悟和挖掘出来。

第二章　明代书法的土壤

社会环境是书法艺术萌生、发展和变化的土壤。明代书法艺术的变化与其社会结构变动引起的风尚、思潮和士人风气的变化密切相关。

第一节　政治、经济、思想文化、社会风尚与明代书法

明初朱元璋的洪武（1368—1398）时代是中国封建社会一个典型的政治上高度集权、经济上自给自足的小农时代。通过强大的封建国家的行政力量，朱元璋调整了元末复杂动荡的社会生产和生活秩序，重建起稳定的大一统政治制度，重新营造了"牛郎织女"模式的安乐窝。奖励垦荒，减轻赋税，兴修水利，发展手工业和商业等一系列措施，促进了社会经济的恢复与发展。田园诗般的农村呈现一片自然安宁的景象。处在农业氛围为主的城市和集镇本身就是农村的一部分。那里的商业活动只是最原始的商品交换，作为农业生活的补充和调节，没有太多的利益诱惑或欲望刺激。城乡平衡和一体化，贫富相对平均的状态限制了商品经济交换的非分行为。这种局势经过建文、永乐共26年的统治延续下来，到"仁（熙）宣（德）之治"和正统时期臻于小农盛世，前后长达81年，可以称之为洪武模式的时代。

在自然经济基础上建立的封建君主专制力量异常强大。它把开国功臣依次剪灭清除。胡惟庸、蓝玉两起狱案诛杀45 000多人，元功宿将殆尽。朱元璋就势废除绵延千余年的丞相制度，从此君主大权独揽。通过迁徙豪族，尤其把江南豪族地主赶到穷乡凤阳和可以严密监督的首都南京，砍掉了他们的经济和社会基础。借助"空印案"和"郭桓案"，

朱元璋在财政上大肆敛财，中人之产之家大都破产，从此，大家都是"穷人"。不仅如此，朱元璋的专制淫威渗透到思想文化领域。他一方面笼络文人，如设立文华堂，储备文学人才；另一方面实行文化高压政策："寰中士夫不为君用，是外其教者，诛其身而没其家，不为之过！"[1] 文网严密，大兴文字狱，在文字上吹毛求疵，乱加比附，妄下断语，滥杀无辜士人。如明初长洲著名诗人、"吴中四杰"之一的高启，在洪武六年（1373）替苏州知府魏观营造府署作上梁文，因府署建在西吴王朱元璋的死敌东吴王张士诚的王府废基上，有"龙蟠虎踞"的赞语，触犯朱元璋的忌讳，所以高启受到腰斩极刑。[2] 文字狱造成明初思想文化界万马齐喑的悲哀局面，到处是一片歌颂所谓升平的空洞腔调。

　　元代在思想文化上将儒学、佛教和道教"三教"并举，崇儒虽是国策，但不唯一独尊。遵循元代形成的这一崇儒国策，明代明确崇尚朱熹理学，将其作为主流哲学意识形态，即新儒学，出现"高皇帝（朱元璋）立教著政，因文见道，使天下之士一尊朱氏为功令。士之防闲于道域而优游于德圃者，非朱氏之言不尊"的局面。科举考试以朱子《四书集注》为钦定标准答案。舍弃朱子之学，读书人无法厕身于学者之列，取得声名威望。因此，整个社会"有质行之士而无同异之说，有共学之方而无颛（专）门之教"。[3] 人们的思想统统被籀入朱子思想的圈子。在这样的政治文化专制的社会环境里，士人小心谨慎，明哲保身，退避政治。因而只有"质行之士"就毫不奇怪。也就是说，士人只能在允许的思想圈子里行动，只要遵守"共学之方"，俯首听命于政府的号召，就符合国家的最高利益，就达到立身处世的完善准则，"同异之说""颛门之教"都不是士人所要关心的事务，根本不能有异议之说。整个国家只允许存在一门专门之学、相同之说，那就是朱子理学。

---

[1]《御制大诰三编》，《续修四库全书》第八六二册，上海古籍出版社2002年，第332页。

[2]《明史》卷二百八十五列传第一百七十三《文苑一·高启》，第7328页；《高青丘集》，徐澄宇、沈北宗校点，上海古籍出版社1985年，"前言"。

[3] 何乔远：《名山藏》（七），江苏广陵古籍刻印社1993年，第5193—5194页。本节明代文化演进参阅陈宝良《悄悄散去的幕纱：明代文化历程新说》（陕西人民教育出版社1988年）有关精彩论述。

除此之外都是异端邪说，必须严禁并消灭，甚至从士人肉体上根除其思维产生的根源。因此，明前期的儒学依仗强大的政府力量得到最为全面彻底和有效的贯彻。朱子理学内含的强有力的稳固性维系和解释着平稳的洪武模式和现实世界；重义轻利，从思想意识上维护小农经济基础的永久合理性，扼杀了趋利的欲望。

明前期奉行文化保守政策，思想文化思潮高度一致。在思想文化保守政策之下的文学和艺术，基本上成了政治教化的工具，比附贯穿仁义道德要求，带有浓重的政治功利色彩。作者创作严重脱离现实生活，违背艺术创造规律，抹杀艺术创造主体的个性，转向一味为小农经济的所谓太平盛世大唱赞歌，塑造循规蹈矩、端庄慎重、绝不放纵狷狂、不任意挥洒戏谑、自律很严，一副正人君子风度的角色。文学上，在崇尚唐宋文章的元代传统之下，永乐之后，形成以杨荣、杨溥、杨士奇"三杨"高官元老为首的"台阁体"文学，垄断文坛。同样，书画艺术也首先寓于道德政治的教育功能，正统的书画模式如同正统的"台阁体"文学一样，由政府确定并保护起来，按照规定的标准进行制作并加以传播。

接续崇尚赵孟頫书学的元代书法传统，明初书法界弥漫一股以典雅华丽、圆润大方的风范装饰新王朝的气息，透射出明王朝社会经济、政治和文化结构强制性的稳定。尽管像宋克、宋广、宋璲、解缙，仍然顺应赵孟頫全面"复古"书学的启示，在书法艺术的精湛园地里设法找寻最充分表现自我的线条和墨彩形式，创造不同凡响的艺术财富，但社会现实没有这种需要。很快，他们的影响如同涟漪般消失，好像农民只要做到安分守己，从事耕织相辅相成的自然经济生活，读书人只要做到专心信奉并阐释朱子学理一样，书法家只要能够完整接过赵孟頫这位书学巨人传递的书学接力棒，潜心摹仿，完好传递下去，就达到目的了。现实生活环境和文化发展根本无须惊世骇俗之作，书法的心性差别仅仅体现在同一书风字体属于哪一个书法家书写的，而不体现在由哪一个书法家个人创造什么书体之上。

为现实政治所用，为明朝体制讴歌，书法中的"沈体""台阁体"到永乐时渐渐定型，这是洪武时代大力推行科举取士，把政府机关对书写公文的实用性要求具体落实到取士之时以及永乐皇帝个人书法审美的直接后果。钦定认可的书体直接影响了明代书风，特别是楷书的走向。

把真书从艺术欣赏境地拉回实用台阶，形成专门书体，一方面说明实用性书写水平有所提高，另一方面使书法与干禄关系密切。通过书法一艺，容易升官发财，获取功名，可能导致科举取士偏向，使许多士人把参加考试的相当一部分精力耗费在临写"沈体"或"台阁体"上，不放在如何得到真才实学上，更为严重的后果是，书法艺术从此偏向，难以骤加扭转。

沈度、沈粲兄弟不是书法实践的终结者。他们书法上的成功从某种意义上讲，是他们自身选择赵氏书体、上摸"二王"书路的凝结。"大小（二沈）学士""我朝王羲之"等桂冠是现世社会对他们已有书学成就的褒奖。由于这是当时最高封建统治者恩赐的荣耀，具有神圣不可动摇性，自然对整个国家书法有莫大的示范效应。这桂冠震撼着士大夫心灵，令后来者羡慕不已。只有许多书法实践者普遍感到它又是一个书法艺术的圈圈时，书法之路才有可能重新改向，力做新方位的探测。这种书法艺术改向要等到社会环境改变和社会发展改向时才能成功地实现。

从明英宗正统末年到明神宗万历初年的132年（1449—1581）间，朝政纷杂多变，皇帝年幼，不谙国事，奢侈淫泆，昏庸怠惰，如英宗年少即位，大权旁落太监王振手中；武宗四出巡游，荒淫无耻，害己误国，侵扰百姓；世宗迷信长生不老的道家仙术，经年不理朝政，使有野心的宦官伺机攫取行政大权，佞臣小人乘势阿谀求进，飞黄腾达，淆乱朝纲。而对内阁首席大学士（即首辅）的激烈争夺，加剧了政治动荡不安。如王振专权，酿成1449年的"土木之变"，英宗被蒙古部落首领也先俘获，京城危机；武宗时刘瑾擅权，酿成西北藩王朱寘镭叛乱；世宗朝严嵩、严世蕃父子把持朝政，广植党羽20余年，正当明朝倭寇、北方民族侵扰最为严重的时期。

虽然封建国家机器仍然运行在洪武体制的轨道上，皇权体系的根基如铁打一般岿然不摇，国家高层权力的争夺和行政管理的松懈已使统治产生了一些危机。封建官僚队伍中的有识之士顺应社会和财政危机的需要，适时推出利国利民的改革措施，暂时稳定了摇荡的政局。

经过较长时间休养生息，明朝社会生产走向繁荣，封建统治阶级逐渐丧失忧患意识，加重剥削人民。加上人口增长，生存危机严重，流民四起，政府强行干预，引发农民反抗，激化社会阶级矛盾，结果，洪武模式被慢慢地突破了。

英宗正统时期使用"金花银"征收赋税，宣告明朝立国以来对金银贵金属货币流通禁令的失效，改变了洪武模式中把实物作为田赋和俸禄的做法，商品交换和商业思潮抬头，且日趋活跃，冲击了明前期僵硬的小农经济体制，社会结构已在悄悄蠕动。从16世纪初期，即明武宗正德（1506—1521）时期开始，社会变化显著，几乎成为明朝中期与前期政治、经济、文化变化的分水岭。

正德之前，社会风俗淳朴，崇尚勤俭节约，安分守己，很多人没有多少经济实力得以享乐；正德之后，社会风尚奢靡浇漓。在保守者眼里，出现人心不古、世风日下的世道。人们贪图新异，追求享乐、艳丽。儒家道德说教失去昔日的神圣尊严，仿佛一夜之间就土崩瓦解。轻松的生活感受和对世俗幸福的企求驱使新一代跃入物欲和人欲场中搏斗。行政命令禁止不了，干脆化禁为导，采取开放姿态，调控社会杠杆。万历初，张居正在首辅任内大力改革，调整政治、经济、军事和文化教育的系统功能，普遍实施一条鞭法征办赋役，适应明中期以来社会经济结构变化，完成封建社会千余年来的赋税制度大变革，放松对人口流动的控制，完全革新了洪武小农模式，实现封建统治的自我调整，为社会日趋多元化创造了条件，也替明朝统治注射了一针强心剂。

思想文化变化和更新初露曙光。王阳明、李梦阳成为思想文化变革的急先锋。王阳明从个人坎坷的经历和对社会危机四伏的忧虑中苦心孤诣地酿造自己的儒学哲学体系，用顿悟思维区别当时占据正统哲学地位的朱子儒学，返回宋代陆九渊的"心学"体系，开创知行合一、致良知的"王学"，强调个人主体心性道德对自我发展的重要能动作用，提高个人的社会价值和功能，对重新发现自我，确定自我发展方向，树立个人新价值观，争取自我精神独立，获取个性自由，打破僵化思想，寻求行动，改造现实个人处境，都有极大的推动作用。

王阳明创立他的"心学"理学，以区别于当时的正统朱子理学，不是一帆风顺的。他以叛逆姿态出现，并为之饱经磨难。这和朱熹初创他的学说、反复传道所受的迫害境遇如出一辙。朱王都是我国儒学哲学思想的伟人。他们的经历表明：大凡一种哲学，都是当时社会的产物；作为富有进取心的哲学家思想家，通过坚忍不拔的认知，提炼创造性的思想体系，指导时代实践。但是，新哲学思想体系创立之初，即使本质上一致，形式上却会与现行哲学思想体系有所乖离，因而总会遭受不公正待遇，并可能被斥为异端邪教，甚至遭致残酷的人生迫害。一旦统治者发现新哲学思想体系并无大害，可以利用，利于统治，奉之为正统意识形态，则这种哲学思想体系就会被确立为官方哲学意识形态，受到行政力量的保护。经过一段时间，新哲学思想体系可能暴露出自身的一些缺陷，必须改正，进一步完善。有所更新的哲学思想流派就在同时以对立面姿态出现，依次出现新一轮循环发展。

王阳明"心学"从叛逆到正统，地位反转骤变，反映明朝社会结构的改变。朱子理学的稳定结构维持了洪武小农社会的稳定，无法对社会结构变动做出令人信服的解释。稳定的社会结构由于不稳定的心性主体变化而受到破坏。"王学"就在心性主体的变化上做一番大道理，寻到社会变动的根源。可是，他的初衷不是推动、刺激心性主体的变动，而是力图消除这一起动机制，从心性上下功夫，扼杀一切私心欲念于萌生之初，"存天理，灭人欲"，致良知，完善自我，维护人心不稳的社会秩序，首要除去"心中之贼"，必使"山中之贼"不攻自破，由此消灭了社会对抗力量。阳明哲学其实是一种在孔孟儒学范围内摸索的卫道哲学，非常利于官方的统治，真不愧是一剂济世良药。

可是，王学毕竟以"革命"哲学思想的姿态登场，对朱子正统哲学思想提出批评和挑战，"闻者豁然，如披云雾而睹青天也"[1]，对久已沉闷的哲学思想界有振聋发聩的作用，加上统治者不明白新哲学思想的意图，厉加迫害，反而推波助澜，渐成势不可挡之势。应当说，"王学"正是诞生在社会变动、旧哲学思想丧失权威，政治力量无法有效维护社会原状，从而呼唤新哲学思想的时候，在社会变动引发信仰危机的时候，给人以耳目一新的新哲学思想。主体意识的唤醒为思想文化各方面变革找到了方向。"王学"既以"革命"姿态萌生，又是卫道哲学思想，这双重身份起到完全不同的社会效用。它的"卫道士"身份，理

---

[1] 焦竑：《澹园集·澹园续集》卷四，李剑雄点校，中华书局1999年，第826页。

所当然使它在明朝日后跻身官方正统哲学思想殿堂，取代了朱子理学；它的"革命"形象，则直接启示了社会变革者。"王学"日后的分流形成左右两翼，也就丝毫不足为怪了。"王学"中的激进思想和合理成分成为打破保守、僵化思想的催化剂，对明中后期社会变动是强大推动力。以王艮、何心隐为代表的泰州平民学派进一步发展了阳明"革命"哲学思想的方面，把高雅抽象的哲学思想变成通俗的大众哲学思想，怀着"王学"的"革命"勇气，以致李贽不仅走向背离"王"学的道路，而且走上背叛孔孟儒学的极端，主张充分发展个人自然之性，注入私欲，追求个性完全自由，落实到现实社会，就要开辟繁荣工商业道路，反对压制工商业自由发展，结果屡遭迫害，万历时以76岁高龄在狱中以自杀表示对封建统治的抗议。

　　"王学"的革命性哲学思想影响是全方位的。明朝文学艺术在"王学"影响下渐渐发生变动，尊重文学艺术主体的自由创新从此成为基调。但是，相比明朝后期，明中期文艺思潮略显腼腆，还没有完全洒脱开来，刚刚从明前期道德训诫文艺中挣扎出来，力度和闯劲有待慢慢积蓄。就像"王学"对人性的阐明总在重新回归孔孟人性、重新发现自我的途径奔走一样，"复古"是一面冲破现实障碍的帅旗，文艺创新在"复古"旗帜下展开。

　　弘治时期，李梦阳、何景明、徐祯卿、边贡、康海、王九思、王廷相倡导文学"复古"运动，主张"文必秦汉，诗必盛唐"，在"复古"旗帜掩护下，提出自己的文学主张，极力推崇先秦两汉散文、汉魏古诗、盛唐近体诗，认为后世文学退化，不足多学，因而掀起一股文学拟古摹仿之风。他们学识渊博，文章古雅，体现深厚的功力，在当时令人耳目一新，与"台阁体"文学庄严肃穆正板的面孔迥然有异，具有新的魅力，因而这种文体风靡文坛，李梦阳等"前七子"成为"复古"新文学运动的主将，取代"台阁体"文学作者的正统地位。在"复古"形式中，"前七子"实际上注入精神解放的精髓，宣传情与理对立，以情为重，情胜于理。文学是个人心性的体现。作为阳明哲学思想的文学体现，"复古"文学是最明白不过了。嘉靖年间，王世贞、李攀龙、谢榛、宗臣、梁有誉、徐中行、吴国伦等"后七子"崛起，把这一文学复古运动推向高潮，持续到万历年间，"天下推李、何、王、李为四大家,无不争效其体"[1]。绵延一个世纪的文学"复古"思潮挽救了文学危机,给文人思想和文艺创作打上了深刻的烙印。

岭南著名哲学家陈献章是个独行君子,不仅把陆九渊"心即理"的哲学思想奉为正的,主张静心养性,心物融通,独标一帜,而且在文学上特立新异,主张诗歌要重视内在性情感受,用自然恬淡美韵的形式表达;舍弃了杜甫,转而取法陶渊明,体现了他与"台阁体"正统文学分流异向,追摹晋人古韵,实际上和前后"七子"的文学"复古"主张一致,注重自然个性解放和独立。

哲学思想和文学上主体心性唤醒,体现在社会生活方面就出现孝宗弘治时期发轫、武宗正德时期反传统道德的社会时尚。个人生活行为放荡不羁,隐含对现实社会清规礼教的蔑视叛离,对人性自由的追逐。真是一个自我"放逐"的时代,甚至矫揉造作,有些忸怩的姿态。江南地区因为社会经济发达,饱受洪武模式压抑之苦,率先发生社会结构变动,社会风尚变化比较敏捷。以苏州府属常熟桑悦和府城祝允明、唐寅、张灵等才子为代表的"狂简"七人疏于礼法,孤僻自在,行为不加检点,率性而为,求得纵情快意,追求个性自由,保持独立人格。

书法艺术变革于是率先在江南地区发生。它渗透了"王学"的"革命"精神,追求书法主体心性的独立、自由、创新,和哲学思想、文学、时尚的趋势相一致。在江南工商业经济和文化教育的重镇苏州,以布衣书画家沈周为首,与祝允明、唐寅、文徵明等中下层文人士大夫恃才傲物,蔑视官禄权贵,放浪于青山绿水之间,心性宽溥坦荡,清秀蕴藉之气侵人肌骨。他们与吴中显宦、文坛名流吴宽、王鏊等辈声气相通,志同道合,奋力探索艺术真谛,冲破明初以来钦定书体和"台阁体"的束缚,求取天真自然清新之趣。在"复古"全面取法古人书画技法的扎实基础上,形成光耀千秋的吴门书画流派。书法方面,他们从元宋追踪隋唐,直接钟王,甚至旁通篆隶古文,在"复古"的形式下输入自我。尽管时代变迁的不成熟在他们身上还留有几分稚嫩的样子,损伤了他们书画艺术的高级亮度,如沈周专仿黄庭坚书体,一生追求不息;祝允明的"狂草"有佯狂之处,喜欢作大手笔,未免失之粗疏,

---

[1]《明史》卷二百八十六列传第一百七十四《文苑二·李梦阳》,第7348页。

过于火气；唐寅入于赵孟頫门庭，明显风流有余，力度不足，显得纤弱；文徵明以高寿卓异的艺术成就独主书坛几十年，但又有谨严摹仿古代名家有余，率性不足，有滞有滑等缺憾。不过，他们都努力呈现自我心性，在线条笔墨中寻求自我的存在，用笔墨去感染读者，寻找艺术语言沟通渠道。他们的书法个性明显区别了苏州以外的书法家，因而能形成创新的地域书派。与明前期一味执意摹仿"赵体"书法，以取得实际功利的书法相比，书旨和书风差异极大，确实反映书法艺术受社会风气和士大夫习尚变动的影响。

陈献章的书法体现他的哲学和文学精神，以心写心，潇洒自然，无拘无碍，随笔点画，自成一家，和"吴门书派"归真返璞的书风实质上是一致的。

从神宗万历皇帝亲政，经过泰昌、天启、崇祯，共4朝（1581—1644）63年，东林人士和齐党、楚党等地域党派人士，同宦官魏忠贤及其阉党的斗争异常激烈，以致水火不容、生死相搏。东林人代表中下层地主和工商业者的利益，不畏权势，宁死不屈，高风亮节，震撼朝野。随后的复社、几社继承这一传统，为社会正义开路，甚至在明朝灭亡、家国残破之时奋起抗清，捐躯赴难。社会矛盾和民族矛盾交织，导致明末农民战争爆发，推翻明王朝统治；清朝入关，确立对全国又一轮封建统治。这是一个"天崩地解"的时代，也是明朝社会经济和思想文化沿着中期以来日渐开放、宽容和创新的方向走向更加开放、自由和张扬的时期。

农业、手工业生产水平提高，社会经济趋于繁荣，商品货币经济空前发达，促进了资本主义萌芽的孕育。人们追求工商之利，讲究豪华奢侈享受。狂热的拜金思潮和行为蚕食着自然经济母体。正德以来，思想文化方面的个性独立解放思潮正向深处和广处蔓延。虽然封建君主专制在总体程度上丝毫没有放松，但贪污腐败的蚀损已使这部机器的控制现出疲惫，统治者被迫在控制方式上有所变通，以便适应社会经济基础和结构的变化，不像原来那样，单一地从农业人口身上征收赋税银两，而是转向从商品交换大潮中榨取更为直接的金钱利益。万历帝为了填充内府库藏，干脆派遣大量心腹太监充当矿监、税使，到全国工商城镇坐地掠夺钱财，最为赤裸裸地依仗行政暴力进行经济剥削，对社会转型期的经济和社会造成严重破坏，加上辽饷、剿饷与练饷"三饷"的加派加剧，激起各地民众反抗，在根本上动摇了明朝的统治根基。

但是，即使在封建统治面临崩溃的局势下，封建君主专制的力量还是十分强大的。不过，明后期封建政府对商品经济浪潮无力调控，转而直接参与经济掠夺，反而为社会发展保持一定的商品经济限度，出现和洪武时代贫富接近的小农经济模式，成化、弘治时期重视勤恳务农，节俭持家，生活淳朴，人心单纯敦厚的社会风尚截然相反的社会图景。城市和市镇的繁荣带动了广大传统农村地区经济的商品化，社会风尚逐渐具有同一性。城镇居民数量增多，产生一批反映他们生活和精神状态，受到他们欢迎的文艺作品。

从社会经济结构变动引发的社会风尚变化促使士大夫风气变动，这是一个连锁反应过程。士大夫因物质生活富裕，变得狂放无拘，纵情声色，根本没有礼教伦理的束缚，赤裸裸地追求着个人逸乐。

文学艺术受到变动的社会环境熏染，再也无须虚伪说教，再也无须寻找温情的挡箭牌，含蓄地表达自己的心声，而是立足现实，富有个性创新，施展开了拳脚，各种思潮竞相凸现，浪漫主义充斥文坛。

在哲学意识形态领域中，从"王学"阵营中分化的左派异端越来越激进，富有颠覆性。王艮的平民哲学思想猛烈抨击封建礼教束缚个性。到李贽，则公开反对以孔子的是非为是非，否定圣贤的权威，主张男女平等、婚姻自主、主宰自我的发展，成为异端之尤，被政府拘捕入狱。李贽则以死抗议。他的著作《藏书》《焚书》等被下令焚毁，真的成了焚书、藏书。但人一死而书益传，名益重，传播越广。受到这左派影响，袁宏道、汤显祖、冯梦龙等在文学创作上都主张个性完全解放。

当文学"复古"派主宰文坛之时，有些作家在嘉靖时重拾唐宋散文，反对秦汉散文。他们以王慎中、唐顺之、茅坤、归有光为首，被称为"唐宋派"，主张抒发对生活的真挚感受，不被佶屈聱牙的空洞文字所束缚，对抗烜赫的秦汉古文运动。随后，李贽以"童心说"反对文学"复古"：主张好的作品都是童心，即真心所致；也不是"唐宋派"所说的由"道"盛而文盛，文学作品只为阐发"道"。受到李贽极大影响的以袁宗道、袁宏道、袁中道"三袁"兄弟为首的"公安派"文学，开拓杂文、小品文领域，文风活泼，和以钟惺、谭元春为首的"竟陵派"一样，提倡文学"性灵说"，独抒性灵，不拘格套，反对清规戒律，主张任性抒情，幽深孤峭，为现实感怀捉笔。[1]

无论是"唐宋派""公安派""竟陵派"，还是李贽的"童心说"，其实在目的上都和秦汉古文派一样，在不同角度试图改革文学现状。可是，其在形式上已步步发展，越来越直抒己见，走向追求完全开放、独立、自由的个性创作之路。

文学思潮是社会变动最活跃的反映。明后期文学思潮的多元化倾向本身是社会多元化发展的折射。在明末多种文学思潮并存竞发之时，文学"复古"思潮依然有着重要地位。大作家陈子龙反对"公安派""竟陵派"的"性灵说"，继续走前后"七子"的道路，旗帜很响。但这些作家在血与火的洗礼中密切关注时事，悲歌慷慨，酣畅淋漓，作品同样浸透了鲜明的个性。

"王学"移易心性世俗，形成了完整的哲学思想体系之后，在嘉靖朝进入了极盛阶段，广为传播，并且渐渐发生分流。由于"王学"不立文字，崇尚心性顿悟的修养认识方法，近于禅理，不可避免地发生空疏清谈，游谈无根，脱离实际。一批明智的士人洞察这种倾向的危险性，主动疾呼，矫正"王学"的弊端。同时，面对"王学"熏陶之士的狂狷举动，在儒学阵营中存在一批保持理性、严格自律的士人，力图从道德上挽救"衰败颓风"，以正人心，端士习，抨击和否定现实时尚。他们通过讲学，砥砺品行气节，标榜清操，在复兴传统伦理之中寓入进取之道，是经历明中期"王学"影响、心性解放之后的自然拨位复归。这两种类型学者的合力作用，使明后期社会悄悄兴起一股实学思潮。它既有深厚的传统文化基础，又继承"王学"的合理成分，并矫正"王学"的流弊，对明后期社会思潮重新定位，影响了清初学风士习。张居正、董其昌、徐光启、刘宗周、钱谦益、黄道周、黄宗羲和顾炎武等官员儒士都是实学思潮的代表人物。他们推动儒学发展，摆脱"王学"分流带来的社会信仰危机，重新为国家意识形态找到出路。

书画艺术界在明后期受到社会思潮和士习变动的熏染，出现两种倾

---

[1] 参见《明史》卷二百八十七列传第一百七十五《文苑三》和卷二百八十八列传第一百七十六《文苑四》相关诸传。郭绍虞：《性灵说》，郭绍虞：《照隅室古典文学论集》，上海古籍出版社1983年，第447-467页。

向，各自取得惊人的成就。就书法而言，都在向极高的艺术境界迈进。

一是高度浪漫的书风。作为明朝中后期过渡型书法大师，徐渭不愧是继承吴门才子个性独立解放衣钵的时代弄潮儿。他敏感的才质天赋在世俗环境中无法充分表现，一生历尽磨难，自杀不遂，或癫或狂，心中抑郁，块垒之气无处宣泄，只能放浪于形骸，呼号于苍穹，宣之于书画诗文。他受"王学"和佛道的影响，崇尚自然真态，眼中忍不得半点尘埃，热忱向往成为达人，狂放任侠，"半儒半释还半侠"[1]"疏纵不为儒缚"[2]，无拘无束，蔑视功名权贵，践踏礼法规条，以致其知己好友都难以容忍他，他最后成了时代的奠祭品，只留得书画诗文中的精神万古不朽，撼人心魂，即便一般儒雅君子，也难能接受他的全部遗产。

"吴门书派"的作品类似当时开风气的士习和风尚，不受时尚书风束缚，总想挣脱"台阁体"书法类型，创生出书法独立个性。祝允明、唐寅、文徵明、陈淳、王宠等能在社会经济变动之时，率先感受领悟，在经济文化中心苏州倡导书法艺术变革，登高一呼，聚集同志，探书学新路，开风气之先。可是，"吴门书派"到周天球、王稺登等健将之时，在祝允明、文徵明等新书法权威的震撼力面前，自裹了手脚，渐渐磨钝了进取求新的锐角，使书法趋于末流，已近"吴门书派"的尾声。"吴门书派"的纵放飘逸早已被徐渭等狂诞之士远远超越。

沿着徐渭的浪漫书风，明后期呈现一股崇尚心性，通过笔墨线条直抒心襟的浪漫书法浪潮。黄道周、王铎和倪元璐是其中的杰出代表。他们突破传统书法套路，从表面上看，书法杂乱无章，团墨散缀，而实际上，这些作品正是他们人格独立、精神解脱的写照，把身处王朝没落的忧患愤懑和沧桑阅历统统注进奔放不羁、任性驰骋的墨色线条，传达顽强的生命意志，憧憬肌体之内的个性冲破世俗尘浊的美好前景。

或许他们在书法艺术独创道路上走得太远了，书风很难被大多数书法爱好者和书家接受，因而，黄道周、王铎和倪元璐等书法大家成了孤独的远行人，在明末书坛上形成不了大的气候，只是时代风尚和士习中孕育出来的一批艺术精怪，在书法天地中放射出耀人光彩，却难以被触

---

[1] 徐渭：《徐渭集》，中华书局1983年，第123页。
[2] 徐渭：《徐渭集》，第1340页。

摸完整。

另一种书风充满对反传统书法的忧心。面对书法的狂野无章倾向，以邢侗、董其昌、米万钟、张瑞图为代表，试图借助赵孟頫上溯宋唐晋魏，直接钟王，归真返璞，达到针砭时弊、扭转明代书法偏航的目的。董其昌作为集大成的帖学书法大师，以务实的学风，刻苦的书法基本功，在淡逸的书风中寄寓真实个性，是当时书法爱好者和一般书家难以企及的，获得明后期书学泰斗的地位，又被清朝奉若神明，无可逾越。其实，董其昌等人的书法成就既是他们哲学思想和文艺主张的体现，又是时代思潮对书法技巧和艺术把握的需要。他们的书路具体、着实，又超越，又高不可攀，令人高山仰止，似乎是条清正之路。正如哲学和社会思潮中的非"朱学"、非"王学"流派继承传统与"王学"的优势，成为实学新学一样，他们领导着明朝书学的未来，在赵孟頫模式被打破后，重新铸造回归赵孟頫、王羲之以后帖学书法的新模式。

明朝后期的书法家没有哪一个能做到十全十美、无可挑剔。在明后期特殊的时代思潮和士人取向中，作为艺术一技的书法自有其魅力所在。徐渭、董其昌和王铎等人留下意味深长的艺术财富，启人心魄，而邢侗和米万钟等书家继承传统书法有余，创新欠足，低于董其昌和王铎一等，仍旧退回到"吴门书派"的时代。张瑞图的怪异才智使他的书法几乎濒临传统崩溃的边缘，却又实实在在地继承与变异着传统技法，浪漫情调十足，同黄道周、王铎和倪元璐书风很接近，可经过细品，会发现仍有较大差异，体现了他们受到的儒学思潮影响有所不同，所取书学路端也不同。

第二节 儒学、佛教、道教与明代书法

宋代儒学、佛教和道教所谓"三教"完成了融通合一，这是中国思想文化史上非常重大的事情。其实，儒学与外来的佛教和本土道教这两种宗教学说有着根本的区别，它仅仅是一种入世的社会思想学说系统，而非宗教。这三种思想学说的融通标志着以中国本土入世思想学说系统为主体，融合了外来的佛教和本土道教的宗教学说精华，诞生了适应以后中国政治和社会生态的新型主流儒学。毫无疑问，生活其时的学

者面临重大的思想开放、整饬和转型。

宋代学者在历经魏晋隋唐儒学主流意识形态的地位飘忽勿定之后，积极主动，广泛打通三教教理，糅合其思想精髓，援引佛道说教入儒，改造了儒学，逐渐形成了"程朱理学"这一新儒学，这也是宋代政策开放、文化繁荣、思想哲学活跃的象征。到南宋理宗时，政府将以程朱理学为代表的新儒学确立为官方意识形态。这是中国历史上继西汉武帝之后，到东汉为止，儒学再次成为官方哲学和主流意识形态，深刻影响了此后的中国社会与思想文化发展。

元代政治大一统带来思想文化思潮新变化，和会新儒学之中的朱（熹）陆（九渊）学派成为儒学新趋势。因为元朝统治者不独尊儒学，崇尚佛教，看重道教，诸教并行，儒学门派之争失去了现实价值，只能尊重实际，做些应变，反而能够好好清理宋代儒学，使佛道之理进一步渗透儒学，塑造理学新形象，移易思想和学术方法，哲学和艺术创作深深烙上了时代印记。

明初复兴朱子儒学，崇尚朴实学风，正人心习俗，文化教育惟正是趋，慕习圣贤言行，遵从钦定规条，道德和法律具有制裁效力，思想意识支持着洪武小农社会。同时，朱元璋因为早年与佛门有缘，尊崇佛教。明成祖在南京建大报恩寺，九层八面三十三丈琉璃宝塔，和灵谷寺、天界寺并称南京三大佛庙。统治者对儒佛的倡导使士大夫顺应儒释相通之理成为必然之事。

明中期社会结构变动，儒学中沿着"陆（九渊）学"而来的"王学"兴起，声名日著，进行哲学思想领域的"革命"，以适应现实变化，并取代"朱学"的正统地位，对人们思维、社会风尚和人心的影响最大。"王学"注重返于心性自省顿悟，很显佛宗禅味；追逐心性自然无缚，又具道家风骨。万历中期起，"王学"禅宗化严重，净心自悟，面壁坐谈心机，诵读语录，渐趋清谈空疏。"王学"中左派平民激进哲学思想的分流，把圣贤之道比作百姓衣食日用之理，更加推进了禅宗得悟途径的世俗化。佛学向儒学靠拢，将社会知识精英作为灌输对象。士大夫与僧人交游频繁。佛门中确实不容易产生平民文盲佛学家。但是，士大夫加盟佛学，壮大了佛教势力，对佛教理论加工、传播极为有利。儒佛结合，不仅对儒学而且对佛教发展都是促动，在明中期成为时髦,诗僧、画僧和书僧屡见不鲜。在文风昌炽的"金陵、吴越间,衲子多称诗者,今遂以为风。大要谓僧不诗,则其为僧不清;士大夫不与诗僧游,则其为士大夫不雅"[1]。在李贽眼里,"天下宁有人外之佛、佛外之人乎?"[2] 天下都是出家人,佛就在人世俗间,把神秘的大佛还原为有血有肉的人,把有血有肉的人的日常生活细事作为得道成佛的重要途径,充分体现李贽深受"王学"革新精神,以及儒佛相释影响下的佛学变革的重大影响。袁中道把"世事"等同佛事,不论习举业、做官还是治家,"一切处之得宜,可以庇荫人,即是行菩萨行耳"[3]。钟惺进一步得到"所谓佛事菩萨行,亦不能舍寻常慈孝之事之行而别有所谓事与行也"[4] 的惊人结论。他进士出身,做过中央和地方官员,自称止公居士、晚知居士,"阅人数十载,不容不索居"[5],临终前受戒皈依佛门,自取法名断残。佛学印入士大夫脑海心田,推动儒学士大夫对言行的反省和取向变化,有了新的参悟视角;而士大夫参悟佛学,为佛学注入了新生命力,两者相辅相成。文艺和哲学思想界的儒释融通必然改变着书学风貌。

道教在朱元璋立国后备受尊崇。长生不老,可以永居帝位,主宰人世生杀大权,长享富贵,当然是历代多数帝王的最大梦想。他们乐此不倦,苦心营求,从秦始皇、唐太宗到雍正帝等,无一不成为"长生不老"的牺牲品。朱元璋、朱棣通过沈万三再三寻访武当山神秘道士张三丰,企图得其养颜百岁秘方,没有遂愿。[6] 明仁宗、宣宗、英宗、宪宗、孝宗、武宗连续六朝皇帝不寿,明仁宗年岁最长,却也只有48岁,景泰帝30岁,武宗31岁,都短寿。因明武宗纵欲过度暴亡之后皇位无嗣可继而偶然登基的嘉靖世宗皇帝赶快强化长寿意识和手段,以宫中静养和炼丹为主。早在成化宪宗之后,明朝朝野纵欲享乐,奢谈房中术,

---

[1] 钟惺:《隐秀轩集》卷十七《善权和尚诗序》,上海古籍出版社2017年,第306页。
[2] 李贽:《焚书》卷一《书答》,夏剑钦校点,岳麓书社1990年,第1页。
[3] 袁中道:《珂雪斋近集》卷二《答无迹》,上海书店1982年,根据中央书店1936年版纸型重印,第181页。
[4] 钟惺:《隐秀轩集》卷二十九《募盂兰盆施食念经忏疏》,第581页。
[5] 钟惺:《隐秀轩集》卷四《戬楞严注讫寄徐元叹》,第64页。
[6] 参见吴建华《沈万三的名字和籍里考辨》,《江南巨富沈万三》,古吴轩出版社1994年。这里的沈万三是张三丰的学生、炼丹术士。

千方百计追求长寿修炼。嘉靖帝的做法加剧了这种风气。他在深宫设斋戒祭台，虔奉青帝，清闲自在，不理朝政。一批善写青词祈祷道教青帝的士大夫，如夏言、严嵩、徐阶等人由此得宠，任为心腹，入主内阁，位列首辅宰相。另有道士以献方术、红丸仙丹，骤官一品，沽名钓誉，如陶仲文进红铅，官至礼部尚书恭诚伯。最糟糕的是，有些惯于奉迎拍马、胸无才智的士大夫瞧准时机，心怀鬼胎，借进献春方，导淫帝皇，得到高官厚禄，如盛端明、顾可学等。这种风气败坏官场，导致吏治腐败，社会人伦尽丧。

修炼风气自上而下弥漫炎炽，中下士人和平民百姓也不能免。徐渭执着于道教养生术的修炼，悟性极高，达到十几天辟谷绝食无碍身体健康的地步。他的老庄"达人"思想很浓，不愿受儒学礼义束缚，豪迈放诞，是明中后期儒生参道的典型。当时普遍认为"神仙之道"就是"家常吃饭事耳"，这种受"王学"思想解放影响的道教认识使道教世俗化，打破了它的神秘感，容易被群众传播接受。

简言之，明中期席卷中国社会的"王学"心性独立解放思潮，打破了原来僵化的思维条框，勇于怀疑，敢于作为，加速了儒佛道教的世俗化、大众化。圣贤、佛祖菩萨和神仙尊人身上笼罩的神圣光环被一扫而光，都被还原和塑造成具有七情六欲的凡人俗徒。平民百姓可以随时随地在日常生活细屑事理上和他们沟通，将他们内化成自己言行的精神动力。思想意识形态的新趋势助长了社会纵欲享乐的功利倾向，也使儒佛道三教在世俗的新基点上得到融通而更广泛地传播。以儒学为主体，融合佛道学理的社会思潮愈来愈稳固地确定下来。

"王学"到明后期日益暴露了自身的不足。分化的走向使它经过黄金时代后，退出社会主流思潮地位。士习世风中的物欲昌炽、人欲横流和道德廉耻沦丧，刺激地主阶级士大夫的理性批判反省思潮滋长，从"王学"空疏作风复归经学实学，复苏了正统意识。以无锡东林书院为中心基地的讲学，聚集天下志同道合的正人君子，形成东林学派，砥砺品节，针砭时弊，不畏强暴，发出工商平民的真实心声，得到社会群众广泛支持。东林精神领袖顾宪成、高攀龙成为"世风日下"的中流砥柱人物。稍后的理学君子黄道周、刘宗周倡导务实的儒学，身体力行。

如黄道周矢志"为圣为佛，成忠成孝"[1]，直谨无私，以至在国破家亡之时杀身成仁，既是精通儒佛的学者大师，又是笃行道义的忠臣孝子，圣佛两者合璧，风范长存。

在儒学变奏中，佛学受到感染，狂禅习气转向效法务实研经的唐代佛学，实质上从宋元向前"复古"，说明中国化的佛教已脱离原生佛教的社会环境和趋势，在走自己独立探索发展之路，随中国社会变化、思潮与习尚兴衰、儒学改造而不断自我整合，改造使人接近的外在形象。以莲池、憨山、藕益为代表的僧人已不是明中期的诗僧，而是学问僧，提倡净土宗，认真习经治经，讲求下功夫，不像禅宗，只做心性参悟了。

儒佛学的变化移易着社会风尚和士人行为。狂禅的士大夫不再受人羡慕，反而遭到社会普遍的指责。士人静心佛学研究的倾向取代了空谈。

明代书法艺术深深浸透同时代儒释道三教融通的精神，受到儒佛道随社会结构变动而发生变化的影响，呈现了各个时期的艺术风格。从一些书法家的字号上，就能看出他们对儒佛道精神会通的认识，洞见他们立足儒学，立于俗世，又想在精神上超越尘世、复归自然。如俞和，自号"紫芝生"。嘉善人、天顺进士姚绶，曾任监察御史、永宁县令，喜爱老、庄。苏州人杨循吉记载他"所居在大云里东，绕水竹作室曰'丹丘'，啸咏其中，自称'丹丘先生'，大抵多取老、庄神仙之说以自况。又作'沧江虹月'之舟，游泛吴越间，甚适"。自号"兰台逸史""天田老农""上清仙史""懒仙""仙痴""紫霞碧月翁"等，[2] 取怪于自然山水之间，好一派名士风流。范风仁，字道小，号梅隐、兰墅、梅风，吴县籍，寄寓嘉兴，隐居不仕。工书画篆刻。书法表现了其清静无为，具有一种隐士气息；隐居不露的心灵跃然纸墨，整体上静多动少，深谨有余，快畅不足，形成自己的书风。他的书法就是时代思潮、社会风尚的凝结物。

九龙山人、青城山人王绂，自在居士夏㫤，二泉居士邵宝，林屋山

---

[1] 顾公燮：《丹午笔记》，江苏古籍出版社1985年，第138页。
[2] 杨循吉：《松筹堂集》卷六，蔡斌点校，上海古籍出版社2013年，第546-547页。

人、左虚子蔡羽、枝山老樵祝允明、六如居士唐寅、衡山道人文徵明、白阳山人陈淳、南禺外史丰坊、雅宜山人王宠、龙池山樵彭年、青藤道人、金回山人、天池山人、天池渔隐、白鹇山人徐渭、弇州山人王世贞、白鹤山人詹景凤、香光居士董其昌、慎娱居士李流芳、荔枝仙宋珏、痴仙道人、痴庵王铎、九品莲台主者、云门僧陈洪绶，还有云门山樵张绅、水西道人郁逢庆、乐闲外史汪砢玉，等等，他们或士或官，或平民百姓，字号上馨逸出或佛或道的浓重气息，尤其显现明中后期社会儒佛道合流对他们精神和日常生活的影响。他们带着这种领悟进行书法创作，从事书学理论研讨，所以书学成就也比明前期高出一筹。

  明代书画艺术家儒佛道融通的人文精神直接接续了宋元文人的传统。宋代书家的字号崇尚自然清新，出世之风炽盛。例如，六一居士、醉翁欧阳修，锦江道人文同，东坡居士苏轼，颍滨遗老苏辙，山谷道人黄庭坚，襄阳漫士、鹿门居士米芾，懒拙老人米友仁，斜川居士苏过，石湖居士范成大，白石道人姜夔，紫清明道真人、琼山道人葛长庚，等等。连皇帝也风雅极致，徽宗赵佶自号教主道君。这种风气沿袭到元代，书画大师赵孟頫也不例外，自称水精宫道人、松雪道人。另外，有蓬累叟康里巎巎，"元四家"井西道人、大痴道人黄公望，梅花和尚、梅花道人吴镇，云林散人、萧闲仙卿倪瓒，黄鹤山人王蒙，以及铁笛道人杨维桢，玉雪坡真逸周伯琦等人。宋元崇尚自然心性，到明中期经过"王学"唤醒，重新放射出耀人的光芒，推动书画艺术繁荣。相比之下，明前期书坛除了明初略带元末遗韵外，显得平实朴茂，限制了书画艺术创新。

  明中后期人文精神再度觉醒，在书法上有不同的风格体现。徐渭的字，传统书法功力稍欠。他不在这方面苦下功夫，全凭一时对书画艺术的高超领悟，展现自己对自然和个性洒脱飘逸的异思奇想。自诩"吾书第一"[1]，不是他书法比诗画高明，而是用书法线条墨色最容易挥洒满腹悲凉和愤慨，毫无拘碍的大写意、大手笔，气势夺人，激发了几多书学后人的灵感妙悟！徐渭书法的不朽价值就在他的怪异世俗中得到保存。没有佛道哲理的支配，徐渭不会如此成功。

---

  [1] 徐渭：《徐渭集》，第 1341 页。

董其昌的书画浸透了禅理。他把禅意引入书法实践和诗画创作，禅风习习，道骨仙姿，飘飘然一副不食人间烟火的淡逸清秀。精神对现世的超越，配合精到的书法技法，高超地展示他的书法境界和人生境界。身处经济和文化高度发达的江南地域，董其昌以坦然处世的姿态，极其满足地享受安逸的人生，跻登书坛盟主的显赫位置。

与董其昌书风截然相反，张瑞图、王铎的书法用怪常的手法表现他们在人世和政治征途上的坎坷心性。他们一生名号多变，力图挣脱肌躯羁绊、超脱衰世而奔腾于书法字体笔画之间。他们的书法和董其昌书法，正好是书学品性的两端，更多地延续徐渭的书风写意，成熟程度和技法上略有差异。但无论徐渭、张瑞图、王铎还是董其昌，书法都受到禅理道骨的深刻影响，有一种单纯受儒学哲理支配所达不到的书学境界。书法线条，墨色浓淡，字体结构，章法布置，这些都成了实现书法家人生哲理最爽快的表达形式。

一些僧人书法家对明代书法艺术也做出了独到贡献。以佛学佛理看待现实人生，他们具有深厚的领悟力。身处佛门的特殊社会地位，使他们在经济生活得到保证的前提下，用书法形式记述他们对人生的感受。仁和人释德祥书法有铁画银钩之妙，擅名一时。杭州人释宗奎书法有平原（颜真卿）风骨，溥光首面，为祝允明大加赞扬。大同人僧无辨的草书龙掀凤舞，人称"诗禅草圣"，受到毛晋的极力称赞。[1] 黄叶头陀智舷书法力祖颜氏（真卿）行书，稍涉米芾，风义成就如霜后擘柑，香味俱绝。黄梅人道生因右手胎挛，能以左手运笔如飞，纸上端楷超逸，有铁门限之风。他们都不愧是书僧中的佼佼者，留下了可贵的书法作品和书艺探索经验。

第三节　文学、绘画、建筑、篆刻等艺术与明代书法

明代经济、政治、文化和社会经历了从保守、抑制到开放、创造的过程，前、中、后期变化很大，社会思潮、哲学和宗教的变动则反映了这种变化。

---

[1] 祝嘉：《书学史》，第383页，引毛晋《明僧弘秀集》。

文学艺术站在时代前沿，最敏感地对现实社会变动做出了及时反应。明代文学在历经汉赋、唐诗、宋词、元曲的辉煌之后，步入白话小说的高峰期。通俗的语言，丰富的题材，复杂的思想，在小说这种文学形式上得到紧密结合，出现《水浒传》《西游记》《三国演义》《金瓶梅》，以及"三言二拍"等一大批优秀文学名著，是文化普及、平民读者群体壮大、知识水平提高和精神生活丰富的需要。诗歌、戏曲、文学评论和散文创作流派纷呈。经过明初的沉寂，道德说教作为单一的文艺评论标准和创作指导形式已被突破。"台阁体"诗歌脱离现实，雍容端庄，高高在上，唱和应酬，歌颂功德，不太需要新颖丰富的思想，艺术上显得呆板平庸，缺乏生气，充满官僚文气，到明中后期已被抛弃。追求个性的创作，充分张开文学想象的翅膀，寄寓文学理念，已经成为新文学时尚。高擎"复古"大旗的文学前后"七子"首先荡涤原先所谓正统文学流派的阵地，为人文思潮鸣锣开道。公安"三袁"、竟陵文学、临川曲学和经世实学等文学流派相继涌现，使文学创作和评论的深度得到开拓。不满文学现状，富有革新创造，开展批评性探索，显示自我的差异和特性，是明中后期文学发展的主流趋势。明代文学从朴茂、伦理化到稚嫩的反叛、恣意张狂，发展到深沉反省、自我批判、经世致用，接近平民大众，已进入成熟状态。

很多文学作者就是书法名家。文学的嬗变风格被他们立即体现到书法艺术上面。如危素博学善文辞。宋濂和刘基都是明初著名文学家，散文清新活泼。方孝孺因文章写得好，誓死不替永乐帝写登位诏书，惨遭杀戮，其品节遮掩了其文名书名。解缙的文章充满机警，隽永耐读，灵气四射。状元修撰曾棨为文如有泉源，一泻千里，台阁中巨制鸿篇多出自他的手笔。陈璧以文学知名。陈献章是著名哲学家兼文学家、诗人，心性无拘，诗文清逸。吴宽、李东阳、王鏊、唐顺之、徐渭、王世贞和陈继儒等，都是明代文坛领袖，文学影响巨大。祝允明、唐寅、文徵明、陆深、丰坊、王宠、俞允文、王穉登、董其昌、李流芳、黄道周、王铎、王时敏和倪元璐等，文章诗文都有精深造诣。

很多书法家多才多艺，融哲学、文学和艺术等多学科于一身，精力所到，成就斐然，如陈献章、唐寅、文徵明、王宠、徐渭、董其昌、黄道周等。著名戏曲家徐渭、张凤翼和汤显祖均是著名书法家。他们把舞台造型艺术与书法视觉艺术打通，书法别具面目。

明代绘画艺术有长足发展，水平极高。我国绘画在宋元进步很大，人物、山水和花鸟三大科目齐备，成就突出，特别是山水画最为发达。它和花鸟画一起，构成宋元文人画最惬意的品种。借助墨彩、图形和线条的技法，画家的思想性情可以充分在宣纸上展现。在纸面上直接创作，题写诗词短文，诗书画融为一体，浑然相通，可以最佳地表达情感。这是宋代科举制度高度发达，士人队伍壮大，社会政治结构变动，对书画文学的直接推动。自宋以后，文人画蔚然成风，格调高雅，寓意深刻，多方面多角度地与观者进行沟通。

洪武时代暂时中止了这一传统的延续。明前期帝皇重视并爱好书画艺术，恢复了宫廷画院，宫廷画师队伍庞大，创作很多院体画传世。如边文进的花鸟画深得宋画院技法。戴进追踪南唐画院李唐和马远的画风，下笔严谨，雄浑劲健。"画状元"张伟因系明孝宗钦赐，以山水画名盛一时。尽管元代山水画四家的放逸自然画风短时间内在明初画坛还有余响，如山水画家王绂的墨竹号称明朝第一。不久，随着文化专制强化，宫廷画家生活圈狭窄，思想单调，限制了绘画内容和技法风格的开挖，神像、功臣和烈士图像绘作盛行，绘画的政治道德教化功能日益压倒其余绘画风格。工整精巧，艳丽茂密，成为明前期画坛的极限。宋元以来平淡幽远、放笔纵意、以写意为重的文人画坠入深渊。如同建筑艺术追求皇家雄伟庄严、富丽堂皇的气魄，绘画亦走向了统一的格调。

明中后期社会商品化程度加深，世俗化倾向蔓延。在开风气之先的江南苏州地区，文人画传统率先复兴。沈周的布衣身份决定他的绘画风格。他的山水画以逸致神韵与宫廷正统画迥然不同，创出震撼人心的绘画新路。唐寅、文徵明等相承沈周的衣钵，集结一群书画精英，切磋精研，在系统吸取唐五代宋元诸画派风格优长的基础上，体现共同的绘画取向和创新意识，形成我国第一个严格意义上的地域画派。这和第一个地域书派，即"吴门书派"的形成一样，是明中期社会结构变动、社会思潮冲击的产物。而且，地域性的"吴门画派"和"吴门书派"有着相当密合的关系。沈周远宗南唐董源、巨然，近承"元四家"，返璞归真，刚健潇洒，风姿飘逸。文徵明的画风妍丽稳健，清和淡逸，和他的人品、书法保持一致的格调。唐寅擅长山水和人物画，行笔秀美、缜密，清妍动人，韵味深长。这种特征也带到他的书法上。漆工出身的仇英擅长工笔人物山水，华丽潇逸。他们将诗书画冶于一炉（仇英例外），继承中国传统绘画技法并将其发展到一个新高度，成为著名的"明四家"，影响后世画坛深远。

"吴门画派"的另一名花鸟画高手陈淳，号白阳，以泼墨大写意行走独特的艺术之路，开创的画风对徐渭（号青藤）影响极大，形成以两人名号合称的"青藤白阳"风格。经过明末清初八大山人、清代"扬州八怪"、近代吴昌硕，以及现代张大千、齐白石和崔子范等大师的代代弘扬，许多不朽杰作得以创作，对中国绘画起到长久的鼓舞作用。画出个性自由就是他们绘画内质灵通的精髓。这和书法的创新性继承是一脉相通的。

明后期绘画向纵深处挺进。它在全面继承中国画传统技法基础上，系统开展绘画理论的反思、批判和创新。"松江画派"以董其昌为核心，擅长水墨画，兼擅泼墨，秀雅流畅，烟云淡逸，登上山水画的极高境地。王时敏等"娄东画派"、清初"四王"又在董其昌的基础上抽象总结，把山水画技法形式推到极致。著名人物画家陈洪绶画风高古劲逸，个性鲜明。他们的绘画是明后期新的社会风貌和学术思潮的艺术体现，和书法艺术一样，转向技法和思想的高度统一，是明前期思想贫乏、艺术平板，明中期开拓有余、开拓个性不足，重新回到平静理绎画法，形成新绘画理论，从而推进绘画艺术的必然阶段。

书画同源，书画相通，这是中国书法和绘画艺术的重大特征。在形式上，书画互相渗透、合璧，相辅相成，拓宽视觉审美幅度，增添艺术趣味。用笔技巧，点画功力，书画的要求是共通的。汉字的特点形成字即图形。书法即绘画的境界。书法家精通绘画技法，画的画带有线条凝练、造形考究的书卷气；画家擅长书法，写的字在笔墨浓淡枯润、间架和章法的肥厚清劲上，显出画卷气。因此，一个书法家多途艺术的修养对他书法个性的养成帮助很大。即使是同一个书法家，对各种书体的把握能够做到相互渗透，灵活创新，使专攻的书体基础扎实，路途宽阔，距成功的书学境地也已不算太远了。

明代出现许多书画兼通的名家与大家。宋克兴趣爱好广泛，长于画竹，墨竹最为有名。夏昺、夏㫤兄弟以能书善画同官中书舍人，号称

"大小中书"，与沈度、沈粲兄弟"大小学士"，并为永乐朝书界盛事。夏昶的书法萧萧有林壑之气；夏㫤用楷书写竹，为当时第一，番胡海国重金购求，有"夏卿一个竹，西凉十锭金"[1]之谣。沈周、唐寅、文徵明、陈淳、王宠、徐渭、邢侗、董其昌、陈继儒、米万钟、张瑞图、黄道周、王铎、王时敏和陈洪绶等，都是诗书画混通精深的书法名家。他们的艺术成就对后人学书不无启示。尽管他们将主要精力投放到书法以外的行业，但其书法成就还是一般书家难能匹比的。姚绶善诗画。詹景凤精鉴藏，工书画。李流芳诗文清新自然，山水风姿峻爽，花卉成趣。杨文骢山水画为时人珍同拱璧，书法之超逸和画作精神风格相同，与董其昌、程嘉燧、李流芳、卞文瑜、张学曾、邵弥、王时敏、王鉴有"画中九友"美名，书画风格类似。长乐人高廷礼工书画，书法得汉隶法。兰州人黄谏既工古隶篆，又能画。杨节画菊带有草书法。书法家何湛之的弟弟何淳之，书画为流辈推许。无锡邵宝兼擅绘画。无锡王问的山水、花鸟和人物画都很精妙。昆山归昌世善写草书，又能作画，书画渗通，自成个性。

一批无名气的平民书法家，我们难以判定他们的职业。他们酷爱书法事业，坚持练习，书法成就卓著。虽然记载略少，但能让人记忆起来的零星记载证明他们作为平民书家的影响力较大。如南京人顾源，书画都不泥古法。

明初建筑艺术的发展同文学、绘画的大势相同，与明代社会政治、经济递变密切关联。封建君主专制的强制使礼教体现在衣食住行等日常生活的各个方面。明初建筑的等级性使简洁的民间住宅与富丽堂皇的皇家宫殿对比明显。皇家建筑对称严整，神圣不可凌犯。明初南、北二京和其余城市的营造最费钱财民力，也反映政府有效地调动全国财力、人力，号令森严，国势强盛。

正德之后，社会等级结构松动，礼法名分受到蔑视，遭到唾弃，虽然仍有生存的空间，社会却已能容忍非分违礼的行为，建筑规格等级也被冲破。取决于金钱的力量，住宅、房屋开始多样化。江南园林大量建

---

[1] 王穉登：《丹青志》，杨循吉等：《吴中小志丛刊》，陈其弟点校，广陵书社2004年，第63页。

造，如怡园、拙政园，依傍自然地形，把山水风景缩微，移置庭园之中，配备奇石异木、盆景花卉、草虫池鱼、红木家具、根雕、牙雕等装饰，尤其把诗书画篆刻精心布挂在墙廊庭柱之上，体现人们对闲适、轻松、清新、美观、宁谧的自然生活环境美的追求。苏州园林成为当今"世界遗产"、中国园林建筑的典范，与明朝该地城市经济发达和人文思潮变动密切相关。明末吴江人计成编著了《园冶》，此书不愧是江南园林建造的集大成之作。园林"虽由人作，宛自天开"，最要体现自然美境，使人寓情于景，情景交融，"片山多致，寸石生情"，"巧而得体"，足不出户，领略山川形胜；闭门静养，意会自然之乐。[1] "吴门画派"的成员生活在苏州，山水画作品中有不少庭园亭台楼阁描绘，神意盎然；一些"吴门书派"作家积极参与园林的诗文书法创作，至今风雅遗存，对园林艺术的发展起到不可磨灭的推动作用。苏式建筑到"香山帮"大师蒯祥，风格已经成熟。他参与设计建筑的明北京皇宫三大殿工程浩大，建筑精密度很高。他的成功奠定了香山土木建筑在全国同行业中的崇高地位。蒯祥之后，香山建筑成为苏式建筑的同义词，以高超的技艺，融合土木、彩绘、砖雕等工艺于一身，为诗书画的应用开拓了广阔的空间，一直领骚于全国，传播海内外。

篆刻艺术是传统中国艺苑中书画艺术的姊妹。在明代一直延续的篆隶书法碑学根基上酝酿，到万历时终于形成以吴门书画家文彭为开山祖师的"吴门印派"。作为文徵明的长子，文彭家学深厚，但他又能超越父亲的书画风格，独创新途，的确受到吴门书画派勇于艺术继承和创新精神的驱使。"吴门印派"以石料治印，偏重取法汉印，形式感强，审美取向上受元人影响很大。文彭号三桥，他的篆刻影响了王毂祥、许初、何震等人，称为"三桥派"。

明隆庆六年（1572），上海顾从德和安徽印人王常合作刊刻《集古印谱》，它是我国宋代印谱起源之后能见的最早印谱，影响很大，仅有20部，供不应求，又于万历三年（1575）增补再版，改名《印薮》，大量刊行，在文人中掀起一股摹古仿汉热。与文彭的"三桥派"有些区别，他们专以摹刻、集古为主，但篆刻技法成熟，对明后期和清代文人

---

[1] 计成：《园冶注释》，陈植注释，中国建筑工业出版社1988年，第51、60、48页。

篆刻艺术流派影响最为深刻，促使一批著名篆刻家涌现。如何震，婺源人，寓居南京，起先师从文彭，继而仿汉治印，猛利明快，又首创单刀侧锋刻制边款，生动泼辣，学人很广，因他号雪渔，形成"雪渔派"。新安苏宣，印风雄放、浑厚、朴茂，曾受文彭指点，又有创新，因号泗水，形成"泗水派"，与文彭、何震三足鼎立，构成万历中后期印坛主流，气势大盛。

明末的篆刻艺术进入理性总结和创新的时代。赵宧光的草篆为篆刻发展注入了活力。他的好友朱简受他影响，印章线条厚重、苍莽，笔墨点画多有映带趣味，富有书法美感，还将治印经验总结成《印品》《印经》等专著，是明代著名的印学理论家和篆印高手。汪关、汪泓父子有印癖，号称"大痴""小痴"，印风典雅平和，线条清劲利落，对清代巴慰祖等名印家影响极大。

明中后期篆刻艺术趋势和文学、绘画、书法等艺术界思潮一致，从"复古"、要打破现状，走到创新的阶段。入古创新，既有丰厚的传统做根基，又沿着个性自由发展的艺术之路向前迈进。篆刻发展受到社会变动和思潮交迭更替的推动，又直接体现时代的精神状况。明代篆刻进入了中国篆刻继秦汉之后的另一个高峰阶段，不过，这是继承元代文人艺术化印章之后文人流派的篆刻艺术高峰，和秦汉实用印章的高峰有质的区别。在形式上，篆刻与书画艺术更有相通之处，绘画的墨色造型，书法的点画线条，都与篆刻密切关联，互相影响。像王宠、文彭、文嘉、李流芳等，都是诗文、绘画、书法、篆刻兼长的多才多艺的艺术家，他们斐然的艺术成就，本身就来源于艺术门类的潜质沟通，精脉一路，留给后人很多很好的启迪。

明代书法发展与繁荣还离不开工艺技术进步。具体讲，明代笔墨纸砚及其余文房工具从实用性向明中后期鉴藏性、美学商品化演变，上承宋元文人习气，对社会文物、文化热的掀起和昌盛推波助澜，同时含有创新意味。如精美绚丽的纸笺印刷工艺的改进，绝妙精致的墨块制作艺术流派的形成，装裱工艺和理论发达，都不断提高整体书法或绘画的鉴赏水平，使明代书法，特别是明代中后期的书法别有异趣风貌。

第四节　个人性格与明代书法

　　为什么在相同的政治、经济、文化背景下,同时代的书坛会出现不同书风的书法家?我们认为,同一的时代社会背景是书法艺术发展的外在环境。它是书法艺术整体上保持同一性的根源。而书法艺术的差异性和创造性更多地体现了书法家个人独特的性格色彩。

　　明初"赵体"流行,宋克、宋璲、宋广有自己的书法面目,沈度、沈粲的书法得到统治者赏识,渐渐形成台阁书派,解缙脱颖而出;明中期"吴门书派"崛起,声势浩大,影响深远,张弼、李东阳特立独秀,徐渭清新怪异;明后期"华亭书派"接掌"吴门书派"大旗,成就最大,邢侗、米万钟、张瑞图、黄道周、王铎等书家面目纷繁,书风多样。这些现象都只能从他们的个性发展方面寻求更为详尽的阐释。

　　宋克,伟躯干,博涉书史。年轻时好动好斗,任侠使气,家境丰饶,结客饮博,喜欢击剑走马。年壮,谢酒徒,学兵法。[1] 曾经自辟一室,收藏历代法书、周彝汉砚、唐雷氏琴等古董文物,每天游娱自乐,又是画竹名家。正是在见多识广、学识渊博、天性不能自缚的基础上,他把章草、今草、狂草糅杂在一起,推出新草,形成宋克体,出入魏晋气韵,深得钟王法度,在明初章草消沉低落之际,振臂一呼,接过赵孟頫的旗号,再树丰碑,名义上是复兴章草,实际上全是创新,流播广泛,对"吴门书派"有开创之功,可以视为鼻祖。和宋克一样,出于"赵体"又走出"赵体"的明初书法全才宋璲,真行草篆隶书体皆通,独工小篆,对明代篆隶传承与繁荣、清人碑学昌盛有先导之功。在时代书风中发挥个人特长,书学基础扎实宽泛,又能有所专攻,是宋璲成功的经验。

　　沈度因明代兴立、政事多故的牵累,贬谪云南,历尽坎坷。他对书学锲而不舍,与弟沈粲在永乐朝被荐翰林,能在书法名家解缙、胡广、滕用亨等人书名大震天下之时力压群芳,独占鳌头,真行、八分、篆隶,神工妙力,在"赵体""宋(克)体"的基础上融会贯通,创出婉

---

[1]《明史》卷二百八十五列传第一百七十三《文苑一·宋克》,第 7331 页。

然飘逸、雍容巨度、八分尤为高古、浑然汉意的新体,即绝对具有个性的"沈体",因而让当时的其他书家不能望其项背。

解缙的创意在于他以神童的机警、率性直爽,融合丰富的书学识见和实践,在书学传统的继承上怡然自得。其书法上承钟王,圆滑纯熟,牵丝挺拔,生动明快,端雅秀丽,磊落奔放。他本人才气横溢,成为永乐朝书家群、"赵体"书林中的麟凤。晚年更把政治上遭受折磨的情感注入笔墨之间,书法沉着老辣,傲立豪迈。后世以为他的书名被政名所掩,而顾复认为"功名在一时,笔墨留千古"[1],说得中肯。

张弼自幼聪颖,思维敏捷,诗多警句,往往为人传诵。工草书,学书以怀素、张旭为宗,"怪伟跌宕,震撼一世"[2],师其意不师其迹。王鏊对他大加称颂:"其草书尤多自得,酒酣兴发,顷刻数十纸,疾如风雨,矫如龙蛇,欹如堕石,瘦如枯藤。狂书醉墨流落人间,虽海外之国,皆购求其迹,世以为颠张(旭)复出也。"[3]在成化年间的明代书坛上,他已经比宋克、宋璲、解缙迈进一步,以充满个性,贴合于怀素、张旭狂草的风格,冲破洪武、永乐以来书坛的陈陈相因,用奇气神韵透射淳朴、规行矩步的社会和书坛,深得王鏊、李东阳和董其昌等文人书家的赞扬。

比张弼年少2岁的沈周善画能书,承继祖父孟渊、父恒吉、伯父贞吉的隐居不仕,傲世清立,居于苏州城北廓数十里的相城。平原清溪,茂草修竹,田野的清新轻快气息孕育他注定与庙堂台阁书法、宫廷院画大不相同的书画品格。中年以后,他的书法专学黄山谷,挺拔奇伟,全是名士布衣风范,个性寓于笔墨之中。相比之下,比沈周小1岁的广东陈献章绝意科举,却未能以布衣善终,终究应召接受翰林院检讨的荣誉职衔。但他的书法得之于心,随笔点画,千姿百态,全无束缚。草书多破锋。晚年专用茅草作笔,书写自成一体。只能用他独立不群,以隐取名,接受官衔,又屡荐不应的个性来洞察他的书法底蕴。

吴宽是著名的文学大家,状元出身,工于诗文,居于今日苏州名园之一的怡园,该园雍容恬雅,悠远闲适。他以十足的文人气息,状元高

---

[1] 顾复:《平生壮观》卷五,第154页。
[2] 《明史》卷二百八十六列传第一百七十四《文苑二·张弼》,第7342页。
[3] 王鏊:《王鏊集》卷二十六,吴建华点校,上海古籍出版社2013年,第376页。

宦的士大夫身份，成为成弘间江南文人领袖，移易苏州士人风气，涵濡出祝允明、唐寅、文徵明等一大群杰出的书画大师。他书学苏轼，不刻意追求，却以豪放豁达、光明磊落的正气屹立乾坤之间。书墨到处，横竖撇捺多有新意，姿润中时出奇强，添增的恰恰是自我个性所在，是他以苏书为本的灵通变动之处。

李东阳，明中期台阁重臣，诗坛巨子。他和李梦阳等前"七子"开创文学"复古"之风，实在意求必变现状的创新之路，在书法上同样探索新路。他从小能书法，4岁作径尺大字，被誉为神童。真行草书吸取古篆笔法。草书笔力矫健，自成一家。尤其是篆隶书法，清劲奇妙，"玲珑飞动，不可按抑，而纯雅之色，如精金美玉，毫无怒张蹈厉之态，盖天资清澈，全不带滓渣以出"[1]。他的书法是时代平和、个人心性安逸、社会变动已开其端却又不至于急剧难适的体现，反映了像他一类的朝中大臣的生活与心态，高贵清雅，到达超出"台阁体"书法的圈子，内寓天赋灵秀，而不是其余士人官员可以企望的书学境界。

祝允明幼年颖异，5岁能作径尺大字，和李东阳类似。9岁能作诗，充满奇气。他的家学家教很好，祖父祝颢、外祖父徐有贞都是饱学名士。他的岳父李应祯，诗文书法名盛当时。祝允明楷书师岳父，行草师外祖父，兼有"二父"之长。然而，他揣摩历代书家名迹，刻苦磨炼，行楷精妙，尤工狂草；出入魏晋，荟萃诸家之长，自出新貌。晚年奇纵，风骨烂漫，天真纵逸。许多评论将他誉为明朝以来的第一人，他也赢得"天下法书归吾吴，而祝京兆允明为最"的殊荣。与赵孟頫相比，赵字"遒而媚"，祝字"遒而古，似更胜之"。[2] 祝允明成为"吴门书派"一大领袖，和唐寅、文徵明、徐祯卿合称吴中四大才子，与文徵明、王宠并称吴门三大书家。他的狂草惊世骇俗，虽然不及颠张醉素，却已狂放不羁，寄寓了明中期书法上的个性独立追求。书法与个性的密切关系在祝允明身上表现得极其鲜明。

唐寅29岁高中南直隶解元，自负"江南第一才子"，但在会试时牵涉到科场舞弊案，含冤被黜，下狱待发。幸而同乡师辈吴宽暗中全力

---

[1] 祝嘉：《书学史》，第355页，引安世凤《墨林快事》。
[2] 王世贞：《艺苑卮言》，崔尔平选编点校：《明清书法论文选》，第180、182页。另参见《明史》卷二百八十六列传第一百七十四《文苑二·祝允明》，第7352页。

疏通，保举出狱，贬授浙东小吏，声名自尊受到重创，闭门不出。祸不单行，家中发妻另嫁。后来南昌宁王的礼贤下士，重金罗聘，到头来也不过演出明修栈道、暗度陈仓、兴兵反叛的闹剧。幸好唐寅早已洞明宁王的司马昭之心，佯狂癫痫，平安逃归，却受到宁王的怀疑，后者委派其心腹苏州知府暗中监视。功名仕途的挫折，社会世俗的惊险，使唐寅彻底抛弃了对功名爵利的追逐，转向安住桃花坞，在桃花庵过着卖字卖文卖画换酒钱的清贫生活。他的书画诗文常常流露出失意文人的悲怆与愤懑之情。他以著名画家涉入书画同理的书法，蕴藉风流，透逸婉美，备受人们喜爱。虽然步入赵孟𫖯书法的堂庑，脱不了元代书学路子，实际上他的有意不在书法，而在书情书性。"六如书不事临池，而性成秀发。""惟其不蹈袭前人矩度，所为优入圣域也。"[1] 他的绘画比书法更能表达他的心性。他的书法精神已经大大超过一般的"赵书"学习者。

文徵明幼年不慧，性格内向、宽厚，谦恭温和，区别于祝允明的狂放，唐寅的风流孤傲。他良好的家境使他潜心于书画诗文，向父亲的好友吴宽学文章、李应祯学书法、沈周学绘画，他们都是一时盛望之人。他用加倍的刻苦勤奋战胜幼年低能造成的不足，在宽广的知识海洋中遨游激荡，终于大器晚成，出类拔萃。吴门四大画家、四大才子、三大书家的桂冠，只有他一人全部摘取，他是继赵孟𫖯之后又一个少有的诗书画三绝齐全型的艺术大家。他十次应乡试不举，饱受科场困顿，终身只是一秀才，因岁贡得了个翰林院待诏的官职，却受到进士出身的官员们冷言冷语的蔑视，终究时间不长，辞归故乡。他的生活平坦、安逸。他以90岁高寿与书画多产，超过祝允明、唐寅、徐祯卿等同学好友书画文学家，独力主持吴门艺坛30多年。书法上精通草行楷篆隶，特别是行书、小楷，与人俱老，行书入神奇妙，小楷有明书家之冠称号。虽然遍学各家，取众之长，草师怀素，行仿苏轼、黄庭坚、米芾、王羲之，却能入能出，自成一家，与黄米诸家抗衡。他起笔尖细，不忌露锋，劲快、创新，全在其中。透过书写笔法，他娟好文雅闲静的性情找到了适合的表达方法。

---

[1] 顾复：《平生壮观》卷五，第163页。

王宠书法学王献之、虞世南。他博学多才，工篆刻，善画山水，诗文声誉绰著。他的书法能建在学科兼通、互相借鉴艺术精髓的巍然台基之上。他一生热衷于科举考试，可是应试举人8次，仍是一个老秀才。科场失意增添他的愤世嫉俗和人情世故。因老师蔡羽有隐逸高名，又是文徵明的好友，所以王宠有机会接触吴中老一辈书学家，并与文徵明结为忘年交，这使他书法艺术起点高，成功早，成就大。他天分很高，想象创造力极强，诗文神韵超逸，与文徵明以法胜不同，体现在书法上同样以韵取胜，另辟一条蹊径。到晚岁时，他已自出己意，形成以拙取巧、婉丽遒逸的个性书风。因为人品高朗明洁，砥节履方，对一切时世声利之事已不屑一顾，甚至性恶喧嚣，不乐意居住廛井，"其志之所存，必有出于言语文字之上者"[1]。所以他的书法能达到神韵超逸、疏拓秀媚、烂漫天真、飘飘欲仙的极高境地。论者以为文徵明以后，吴中书法以他为第一，甚至"为时所趣，几夺京兆（祝允明）价"[2]。文徵明"以法胜"，他"以韵胜，不可优劣等也"，[3] 与祝、文并称吴中三家。最可惜的是他中年陨殁，只活40岁。他的书法天赋还没有走到总结集成的阶段，却已经在小楷、行草上成为卓越的书法大家了。

陈淳的书法圆润清媚，动合自然，无纤毫刻意矫揉造作之处，热情奔放，又内蕴于笔尖墨间，自成一家书法。徐渭对他特别欣赏，并加以摹仿，成为书画双美。他草书的飞动犹如以花卉画盛名一世一般，书画写意，尽然沟通。他从祝允明学书，从文徵明学画，结果自取风韵，书画另入门径，故文徵明在这个意义上，讲他非我徒也，一语道出他的艺术风格出于祝、文，又非形似祝、文之处。这说明陈淳善于学习，吸取长处，机灵能变，发挥自我。他恣情纵意，直抒性灵，正是社会人文思潮在书法艺术上的写真。

博学多才的丰坊出身宁波鄞县名门，家有万卷楼，贮藏万卷书。嘉靖二年（1523）进士，任礼部主事，免官。家居坐法，移居苏州，居然破败，年老贫病潦倒而死。因为家藏古碑刻甚富，临摹功力深厚，足

---

[1] 文徵明：《文徵明集》卷三十一，上海古籍出版社1987年，第714-715页。
[2] 祝嘉：《书学史》，第359页，引王世贞《三吴楷法跋》。
[3] 王世贞：《艺苑卮言》，崔尔平选编点校：《明清书法论文选》，第180页。

以乱真。为别人撰定法书,以真易赝,不可穷诘。[1] 人望不副,天下恶其人并废其书。聪明才智没有用上正道,在歪门邪路遂意得志,令人十分惋惜,终究害了自己。然而,不可否认,他楷草篆隶都很精到,取法瘦劲,神韵淳古,豪迈纵逸,自成一体,规矩尽从手出,"草书自晋、唐而来,无今人一笔态度"[2]。书法经验丰富,撰成《书诀》,立论老到,至今为书学界精品。丰坊栽倒在他选择了不当的书法发展方向上。

"吴门书派"的殿帅王穉登是又一位天资灵异书家。4岁能属对,6岁善写擘窠大字,10岁能诗,"长益骏发有盛名"。师从文徵明,又在文徵明身后遥接其风,于嘉靖、隆庆、万历年间擅雄词翰之席30余年。申时行以元老里居,晚年颇交相推重。他用心书道,隶书遒古,大胜真草,篆书也妙。"闽粤之人,过吴门者,虽贾胡穷子,必躏门求一见,乞其片缣尺素,然后去。"[3]他把绘画线条用于书法,细劲飘逸,新意盎然;典雅苍劲,雄健秀丽;无论结构章法,还是墨色浓淡,用笔轻重,都用尽心机,精思竭虑。

徐渭诗文、戏曲和书画俱佳,自评"吾书第一,诗二,文三,画四,识者许之"[4]。特殊的生平经历和才性让他找到书法这一最能抒发心性的外在形式。线条飞动,笔墨挥洒,漠视文人追求的宁静与超脱,狂放不羁,"不论书法,而论书神","诚八法之散圣、字林之侠客也"[5]。徐渭走了自学之路,异于一般书家,卓立傲物。生前难为人理解,容易遭受他人训斥。奇才怪杰,潦倒一生。看徐渭的书法,就能形象地描绘出徐渭的个性特征。

太仓赵宧光和妻子、陆师道之女陆卿子同隐姑苏西部寒山,足迹不入城市,以隐出名,然而笃意古文字学,创作草篆。因为人品已超越现世,书法轻逸遒劲,超乎常人。

陈继儒、莫是龙都是松江华亭人,"华亭书派"的中坚人物。他们

---

[1] 钱谦益:《列朝诗集小传》,第407页。
[2] 祝嘉:《书学史》,第363页,引詹景凤《书苑补益》、陶宗仪《书史会要》、冯武《书法正传》。
[3] 《明史》卷二百八十八列传第一百七十六《文苑四·王穉登》,第7389页;钱谦益:《列朝诗集小传》,第482页。
[4] 徐渭:《徐渭集》,第1341页。
[5] 徐渭:《徐渭集》,第1343页。

幼年颖异，工诗文，善书法，不求仕进，锐意文艺。书法风流跌宕，极有神韵。基础扎实，"二王"以下广泛取法，以行草最能表达心性，受米芾放恣雅致的影响很大。以追求心性的独立无拘为最高目标，因而个性特出。

矫健多姿、简古醇厚、秀逸的邢侗书法，和温文尔雅、秀美古淡、飘然尘俗之外的董其昌书法有些距离，与张瑞图、黄道周、王铎、倪元璐等反古典书学技法，几乎随心所欲、任意点画结字、无顾章法的狂放书家差距更大。但是，这些书家有个共同之处，即都在苦练传统书法、涉猎历代法帖的基础上，任凭各自心情驰骋，进入无法有我的书法意境之中。相比之下，董其昌的书法还有法可寻，邢侗、米万钟的书法提炼火候不如董其昌，而张瑞图、黄道周、王铎、倪元璐的书法貌似杂乱无章，不是初学者可以理解入门的对象，却是书学到明末在"二王"、米芾基础上偏向以奇为正一途，走向极端而放出异彩的书派，对书学探索别开途径，激发灵感。

陈洪绶书法如画，讲究线条质朴，清细劲拔，奇纵放逸；虚实对比强烈，章法参差，疏密结合，结体欹侧；生意盎然，放纵怪诞，不趋时尚，富有创造性，跟他崇尚气节、愤世嫉俗、洞穿人情、无拘无束、惟我独尊的生活方式和价值观相互一致。

名声不大响亮的书家和以上所列的一些书法名家大家的书学经历体验是一致的。要有成功的书法艺术，必须特立卓异，具有创造性。例如，华亭曹时中，喜欢怀素、宋克的草书，竟日不倦，潜心摹仿。晋、唐名家都能意会。晚年益精小楷。曾讲："自少至老，已觉世味浅薄，惟学书一事，可以消日。"[1] 书法成了他生活的有机组成部分、生活的一种方式、生命的寄寓和耗费对象、超越世味人情的精神象征。

以直谏忠君名扬天下的海瑞，因"强项，其笔法奇矫亦可观"[2]。鄞县杨茂元，善写篆隶草书，字画遒劲，不仅临池之功深厚，而且正毅之气随寓而见。[3] 上元人李登，行书学《圣教序》，结构不失；小篆

---

[1] 祝嘉：《书学史》，第354页，引何三畏《云间志略》、陶宗仪《书史会要》。
[2] 康有为：《广艺舟双楫》，《艺林名著丛刊》第二种，第60页。
[3] 祝嘉：《书学史》，第354页，引《分省人物考》。

学《峄山碑》，于钟鼎文尤妙，说者以为丰坊之后一人。[1] 南海马元震的隶书"用笔虽古，体势多怪"[2]。鄞县徐兰的正书师钟繇《宣示表》，行草书师王献之，淳古遒劲，度越流俗。尤精六书，考究点画，正其讹谬。作《古文奇字》，得边鲁生笔法。八分，初法蔡邕，不失矩度，晚年参以己意。[3] 四川苏致中官太守，以墨妙流声景（泰）（天）顺间，评者谓其出入钟、王、怀素，而自适天然之趣。[4] 华亭章瑾，善书，学"二王"，硬健骨立，自成一家。山海卫萧显的书法沉着顿挫，自成一家，[5] 卷轴遍天下，还传至外国。[6] 北平张诗"字书放劲，得其一幅，揭之壁间，可以惊人，亦足驱鬼"[7]，草书狂放有笔力。无锡王问仕途隐退，享有高名，作行草及署书无所师承，而风骨遒劲，渴笔纵体，往往与《醉翁亭记》书法相同。[8] 宝应朱曰藩，"颇临晋法书，绝喜祝希哲（允明），而以己意出之，婉秀潇洒，绝有姿态"[9]。解元、进士溧阳马一龙，官国子司业，"作字悬腕运肘，落管如飞，顷刻满幅"，"自谓怀素以后一人，然评者谓其奇怪，为书法一大变"。[10] 卜履吉行书"简劲无媚骨，望之萧然，类其为人"[11]。江宁姚履旋"真行法率更（欧阳询），稍益以己意，简峭中微带风貌，故自彬彬"[12]。中牟举人张民表"喜饮及草书。饮少许，即颓然挥洒放笔，谓有神助"[13]。他们都因充满个人特色，而使其书法别具一格，得到世人重视。还有书坛神童出于民间普通人家的。福建莆田人卓晚春14岁能诗，16岁善草书，人呼"小仙"，何乔远《名山藏》特加记载。

---

[1] 祝嘉：《书学史》，第372页，引周晖《金陵琐事》。
[2] 朱谋垔：《续书史会要》，《景印文渊阁四库全书》第八一四册，第844页。
[3] 祝嘉：《书学史》，第366页，引《宁波府志》。
[4] 朱谋垔：《续书史会要》，《景印文渊阁四库全书》第八一四册，第826-827页。
[5] 祝嘉：《书学史》，第352页，引叶盛《菉竹堂稿》。
[6] 祝嘉：《书学史》，第354页，引《分省人物考》。
[7] 祝嘉：《书学史》，第361页，引何乔远《名山藏》。
[8] 王世贞：《艺苑卮言》，崔尔平选编点校：《明清书法论文选》，第180页。
[9] 王世贞：《艺苑卮言》，崔尔平选编点校：《明清书法论文选》，第179页。
[10] 王世贞：《艺苑卮言》，崔尔平选编点校：《明清书法论文选》，第179页；朱谋垔：《续书史会要》，《景印文渊阁四库全书》第八一四册，第839页。
[11] 祝嘉：《书学史》，第375页，引顾起元《客座赘语》。
[12] 祝嘉：《书学史》，第375-376页，引顾起元《客座赘语》。
[13] 钱谦益：《列朝诗集小传》，第640页。

看来他在地方上很有名气，被传为异人，才引起文人注意。可惜他未坚持练下去，天赋个性没有充分发挥，失去了书法大成的机会，令人似有王安石《伤仲永》慨叹。

明代不仅士人、官员热衷书法，一般人都能写写行书。在书学热的氛围里，只有化摹为创者才会赢取较大的声望成就。有些人的书名为其他事迹所掩盖。如王守仁以功业文章冠冕一时，行书出《圣教序》，风骨凛凛。宁海方孝孺，官侍讲学士，"不以书名，而刚方不折之气，流溢笔墨间"[1]。唐顺之是文学名家，书法名气不大，草书却超妙入神，来源张芝、皇象一路，姿媚古雅，一如其人。高启"善楷书，飘逸之气入人眉睫，行草入妙"[2]，而书名远远不如诗名之高，为人所闻。

明代建立之后，重文轻武，在国家危难之际，多由文人出身的将军披甲挂帅，金戈铁马，鏖战疆场，如于谦、王阳明、卢象昇、史可法等人。他们文武双全，和文天祥属于同一类型。黄道周以重臣抗清，壮烈殉国，忠义之气凛然长存。他们的书法水平不低，很有个性。由于气节高尚，垂册青史，掩过了书名，便不以书法取胜。细细品味这些儒将的书法，真是别有风格。于谦"少英异，过目成诵"，受赵孟頫书法的影响很深，写一手"赵体"，清润秀丽，心底坦荡无私，清纯正气流于笔端，一副流畅之势，"文如云行水涌，诗顷刻千言"，[3] 书法也很相似。史可法的书法没有定型，挺拔劲健，宏大豪迈，打下明末书坛变动、自由发挥的印记，毫无俗态。当然，他有些作品是他人托名所作，需做鉴别。

像戚继光这样的武将，与岳飞相似，屡建勋功，彪炳千秋。他喜欢书法，圆劲飞动。书法学黄庭坚，显示他熟谙方略的战将性格。明初功臣、无锡人张翼，官前军都督佥事，封鹤庆侯，"作行书，凤舞鸾翔，人以为不可及"[4]，的确有一种与众不同的将军气派。

僧人、道士的书法由于他们身份特殊，总会带有悠远飘渺、超然物外的逸疏之气。我国隋唐及以后僧道书家名家不少，隋智永、唐怀素、

---

[1] 祝嘉：《书学史》，第 340 页，引王世贞《弇州山人题跋》。
[2] 朱谋垔：《续书史会要》，《景印文渊阁四库全书》第八一四册，第 813 页。
[3] 钱谦益：《列朝诗集小传》，第 185 页。
[4] 祝嘉：《书学史》，第 338-339 页，引朱国祯《开国臣传》。

宋梦英等都是一流书家。明末广东番禺人天然和尚书法苍润劲拔,自然成形,拙中见巧。

妇孺书法往往不容易独创一家,显得摹仿有余,以消遣逸兴为主,因为她们生活的家庭和社会环境限制了她们把书法才智最大程度地发挥出来。不过,明代有一些才女才妇,在书法上拥有一足之地。如吴人薛玉,字素素,号素卿,寓居浙江嘉兴,是当时名妓。她生性好动,以侠女自命,喜欢武术,挟弹走马,又能写诗,画兰竹。书学《黄庭经》小楷,清秀淡雅,逸出尘外,以画竹写兰笔法掺入书法之中,虽嫌弱嫩,已不容易,具有自己的特点。解缙母高柯莹、杨慎继妻黄氏、邢侗妻杨夫人、赵宦光妻陆卿子、黄道周继妻蔡润玉、叶绍袁女叶纨纨,以及陈鲁南继妻马间卿、徐元宾妻、范元临妻徐媛、隐士韩奕妻蔡氏,等等,都能书法。有的名气很响,如陆卿子。嘉兴才女徐范13岁能卖字自活。南京名妓马如玉精熟小楷及八分书。史痴翁妾何玉仙自号白云道人,能写篆书。金陵名妓杨宛能诗,善草书。董其昌评其字"非直媚秀取姿,而回腕出锋,绝无媚骨"[1]。

文臣武将、文人学士、高僧仙道、名媛淑女以及平民百姓在书法上和职业书法家有着共同的书学经历,只是领悟和练习深度差异很大,不从书法角度消遣书法,而把书法作为生活的一种把玩之物,随意点缀而已。其中的佼佼者可能成为不擅长书法的书法名人,为中国书坛增添一股异劲,具有各自的个性特征。

---

[1] 祝嘉:《书学史》,第385页,引陶宗仪《书史会要》。《列朝诗集小传》第773-774页,叙她自堕于泥,身世凄惨,为人所姗笑。

第三章　明代后期的书法

从16世纪后期开始,到17世纪前期,明王朝的统治进入后期。在这60多年之内,中国社会发生了"天崩地解"的变动,对书法艺术和书法家的影响很大。

政治上,许多富有才识的读书人通过成熟的科举考试制度的选拔,成功地跻身于国家统治阶层乃至高层的行列,施展经世济民的政治抱负和才干。由于来自社会各个层次和群体集团,因此他们能够代表社会多方面要求,发表多角度的政治社会主张。例如,以江南为重心地带的东林人士较多地呼喊中小工商业者的心声,代表中下层平民利益。但是,以地域为核心形成的各党派之间争夺政治权力的斗争非常激烈,逐渐形成"东林党"和浙(江)党、宣(城)党、昆(山)党等党派之间的斗争,最后汇集成"东林党"和依附大宦官魏忠贤的阉党之间誓不两立的恶斗。同时,社会阶级矛盾日益积聚,引发国内不少地区反抗,江南"奴变"也不断发生。最终,东北女真人反抗力量和西北以李自成、张献忠为首的农民军主力形成两把犄角尖刀,肢解了明王朝。政治动荡不安和黑暗腐朽加重了明代后期书法家的生存危机。他们无法旁观,有意无意地卷进政治和社会的旋涡之中,走上了不同的政治和人生道路。他们的书法艺术随其生命流程的长短难易显现多姿多彩的势态。

社会经济结构上,中国社会仍然处于农业经济缓慢摸索前进的状态。江南区域资本主义萌芽已经孕育,预示着强大的生命力,却受到封建制度的巨大束缚,难以轻松行进。不过,从明代中期以来的人口增长加快,已促使社会经济结构按照自我的规律调整。市镇发达,商品经济繁荣,继续为文化艺术发展和创造提供必要的物质能量,又为文化艺术市场的兴旺和扩大创造了客观条件。

文化走向在经历"王学"冲击洗礼之后正在抉择。一方面，持续200多年的明代文化艺术需要反省、总结，提炼到新的高度，点明未来的走向。时代正在急切呼唤文化艺术巨人的诞生。另一方面，随着西洋文化艺术传入，一些敏感的士大夫思维已有变化，特别是生活在北京、南京及东南沿海的士大夫成为融通东西方文化的先驱。面对日趋复杂的社会变动，外部世界联系加强、视野宽阔，他们不得不思考自己时代的文化艺术使命，承担起应负的责任，从而调拨自己的文化艺术取向。在书法艺术上，明代后期正处于一个继往开来的时代，受到社会经济和政治发展的制约。这个时代既需要书法大师产生，做好明代乃至明代以前整个中国书法艺术集大成式的整理，又需要适时地以领袖风范来开启未来的书法之路。然而，明清改朝换代冲击了书法艺术道路的平坦进程。

经过许多书法家的艰苦探索，明代后期书坛的确不负众望，书坛怪杰徐渭脱颖而出，奇顽狂放，独成一家；帖学书法大师董其昌承前启后，业绩辉煌；还崛起了张瑞图、黄道周、王铎、倪元璐等一批创新意识极强的书法艺术家群体。从徐渭到董其昌、王铎，他们书风迥异，却展现了一种出自书法家鲜明个性的艺术追求，从而为中国书坛留下绚丽斑斓的书法瑰宝。

第一节　奇顽狂放的书坛怪杰徐渭

严格地讲，徐渭属于明代中期书风向后期书风过渡的书法家。理由有二：一是他的生卒时间主要在明代中期，搭到后期；二是从书学本质上看，他处在明代中期居于书坛领袖地位的吴门书学由盛及衰，书学转向明代后期个性化拓展、深化吴门书学、另辟新路的时期。

徐渭（1521—1593），浙江绍兴府山阴县人。初字文清，改字文长，号青藤、天池、天池生、天池山人、青藤老人、青藤道士、田水月、天池渔隐、漱老人、金垒、金回山人、山阴布衣、白鹇山人、鹅鼻山侬等。最为知名的是字文长，号青藤、天池、田水月。他是明代全才型文学艺术家，在文学、戏曲、书法、绘画等方面成就大，影响深远，有《徐渭集》、《南词叙录》与书画作品传世。

徐渭生活的时期社会变动很大，既是政治日益腐败，边疆危机加剧，户口逃亡引起赋税不实、财政恐慌的时期，又是社会控制失衡，商品经济滋长，资本主义萌芽孕生，"王学"勃兴、广泛传播，个性思潮炽热，一些有识之士奋起变革政治、经济、军事的时期。徐渭几乎从出生那一天起，家庭和社会环境就铸造了他坎坷离奇的人生历程。

徐渭由举人、担任四川夔州同知的父亲徐鏓所娶继配苗宜人的侍女所生。他出生只有百日时丧父，由苗宜人抚养。10岁时因长兄徐淮经商亏折，家境拮据，苗宜人借此遣散徐渭的生母等仆人，但因无子，她把徐渭视如己出，精心呵护教养，一心期待他读书做官将来可以为她养老送终。然而，她不幸操劳过度，在徐渭14岁时溘然长逝。从此徐渭依大兄大嫂生活。因年龄渐长，科举连连失利，多受兄嫂白眼。20岁入赘广东阳江县主簿潘家，地位低下，却夫妻恩爱。生活才6年，生一子后不久，妻子亡故，徐渭格外忧伤。39岁入赘杭州王家，受到奚落，无法忍受，才几个月便绝断离开。41岁娶妻张氏，再生一子。46岁因精神障碍，性好猜忌，误杀张氏，被打入死牢。在张天复、诸大绶等好友营救下，总算幸免于死。入监7年，遇万历改元大赦天下，53岁被保释出狱。又过2年才准开释免罪。他畅游江南、北方，二入京师为幕。晚年隐居绍兴，靠卖文卖字画为生，穷困潦倒，然而慷慨豪迈。终其余生，僦居在小儿子的岳父家。[1]

徐渭天才超轶，性绝警敏。6岁入家塾，授书才数百字，不再过目，立诵师所授。8岁学习经义，练习八股科举文字。9岁能属文，慕习古文词。年10余，仿汉扬雄《解嘲》作《释毁》。20岁中秀才，自此到44岁，8次考举人都名落孙山，无奈之下与科举作别，没有走上读书做官的通途。

嘉靖三十二年（1553），徐渭参加家乡浙江的抗倭战争，当时他33岁。从37岁到42岁，他应闽浙总督胡宗宪多次盛情邀请，入幕典文章，管书记，参加6年抗倭斗争。因为知兵，好奇计，徐渭参与擒捉海盗头领徐海、王直等人的筹划。徐渭以擅长文词出名，胡宗宪非常器重

---

[1] 参见徐渭《徐渭集》，第1325-1331、638-640、1339-1344页；《明史》卷二百八十八列传第一百七十六《文苑四·徐渭》，第7387-7388页。

他，礼贤下士。徐渭曾为胡宗宪得雌雄两只白鹿进献嘉靖帝作表文，皆为歌功颂德之言，名噪京华。胡宗宪主动为徐渭牵线娶妻王氏、张氏，助他购置房舍，安家立业。这时的徐渭张开双翅，施展雄才大略，试图凭借入幕受用之机，实现平生济世报国宏愿，正处于一生功利事业的鼎盛时期。他竭尽才智，图报胡宗宪的知遇之恩。可是，胡宗宪在政治上投靠权臣严嵩，成为严家私党。嘉靖四十一年（1562），严嵩被劾罢官，胡宗宪被捕入狱。徐渭深为恐惧，担心自己为胡宗宪佐幕多年，一切疏记皆出己手，会受牵连。随后两年，他数次拒绝由礼部尚书晋升大学士的状元李春芳招募，不得允，只好进京，但他与李春芳隔阂很深，日夜忧虑李春芳会乘机以严胡党羽罪名报复他，精神压力巨大。他从41岁开始就不断犯脑风，发作时头痛如裂。45岁时，徐渭心力交瘁，发病时状若疯癫，乃至一发不可收拾，真的疯了，自己全然不知。他在极度痛楚之中，愤世嫉俗，用长钉三寸许，贯入左耳窍中，颠仆倒地，撞钉至没耳孔，竟然不知痛，逾数旬，疮血迸射，每日数合，无三日不至者，越再月以斗计。他自持斧头击破头颅，血流满面，头骨折断，揉之有声。以椎碎骨，求速死而不成。[1] 如此多次自杀，预写墓志铭，他竟能不死，还会病愈。或许罹历多次大难，在生死线上徘徊，徐渭郁积心中的忧愤得到很好的宣泄，重新平衡了身心，过了中年这一多事之秋，晚年的生活反而有了转机。

　　徐渭因杀妻被囚，困扰他前后长达10个年头才得以清理脱身。随后继续幕宾生涯。在同学好友、宣府总督吴兑署中，他结识辽东抗金名将李成梁的长子李如松，就是万历年间率军抗倭援朝的英勇名将。二人一见如故，交情深厚。在里人好友张天复之子、状元修撰张元忭府上做幕客，脾气举止一如其故，不拘礼法，引起京城权贵讥议，张元忭也有规劝，于是徐渭愤懑不平，狂呼："吾杀人当死，颈一茹刃耳，今乃碎磔吾肉！"[2] 尽管张元忭是在京城营救他，使他得以无罪释放的大恩人，但是徐渭已敏感地察觉他作为一介寒儒寄人篱下地位的卑微，以及他和老朋友之间日渐拉开的社会等级鸿沟，这深深刺伤他的自尊。一向

---

[1]"引巨锥刺耳，深数寸，又以椎碎肾囊，皆不死。"《明史》卷二百八十八列传第一百七十六《文苑四·徐渭》，第7387页。

[2] 徐渭：《徐渭集》，第1340页。

孤高傲立的徐渭终于无法忍受，疾病复发，以致身体残弱，不得不由儿子接回绍兴。从此，他干脆杜门不出，以清奇狂放自守。凡是达官贵人，衣冠楚楚，上自郡守，下至县丞，登门求见，一概拒之不接。有人伺便，身入半门，徐渭急忙摇手拒门，口中应答"某（徐渭）不在"[1]，于是引得他们多怪恨于他。他经常携钱至酒肆，呼下隶同饮。又和相好寒庶门生数人饮酒作诗，借兴挥洒书画，寓托所思所感。书画诗酒真正成了他人生的寄情工具，他再也不顾礼法约束。

　　徐渭精通儒释道三教，领悟透彻独到，形成以儒说为核心，糅合释道教义的人生哲理和行为准则。嘉靖二十七年（1548），28岁的徐渭正式投拜王阳明的大弟子季本为师，又与表兄、"王学"传人王畿终生师生相交，深得"王学"精髓。他接受季本的主张，认为心性主宰外物，理自内出，以警惕为宗，然而反对空谈心性，要"精考索，务实践"[2]，学务综博，"凡欲以为致君有用之学"[3]，因而能务实治学，经世致用倾向明显。无论身处什么困境，都能奋发自励，至死不渝。不是在政治、军事、经济、社会等方面提出主张，力博成效，就是在思想文化、文学艺术，包括诗文戏曲、书画等方面启迪当世，传芳后代。他"取经史诸家，虽琐至稗小，妄意穷极，每一思废寝食，览则图谱满席间"[4]。在王畿那里，他摄取良知是心之本体的思想，它能备万物之变，自与万物流通，无所凝滞，只要任心之自然，就能致良知。"吾人心中一点灵明，便是真种子，原是先生不息之机。"若是"先取古人孝弟爱敬五常百行之迹指为典要，揣摩依仿，执之以为应物之则，而不复知有变动周流之义"，就会受到经典理论、道德说教的束缚。只有做到所谓"圣贤之学，惟自信得及；是是非非，不自外来"，[5] 个人心性才能自然融通。徐渭于是循此走到反对朱子理学，反对以圣贤道德、儒家经典的是非为是非的地步。在《评朱子论东坡文》中，徐渭倾泻他对朱子的不满和批评，认为"朱老议论乃是盲者摸索，拗者品评，酷者

---

[1] 徐渭：《徐渭集》，第1340页。
[2] 徐渭：《徐渭集》，第616页。
[3] 黄宗羲：《明儒学案》卷十三，中华书局2008年，第272页。
[4] 徐渭：《徐渭集》，第639页。
[5] 黄宗羲：《明儒学案》卷十二，第247、242、244页。

苟断"[1]，不要相信。

由于"王学"的修省工夫带有强烈参禅色彩，徐渭受季本、王畿学说影响长久深刻，洞明禅理，并且就此转向佛教，精研佛典，拜禅师玉芝和尚为师潜心参禅。徐渭钦佩玉芝对佛家最深奥的经典之一《首楞严》的阐释，自己也别有心得。在受玉芝指导以及互相交流过程中，徐渭把儒释合一，把释合于儒，反对以儒排佛，从禅学归于"王学"，自号田水月，借喻"佛性本来同水月"，表示对佛学真谛的坚韧追求。

对"王学"和佛学的追求，炼就徐渭适心任性、豪放、狷洁高亢、于人无所俯仰的个性理念。曲折的生活经历更使他感受到任性而游、尽情而发、主体自在、冲破礼教压抑的难能可贵。他的豪侠之性使他能与武将相交契默，在杭州纵马海宁，一驰数十里，尽兴而归；与胡宗宪、李如松等武将宾主相待，无所顾忌，而与李春芳、张元忭等个人品性很不错的状元显贵反而心存芥蒂，以致交情断绝，格格不入。他为张元忭祭奠连姓名也不肯留，而李如松倒出资助他刊印个人文集。他葛衣乌巾，纵论天下事旁若无人；他不附权贵，一言不合，拂袖而去；他宁为穷困，不为财利所趋，达官当道求一字一画也不可得，书画诗文都为侠义柔情之物。这些都应归于"王学"心性解放思潮对他的塑造。

受嘉靖帝爱好方术，重用炼丹道士，任用善写青词文人为内阁大臣的影响，朝野弥漫炼丹之风，官员希图走投献方术丹丸骤至贵富的捷径。同时，社会求仙访道，希望得道升天、云游四海的倾向很重，影响了很多官员士人甚至平民百姓的生活方式。徐渭的长兄徐淮长年经商在外，实则借机游山玩水，访求成仙方术，徐渭讲他弱龄访道，垂五十春。他比徐渭大约30岁，长兄如父，在徐渭14岁苗宜人去世之后，就担当照顾者的角色。徐渭和他一起拜举人、弃去知县之职专心学道的蒋鏊为师，潜心丹术，后来又和道士、方士、丹士往来频繁，炼丹服药，研究道家经典，对《庄子》《列子》尤有心悟。徐淮在54岁时因炼丹服药中毒过早殒命，徐渭毫无觉醒，认为他是方法不当、修炼入魔所致。聪明的徐渭感悟到人体内存在着金木水火土五行，炼丹不在于炼外丹服用，而在于炼体内内丹长生。他在狱中无事可干，研读注释《周易

---

[1] 徐渭：《徐渭集》，第1096页。

参同契》，得出该书关键在说明五行为同类，可以相生。"今学丹者，不知吾身中有一种日月之火候，即天地日月之火候，吾身之结婴，即天地之生万人万物，而妄谓须取彼家，然后成丹，则是谓此天之不能生物，而复借彼天以生之者也，其可乎？"[1] 在道家理论理解上的透彻和正确性确保了徐渭在养生术上取得成功。他晚年辟谷食十多年，以辟体内三尸之虫，照样修伟肥白，声音朗朗，避免重蹈长兄服外丹中铅毒的覆辙。在困境中能活到73岁，确实到达较高的道家养生境界。他受道家心性自然无拘的思想影响至深，道儒佛思想合一，圆通不泥，为我所用，对他的个性和艺术成就有着极大作用。

徐渭的书法成就建立在上述他奇特经历形成的强烈的个性和对儒佛道诸学说精湛理解的基础上。应该说，徐渭对中国传统书法系统学习比较晚，而且没有经历周密的书学临摹、中得心源的过程。书法从一开始只是他谋取干禄即求功名的工具，以后是他宣泄心性的最好媒介。他对书学理论的见解主要出于他独特的思维、个性、知识的宽泛和深到。

徐渭中秀才后，跻身社会精英阶层，与绍兴文人官绅有了交往。他们结文社，称"越中十子"。其中举人陈鹤家居30年不出仕，多才多艺，善画花卉，书法上主张效仿诸名家而间出己意，影响徐渭很大。入狱后，徐渭广泛搜集名家书法，研读书法理论。隆庆四年（1570）元旦，他喝醉后呼人拿笔墨，漫评古人书法，后来纂辑评论前人书法的著作，写成《笔玄要旨》1卷；万历年间，编纂《玄抄类摘》。大抵主张"书法既熟，须要变通，自成一家，始免奴隶"。变通不使书死在于精神运气，继承陈鹤的书学观，又在自我书法实践上有所创新。他在狱中静思体悟，终于磨炼成独特的书学风格。[2] 论者以为徐渭的书法有米芾、黄庭坚笔意，笔势圆浑沉着，纵横奔放，不拘法度。[3] 他擅长行草书，因为行草书最能表达他奔放跳宕的个性。也有人认为徐渭书法不仅取于米芾，还博采众长。如他对苏东坡的书法很敬慕，并专门学过西晋索靖的书法，行书中带有隶笔。他对赵孟頫的书法有不满，却认为可

---

[1] 徐渭：《徐渭集》，第479页。

[2] 张新建：《徐渭论稿》，文化艺术出版社1990年，第47页；徐渭：《徐渭集》，第535页。

[3] 杨仁恺主编：《中国书画》，上海古籍出版社1990年，第468页。

以以其媚来矫正"槁涩顽粗"之弊，[1] 假如他对书法没有精深的领悟就达不到如此思辨的境界。万历《绍兴府志》评论徐渭"素工书，既在缧绁，益以此遣日，于古法书多所探绎其要领。主用笔，大率归米芾之说。工行草，真有快马斫阵之势"。"其书险劲有腕力，得古人运笔意，恨不入俗眼。"[2] 道出徐渭对书法的兴趣和著述出于在狱中的特殊环境，不愧是乡邦后人，与徐渭有心思相通之处。然而评点徐渭书法"恨不入俗眼"，显示徐渭书法在当时的书学地位，不符合正统书法标准。

的确，徐渭的书法贵在表现自我性情，"出乎己"是最大特色。"非特字也，世间诸有为事，凡临摹直寄兴耳，铢而较，寸而合，岂真我面目哉？"即使临摹书法作品，也是"时时露己笔意者，始称高手"[3] 至于书法创作，更要有个性才能独立。"夫不学而天成者，尚矣。其次则始于学，终于天成。天成者非成于天也，出乎己而不由于人也。"[4] 崇尚"天成"的书法，成为徐渭品衡历代书法作品的最高标准，也是他心目中最高的书学境界。他的书法用墨较重，乱离狂诞，点画随便，结构任性，在书法法度、技巧上讲，很不合格。只是在艺术出于艺术家心性，书法是书法家主体心性的写照这个艺术天平上衡量时，徐渭才放射他独特的光辉。他的书法不适合初学者做书学门径。可是，在对书法艺术真谛的追求上，徐渭无疑是正确的。他很好地把握了书法艺术的精神风格，极大程度地藐视并偏离传统书法标准，一如他的个性和气质，很快进入艺术自由王国驰骋翱翔，一无阻碍。书法技巧、工力可能较差，在气质精神上却远胜于同时代大部分书家。这就是真正的徐渭。他自称"吾书第一，诗二，文三，画四"[5]，就是因为书法只有线条挥洒，最为抽象地凭感情支配，最能超越文字图形、色彩的羁绊，到达"世间无物非草书"[6] 的神奇境界。袁宏道是明代文学史上了不起的性灵文学家，不是书法家，但在性灵这一点上，真不愧是徐渭的知

---

[1] 骆玉明、贺圣遂：《徐文长评传》，浙江古籍出版社1987年，第224页。
[2] 万历《绍兴府志》卷五十《序志》、卷四十九《人物志十五·方技》，台北：成文出版社有限公司1983年，第3333、3299-3300页。
[3] 徐渭：《徐渭集》，第577页。
[4] 徐渭：《徐渭集》，第1091页。
[5] 徐渭：《徐渭集》，第1341页。
[6] 清翁方纲题《徐天池水墨写生卷歌》有语："空山独立始大悟，世间无物非草书。"

音。他在《徐文长传》中写道:"文长喜作书,笔意奔放如其诗,苍劲中恣媚跃出。予不能书,而谬谓文长书决当在王雅宜(宠)、文徵仲(徵明)之上。不论书法,而论书神,先生者诚八法之散圣、字林之侠客也。"[1] 在字形神韵上,徐渭取得了极大成功,赢得身后书学盛名。这是他的聪明才智和坎坷经历最凝练的艺术结晶。

袁宏道将徐渭的书法和诗类比,论其内在气势一致,的确体现他文学家描述分析力的高超,于下引述,有助于理解徐渭的书法特色:"文长既已不得志于有司,遂乃放浪曲蘖,恣情山水,走齐、鲁、燕、赵之地,穷览朔漠。其所见山奔海立,沙起云行,风鸣树偃,幽谷大都,人物鱼鸟,一切可惊可愕之状,一一皆达之于诗。其胸中又有一段不可磨灭之气,英雄失路托足无门之悲。故其为诗,如嗔如笑,如水鸣峡,如种出土,如寡妇之夜哭,羁人之寒起。当其放意,平畴千里,偶尔幽峭,鬼语秋坟。文长眼空千古,独立一时。当时所谓达官贵人、骚士墨客,文长皆叱而奴之,耻不与交。"[2] 从某种意义讲,徐渭的诗即书,书即诗,甚至诗文书画都可以相通相置换。万般变幻之中,只有"眼空千古,独立一时",一生始终未变。因而生前为世所苦所磨,然不为奴,"叱而奴之,耻不与交"者皆当时"英豪"。然徐渭终于成为千古英豪,成为不讲书法技巧、法度的书法大家,这才是徐渭成其为徐渭的原因所在。徐渭"病奇于人,人奇于诗,诗奇于字,字奇于文,文奇于画","无之而不奇者也。无之而不奇,斯无之而不奇也哉!"[3] 书法之奇特成就只是徐渭个性行为奇特体系中最为奇特之处而已。

徐渭的艺术成就是多方面的,他以诗人的气质,画家的敏锐,奔放自由的气势,开创着一代浪漫书风,对明末和清初书法绘画影响极大。他的书法其实就是大写意泼墨花鸟画,反之亦然。郑板桥成为继袁宏道之后又一个徐渭书画艺术的知己。在《贺新郎·徐青藤草书一卷》中,他以饱满的笔墨,对徐渭的书法成就与身世关系、艺术地位把握得丝丝入扣:"墨沈余香剩,扫长笺狂花扑水,破云堆岭。云尽花空无一物,荡荡银河泻影。又略点箕张鬼井。未敢披图容易玩,拨烟霞直上嵩华

---

[1] 徐渭:《徐渭集》,第 1343 页。
[2] 徐渭:《徐渭集》,第 1343 页。
[3] 徐渭:《徐渭集》,第 1344 页。

顶，与帝座，呼相近。半生未挂朝衫领，狠秋风青衿剥去，秃头光颈。只有文章书画笔，无古无今独逞。并无复自家门径。拔取金刀眉目割，破头颅血迸苔花冷。亦不是，人间病。"[1] 徐渭的不朽在于他的书法精魂永远激励后学自强不息，冲破现成的艺术桎梏，创出独特的艺术新天地，成为自己而特达挺立于宇宙之间。

徐渭的书法传世作品有《草书七律诗》轴、《草书杜诗》轴、《自谱曲》卷等。

第二节　浪漫自趣的书家群体

晚明书坛兴旺、书学发达的重要标帜是不仅拥有徐渭式的书法天才怪杰，董其昌式的孜孜不倦、以传统书画为生活艺术，充分继承传统，又突破传统樊篱的帖学大师，而且在比徐渭稍晚、与董其昌几乎同时代涌现一大批富有艺术个性、善于创新的书法家群体，汇聚成一股富有浪漫色彩的书学主流，在中国书学之路延伸到明清之际的书学园地中芬芳斗妍，竞相开放。其中最值得注意的书法家有邢侗、赵宧光、米万钟、张瑞图、黄道周、王铎和倪元璐。至于傅山、八大山人等书法家的成就则在清代书学的范围之内，此不赘述。

一、邢侗

邢侗（1551—1612），字子愿，号来禽生，山东临清人。父邢如约，寿至90岁，40岁生邢侗，得私谥"庄惠"。母赵氏。叔邢如默，嘉靖八年（1529）进士，官至给事中。万历二年（1574），邢侗考中三甲第182名进士。该科共299名进士，三甲有226名，邢侗的科名并不算高。他历任南宫知县、山西道监察御史参议，终任陕西行太仆寺少卿。

邢家本是工商业都会临清的世家大族，"家资巨万"，田宅丰美，甲于济水之上。邢侗为人豪爽好客，颇有鲁人侠士遗风。他在古代犁丘地方修筑来禽馆读书写字，焚香扫地，不问家人生产。四方宾客造门，

---

[1] 郑燮：《郑板桥集》，上海古籍出版社1979年，第121页。

户屡恒满。他减产奉客，家境于是中落。[1] 他却毫不介意。

邢侗少年聪慧，喜爱书画，7岁能写擘窠大字。10余岁时楷法师从当时声名极响的吴门书学大师王雅宜（宠）。24岁登进士第，殿试策书法飞扬，令主试者大为惊异，可惜仍置榜尾。罢官时才30多岁，居家以诗书画自娱终生。"晚年书名益重，购请填咽，碑版照四裔。"[2] 著有《武定州志》15卷、《来禽馆集》28卷。同里尚书王洽，汇集他的墨迹刻石，成《来禽馆帖》。邢侗擅长行书，直接取法晋人，以王羲之为宗，对唐宋名家不以屑意。仿摹《十七帖》等法帖，笔力矫健，古淡圆浑，有王羲之龙跳虎卧之致。他的擘窠大书体势洞精，奕奕生动，雄强如剑拔弩张，奇绝如危峰阻日，孤松单枝，别有一种秀活。他的蝇头真楷遒媚如舞女低腰，仙人啸树，达到很高的境界。

邢侗临仿晋人法帖，以山阴（王羲之）为宗，不以能尽合古人为自己书法追求的终点，而能从古人书法中走出来，笔力矫健、古淡、圆而能转，时亦有得，自成面貌。在这方面，邢侗的书学功力和造诣尽管不能与董其昌相比，却有着惊人的共性。在明人看来，他的书法成就已能上掩三国钟繇和西晋索靖，明代稍比他早的文徵明、祝枝山等书法大家与他相比，已经"无是调度"[3]，有所不如了。他当时与董其昌并称"北邢南董"，成为明代书坛"邢张（瑞图）董米（万钟）"[4] 四大家之一。

邢侗的书法在其生前已在国内外备受珍视。万历时，宫廷太监把他的书法扇面进呈御览，明神宗大加赞赏，命女史官员学他的字。为了联合朝鲜平定倭寇，邢侗奉命出使朝鲜。朝鲜人慕念他的书名，争相购买他的书法作品，居然达到与黄金同价的地步。一个李姓状元的妻子更是为他的字所倾倒，愿意拜他为师，学习书法。琉球使者入贡来到北京，专门等候购到他的作品后再离去。邢侗以书法的精深造诣赢得了国内外声誉，促进明代中朝、中琉之间的文化友好交流。

---

[1]《明史》卷二百八十八列传第一百七十六《文苑四·邢侗》，第7397页。
[2] 钱谦益：《列朝诗集小传》，第617页。
[3] 祝嘉：《书学史》，第373页，引陶宗仪《书史会要》、李日华《六研斋笔记》。
[4] 以出生早晚，邢侗最早，以下为董、米、张。卒年，邢最早，米次之，董第三，张第四。

邢侗的书法作品传世较多，主要有草书信札轴和临帖等，尤其以现藏故宫博物院的《行书五律诗》轴最为有名。他的传世书法面貌比较一致，变化不大，作伪较少。

另外值得一提的是，邢侗的妹妹、大同知府马拯的妻子邢慈静，才华横溢，擅长诗词，著有《非非草》诗集 1 卷，收录在《明史·艺文志》中。她还擅画白描大士；善于书法，宗法李卫，书法酷似其兄邢侗，善于摹仿，有作品传世，上海博物馆收藏了她的书法。其母对她万般钟爱，必欲字贵人，年 28 始得武定人马拯。邢侗的书法家风被及家人。家童戴禄亦通六书之学。邢侗之妾杨夫人是杨磐石女弟，书法自成一家，博学能文，过于邢慈静。[1]

明末清初大文豪钱谦益十分推重邢侗的书法才华，认为他的风流文采几乎与江左文徵明、董其昌先后照映。

二、赵宧光

赵宧光（1559—1625），字凡夫、水臣，号广平、寒山长，南直隶苏州府太仓州璜泾人。国子生。娶苏州陆师道女陆卿子。陆师道由进士授工部主事，改礼部，以养母请告归，游文徵明门，称弟子。家居 14 年，起官至尚宝少卿。善诗文，工小楷、古篆、绘画，最能传文徵明之学，风格也大略相似。[2] 吴中自吴宽、王鏊以文章领袖馆阁，一时名士沈周、祝枝山辈相与驰骋，文风极盛。文徵明稍晚出，与祝枝山、唐寅、徐祯卿辈切磋砥砺，名声日著，从游弟子无数，都能以词翰名于世，而陆师道是他的得意门生。

赵宧光生为吴门人，娶得吴门书画派嫡传人之女为妻，受吴门书画派熏陶，为理所当然。然而赵宧光个性奇特，读书稽古，酷爱古文字学，对《说文》见解独到，精通篆刻，书法多作篆书。从中年起，他夫妻双双隐居吴县城西寒山别业、祖墓旁边，潜心学问，足迹不入城市，两人都有名于当时。当事者慕名前来求见，赵宧光也不下山报谒。著有《说文长笺》72 卷、《六书长笺》13 卷、《九圜史》1 卷、《篆学

---

[1] 钱谦益：《列朝诗集小传》，第 617、747 页。
[2] 《明史》卷二百八十七列传第一百七十五《文苑三·陆师道》，第 7364 页。

指南》、《寒山漫草》8卷、《弹雅集》10卷、《寒山帚谈》、《片叶草》等小学、天文、文史、书学著作。

或许赵宧光生性奇特，癖好古学，因而他在学术取向上能够充分尊重自己本质的喜好，不仅在文学、史学上有著述贡献，而且在古文字和天文学上能深邃入微。由于多少受到其岳父工古篆和"吴门书派"余风流韵的影响，他能在董其昌、邢侗、米万钟的帖学书法天下满名盛望之时，苦苦摸索艺术，寻找书学创新之路。他根据自己的古文字学特长，以草书笔法融入篆书，创作草篆，这是在《天玺碑》基础上的小变和革新之举，风格独异。但是，因为晚明书学主流是帖学，是真行草体，不是篆书和古字体，又因时机不成熟，根基不足，当时书学无法上溯碑学和金石文字，所以，赵宧光别出心裁的书学努力只使他的作品囿于个人乃至一些朋友鉴赏的圈子，其书学方向更无可能酿成群起响应之势，最终"繇其人品已超，书亦不蹑遗迹"[1]，曲高和寡，形成不了一个书学流派。中国书法史上富有先见和先行之举的碑刻篆隶复兴之学在明朝后期犹如昙花一现，但这毕竟是当时书坛致力于书学革新的有识之士的壮举。在这一点上，赵宧光作为文人书法中草篆的初创者，其书学之途无疑是清朝碑版篆隶书学大盛的先声。

赵宧光在长久的书学实践中积累起丰富的经验，形成自己的书法理论，在其文集中多有论述。

三、米万钟

米万钟（1570—1628），字仲诏，号友石（《明史》作字友石）、石隐庵居士，关中人，迁居顺天（京师）宛平。父米玉，寿71岁，锦衣百户，年44生米万钟。米万钟举中万历二十三年（1595）三甲进士第164名。该科共304名，三甲进士244名，米万钟的科名不算前列，但他年仅23岁，朝气蓬勃。初授永宁县令，累官江西按察使，成为方面大员。明熹宗天启五年（1625），因不附和魏忠贤及其阉党，米万钟被魏党倪文焕参劾，削籍罢官。崇祯即位，诛魏忠贤，米万钟起为太仆寺少卿，卒于官。

---

[1] 朱谋垔：《续书史会要》，浙江人民美术出版社2012年，第365页。

米万钟生平蓄积奇石甚富，似米芾，人称友石先生。著有《篆隶订伪》《北征吟》。当时篆隶书法形成不了气候，他有所关注，很难得，还在行草书上下了功夫。他年幼敏于文章诗词翰墨，及长，潜心书画，遍习前代名帖，因而能取得杰出的书法成就。

米万钟的书法点画跳跃，体势姿掠，用笔流畅浑厚有力，深得其米氏先人米芾的家法。当时以善书著名者有临邑邢侗、顺天米万钟、晋江张瑞图、华亭董其昌，四人齐名，时人谓邢张米董。米万钟因此成为晚明书坛四家之一，又有"南董、北米"之誉。[1] 他擅长署书，名扬40年，书迹遍天下。论其书法，在邢、张之上。传世作品有《草书诗》轴，现藏故宫博物院；行草《刘景孟八十寿诗》轴等。

四、张瑞图

张瑞图（1570—1641），字长公、果亭，号二水、果亭山人、芥子居士、平等居士。筑白毫庵，自称白毫庵道者。福建晋江人。

明神宗万历三十五年（1607）中探花。在会试策中，张瑞图声称："古之用人者，初不设君子小人之名，分别起于仲尼。"《明史》认为他"悖妄如此"。[2] 看来他在用人上有自己的见解，也现出无分君子小人的是非心性，为他以后的仕途埋下了隐患。他从编修一路上去，任少詹事兼礼部侍郎。明熹宗天启六年（1626）七月，正当大太监魏忠贤权势嚣张，修《三朝要典》刊布中外，大肆迫害东林人士之时，张瑞图升任礼部尚书、东阁大学士，参与国家机务，成为内阁七位大学士中倒数第二位。随后几个月中，他不断升官晋爵。七年（1627）八月，崇祯帝即位，为了暂时稳住朝政，晋升原班内阁人马。位列内阁第三的张瑞图从少师兼太子太师、中极殿大学士晋升左柱国、吏部尚书。

可是，宦海浮沉，变化无常。魏忠贤显赫一时，好景不长。十一月，崇祯帝贬谪魏忠贤到凤阳。不久，魏忠贤畏罪自杀。崇祯元年（1628）正月，崇祯帝戮魏忠贤尸及阉党之首崔呈秀，正式勘定逆案，翦除阉党。三月，在"交结近侍又次等"，即第三等交结魏忠贤的官员

---

[1]《明史》卷二百八十八列传第一百七十六《文苑四·董其昌》，第7396页。
[2]《明史》卷三百六列传第一百九十四《阉党·张瑞图》，第7846页。

中，张瑞图名列第三，处以徒刑三年。张瑞图便以输赎降为民。

张瑞图进入明朝内阁柄政前后共21个月，逢迎魏忠贤，名入《明史·阉党》，以身带污点、为人不齿的悲剧退出政坛。明朝福建人执政内阁，由于方言太重，语言难以通晓，在杨荣、陈山之后，200年中没有一人，直到李廷机、叶向高崛起，才有周如磐、张瑞图、林釬、蒋德璟、黄景昉相继入阁，总共9人。[1] 张瑞图成为明代福建历史上一个科举功名和官品地位都很显要的人物。可惜，或许他把功名和做官看得太重，反被功名官爵所害，聪明却被聪明误。他的政治才能和书学智慧发生了分离，两途走向正好一非一是，任后人评说。

大约在政治上的失误使张瑞图看透世事，经历过下狱为囚、以金赎身、还居乡里，富贵功名如过眼烟云，转瞬杳无，张瑞图决意足不出户，专心修禅，靠诗文书画度过余生。这是一个真正可以静心休养反省的阶段，也是他的书画艺术得到潜心锤炼、升华，达到炉火纯青地步的大好时期。命运赋予他在痛苦的心理和精神重压下将心智注入书画艺术中，朝书画方向而非政治方向施展自己永垂书翰丹青的才华。

张瑞图喜画山水，擅长真行草各体书法。他的楷书学习钟繇，行草学习钟、王，又能另辟蹊径，到达没有师法、自出心源的极境。他根据自己对书法线条的独到领悟，充分运用墨色线条，以及自幼就娴熟运用的毛笔功夫，在作品中融进平生经历坎坷、复杂多变的心性，率意为之，无有定法。他的行草运笔不喜圆转，大多使用方硬侧峰、偏峰，取横接之势，翻折而行，结构紧凑，茂密中带有舒展，从而使字体峻厉刚健，尖峭锐利，大破帖学常规，气势雄强，与董其昌含蓄柔润淡雅的书风迥然有别。风格的奇宕使张瑞图独创一帜，成为晚明最富有创造性的书法家之一。但他的书法外露过甚，一味峭厉，反而使力感单薄，缺少内劲。方折用笔，影响到书法圆转的流畅和连续性节奏，使体势、行气都有局促之感，有所隔碍。

张瑞图生前书名很响，已和董其昌、邢侗、米万钟并称四大家。他善写榜书，天启六年（1626）闰六月，浙江巡抚潘汝桢首建魏忠贤生

---

[1]《明史》卷二百十七列传第一百五《李廷机》，第5741页。

祠于杭州西湖之畔以示趋媚，造成从此以后魏氏生祠几乎遍天下的恶劣风气。[1]"生祠碑颂，靡所不至"，大多出自张瑞图手笔，以"张书"为荣。崇祯帝定魏忠贤逆案，张瑞图初时并不与内，崇祯帝诘难道："瑞图为忠贤书碑"，"非实状耶？"于是张瑞图"坐赎徒为民"。[2] 因为韩爌等人主持狱案，以张瑞图无依附魏忠贤的事实，不好定案，所以崇祯帝亲自下令，举出事实，罢黜张瑞图。张瑞图政治上行事隐秘，富有机性，博得同僚庇护，于此可见一斑。

张瑞图传世书迹很多，《行草五律诗》轴现藏故宫博物院，《前后赤壁赋》现藏辽宁博物馆，《邓公聪马行》《乐志论》等都是他的代表作。

张瑞图因书而传其名，因书而害其政治前途。卓越的书法家陷入了中国传统社会中政治和书法缠绕的旋涡，书艺成为从政的一大辅助用具，也成为毁灭从政的一大杀器。张瑞图的例子再次昭示从政和书法分离、政治和艺术分离的必要性，否则，从政与书法、政治与艺术的互损互伤，最终会毁灭杰出的政治家和书法家、艺术家的智慧和生涯，带来争论不休的是非评判。幸好清代人不以张瑞图名列"阉党"而废其书法，还有人发出几声关于其书法成就的公论。秦祖永在《桐阴论画》中讲：张瑞图"书法奇逸，钟、王之外另开蹊径"[3]。然而，一人一生的多方面作为与成就，毕竟受其心术灵性支配，观其作用之处，自然会察觉其智性所在。像张瑞图的政治和书画艺术成就都非常人能企及，这是其心性一贯所致，只是政治上的背运与个人选择失误和书画上的用力成就两相背离，是非结果大相径庭罢了。名列"阉党"的遗臭无法遮掩杰出的书法功绩，同样，辉煌的书名无法抹掉政治的失误。这是历史对张瑞图一生的公正评价。

五、黄道周

黄道周（1585—1646），字幼平或幼玄、螭若、细遵，号石斋，福建漳浦人。天启二年（1622）二甲第 73 名进士。该科录取 409 名，二甲 77 名。黄道周的科名较好，年纪却不小，已 38 岁。可见他对功名的

---

[1]《明史》卷二十二本纪第二十二《熹宗》，第 305 页。
[2]《明史》卷三百六列传第一百九十四《阉党·张瑞图》，第 7847 页。
[3] 秦祖永：《桐阴论画》，《无锡文库》第四辑，凤凰出版社 2011 年，第 456 页。

追求历程不是很顺坦。

　　选庶吉士，授编修，做经筵展书官，黄道周从政起点高，似乎前程一片光明。然而奸宦当道，黄道周不甘同流合污，这与他同乡张瑞图的态度截然不同。他因触犯魏忠贤而不得升用，丁内艰归家。崇祯二年（1629）起用，升右中允。他奋不顾身，连上三疏，救助故相钱龙锡。钱龙锡得以免死，而黄道周降调他官。五年（1632），正候补官职的时候，黄道周因病求去职。临行前上疏直言朝政，言语刺中当朝内阁执政大学士周延儒、温体仁，惹得崇祯帝不怿，斥废黄道周为民。九年（1636），复故官，升右谕德、少詹事，充日讲官。十一年（1638）七月，黄道周疏劾重臣杨嗣昌入阁夺情，称为"长安五谏"[1]之一。崇祯帝恨他执意儒经，不能因时变通，意见偏狭，混淆视听，贬其为江西按察司照磨。十三年（1640），改为永戍广西辰州。直到十五年（1642）八月，在周延儒、蒋德璟等辅臣建议下，黄道周被召复故官。他在陛见后就请假回故里。

　　崇祯十七年（1644）五月，福王在南京监国，黄道周起任吏部左侍郎，进拜礼部尚书，协理詹事府事。他提出进取恢复中原失地的抗清九策。次年，福王政权被清军消灭。黄道周觐见唐王于浙江衢州，授武英殿大学士。他自请前往江西图谋复国，招募义旅九千余人，与清兵在婺源激战，兵败被俘，押解江宁（南京）幽禁别室。他在囚室著书。临刑时走到东华门，坐地不起，说："此与高皇帝（朱元璋）陵寝近，可死矣。"[2] 于是被杀。

　　黄道周一生好讲理学，以文章风节高天下，严冷方刚，不谐流俗，因而受到朝中许多公卿的畏忌。崇祯帝在清除魏忠贤及其阉党之后，力矫朝政党同伐异之习，针对黄道周等砥砺品行之士直道谏事，声气相同，十分反感。加上杨嗣昌等人对黄道周的反驳和暗中唆使谄媚小人攻击，黄道周遭到弹劾，一贬再贬。谁说声他好，黄道周就更加倒霉，几乎葬身边陲流放之地，因而在崇祯一朝没有得到重用，反而因官得祸，以清正得恶浊，真是是非混淆不明之时。

---

[1]《明史》卷二百七十六列传第一百六十四《林兰友》，第 7078 页。
[2]《明史》卷二百五十五列传第一百四十三《黄道周》，第 6601 页。

黄道周戆直性成，忠孝天授，漳浦县令、休宁人汪泗论识拔他于诸生之中。他善学，且学贯古今，无所不通，所到之处学者云集。铜山在海中孤岛上，上有石室，黄道周自幼坐卧其中，学者称他为"石斋先生"。除儒学外，他精通天文、历法、术数等。明朝灭亡，东莞进士、庶吉士张家玉上书李自成隆礼黄道周，以收人望，[1] 可知他的名声极好、名气极响。

黄道周不仅读书善学，事亲也极孝，又极清苦。谪发广西时，家贫子幼，令人怜悯。崇祯帝认为"道周有学有守"[2]，在国家灭亡前还想着用他。周延儒因事开释恢复宰相之位后，与崇祯帝语及黄道周，当时黄道周才谪戍辰州。周延儒讲："道周气质少偏，然学与守皆可用。"晋江人蒋德璟是他的同乡，谨慎地请崇祯帝把黄道周移戍近地，离开广西边陲，以示待用。周延儒说："上欲用即用之耳，何必移戍。"崇祯帝用周延儒之言，当日复黄道周故官。[3] 崇祯帝对黄道周的贬用并不是黄道周本人有什么过错，而是君主的好恶强加给黄道周的个人不幸和从政悲剧。黄道周生当明朝末运，品行道德高尚，忠孝节义齐全，以儒学标榜，奉行不二，然并不能获取以儒治国的君主的全部认同和重用；等到国破家亡之时，黄道周以死报效皇家君国，才成全了忠孝节义和儒家成仁之志，永垂青史。

黄道周工书法，善绘画。他不把书法看得太重太高。他在《书品论》中认为"作书是学问中第七八乘事，切勿以此关心"[4]，推崇和立志所做的是治国的忠臣栋梁、不朽的学者，书法只是传播思想的工具。因此，他的气节名望掩盖他的书名。实际上，他倔强刚廉得近于戆直的个性，执著于儒家伦理的行为，与直谏无讳的政治行动是一致的。与同乡张瑞图政治上的失败玷污他的书名正好相反，坎坷的仕途经历深刻地影响黄道周对人生的理解和感悟，这在他的书法中随时流露出来，从而形成奇特的书法风貌，彰显了他的志行品节。

黄道周的楷书带有隶体格调，笔意凝重，方劲秀媚，直逼钟、王。

---

[1]《明史》卷二百七十八列传第一百六十六《张家玉》，第7132页。
[2]《明史》卷二百五十五列传第一百四十三《黄道周》，第6584页。
[3]《明史》卷三百八列传第一百九十六《奸臣·周延儒》，第7929页。
[4] 黄道周：《石斋书论》，崔尔平选编点校：《明清书法论文选》，第402页。

他擅写古体草书，称为"隶草"，峭厉圆浑，紧劲联绵，欹侧中多波磔，停蓄少；方折笔多，圆转笔少。似急湍下流，被咽危石。如断崖峭壁，土花斑驳。字势行间疏密，刚健不屈。他的行草糅合钟繇笔法，参用索靖笔法，拙中见巧，离奇超妙，如飞鸿鹤舞，婀娜刚劲，朴直率真。刚正、严冷、奇特鲜明的个性及忠诚不渝的政治品节在他的书法风格中表现无遗。其书富有创意，冲击唐宋，直接魏晋书风，不落时习俗套，成为晚明书坛不可多见的书法家之一。从某种意义上讲，黄道周和张瑞图的书风十分相像：他们师法魏晋书法精髓，紧接徐渭之后，在明末动荡不安的环境中借助书法抒吐心中大块轮囷，紧追徐渭的浪漫情调之后，率性恣意，走出古人的书法禁圈，走上自己的书学之路。

当然，黄道周书法在气势上稍显拘束，节奏沉稳，缺少波澜，书风比较一致，显得有些单调。这是他个性执一和不以书法为至上追求的结果。同时，他在书法上能取得令人惊绝的成就，不能不归功于他的天性和天赋了。融入后天经历，几乎全是不经意间展露其天赋。

黄道周博学多才，著作等身，有《易象正》16卷、《三易洞玑》16卷、《洪范明义》4卷、《月令明义》4卷、《坊记集传》2卷、《表记集传》2卷、《缁衣集传》4卷、《孝经集传》4卷、《榕坛问业》18卷、《石斋集》12卷、《续离骚》2卷、《春秋揆》、《骈枝别集》、《太函经》等，涉及五经，汇为精要，载入《明史·艺文志》。学者穷年累月，不能通晓他的学说，而黄道周用来推验治乱兴衰。他的博学多识无形中助长了他的书学境界和风貌。

黄道周书法传世作品很多，代表作有《行书五律诗》轴、《草书七言诗》轴、楷书《张溥墓志铭》，均藏故宫博物院；楷书《周顺昌神道碑》，现藏南京博物院。

黄道周继妻蔡润玉（1616—1698），字玉卿。擅长书法，精于小楷。在黄道周殉难之后，她生活贫苦，被迫抄写《孝经》等换取米粮度日，可见她的书法有较高声望。书法成为黄道周夫妻共同的喜好和特长，在中国书法史上是难得的美谈。不过，黄道周的壮烈殉国为这对贫寒的书法夫妻添加了一重凄婉的悲剧色彩，令后人在观览他们的精妙书法作品之余，心潮起伏，生出一种由衷的敬意，同时哀叹书家的生平不遇，书法为时运政治和社会动荡所阻遏。而黄道周殉难时才31岁，其遗孀年轻守寡，年寿虽长，在清朝还得背上黄道周的骂名，青霜孤节，人生和书法之路何其漫长艰难，近似于折磨，借书法度人生，何其不易啊！

六、王铎

与高风亮节之士黄道周、倪元璐相反，而与张瑞图类似，在明末书坛上耀眼放光的另一位志节有污而书法绝佳的书学大师是王铎。他是明朝书坛的殿军，又是清朝书坛极高的起点。他是横跨明末清初书坛的领袖。在中国书法史上，晚明书坛的"黄倪张王"被称为生力后劲是当之无愧的。他们与徐渭直接魏晋书风又趋于怪异恣放技巧的浪漫书风极为一致，与董其昌、邢侗、米万钟出自魏晋而趋于自变淡闲秀逸的书风形成鲜明差异，更与拘泥于唐宋帖学而难以化育而出的传统书派大相径庭。

王铎（1592—1652），字觉斯、觉之，号嵩樵、石樵、十樵、痴庵、痴仙道人、嵩淙道人、东皋长、雷塘渔隐、兰台外史、雷山道人、烟潭渔叟等，河南孟津人。天启二年（1622）与黄道周、倪元璐同科进士，考中第三甲进士329名中的第58名，时年31岁。选充庶吉士，任编修、少詹事、经筵讲官。崇祯十七年（1644）三月，召任礼部尚书，未上任，京城被李自成部队攻破，明朝灭亡。五月，清军入北京，建立对全国的统治。同时，南京福王政权建立，推王铎与黄道周、陈子壮、姜曰广4人为词臣。王铎与姜曰广并列，并被授礼部尚书兼东阁大学士，成为拥有半壁江山的南明小朝廷的重臣之一。次年五月，清军围攻南京，王铎与钱谦益带领文武官员开城迎降，当时王铎已54岁。

入清朝，王铎官礼部侍郎，参修明史，任副总裁。顺治六年（1649），擢礼部尚书，经3年，告老还乡。到家不满10天，突然去世，谥"文安"。[1]

王铎一生大部分时间在明朝度过。他是明朝进士，仕途顶峰又在明末出现。在明末政治腐败、政坛勾心斗角、政权风雨飘摇的形势下，他在南明小朝廷中立身要职，却无法施展才能。等清兵兵临城下，他选择了出城投降做贰臣的道路。然而，他绝对不像元朝赵孟𫖯那样是被朝廷

---

[1] 王铎死于清军进入北京后的第9年，在清朝做了和他在明朝同样级别的官，以死时论，可以算清人。然而，他一生的61年有52年在明朝度过。他的经历和书法主要在明朝。因此，把他列为明人，作为明朝书法的殿军更为妥帖。

急用的人才而受荐入仕，而是直接作为降官留任，人格和地位上又都低人一等。好在这样的岁月只有7年，他就永远和它离别了。似乎时代的艰险困苦在折磨和考验他的意志，磨炼他的心性，熔铸他的情愫。良知对他在历史转折关头的进退选择给予最公平的审判，乃至他的书法艺术能够在改朝换代中洗礼成熟。

在南京小朝廷，王铎心绪焦躁郁闷，前途未卜，聊用笔墨打发日子。回到北京身居高官，不愁食禄，宫墙依旧人非旧，悔愧、颓丧终日如影相吊，渗透诗酒，他只能诉诸与心性相通的书法。王铎一生多达10多个名号的选用，足以表明他矛盾的心境和书法个性特征。

王铎天分既优，用功又深，博学多才，工于诗文，善画山水和花卉，尤以书法成就最大。他临摹古帖精到，《淳化阁帖》临过数部，"大小字皆沉着痛快，无一笔无来历处"[1]。精通六书古文字学，钟鼎款识、秦汉碑版也很熟悉。楷书学钟繇，又带上篆隶笔法，雄劲古拙，险健沉着。古碑书法的参融使他的字戒去俗笔，丰而不腴，寓拙于巧，又有一股婉丽秀美。最为人所称道的是他的行草书，独宗羲、献（王羲之、王献之），端平庄重，灵巧丰润，唐宋诸家发源于羲、献的，也不去顾屑。他严格规定自己的书法实践，一日临帖，一日应付索讨，基本功夫和创作功夫两两相间，相辅相成，日有长进，终身不易。从帖学真迹入手，汲取传统书法的精华底蕴。他与董其昌、倪元璐、钱谦益等联系密切，在顺治十年（1653）刊刻的《拟山园选集》中保留其多封来往的书牍，内容多为交流书法艺术。

傅山在《字训》中评论王铎的书法：在40岁以前主要临习古帖，学习中国古典书法艺术，是积累时期；40岁以后则进入书法创新、自成一体时期，字从"极力造作"进入"无意合拍，遂成大家"。他深究结字笔法，吸取王献之较多的笔法，偏于婉丽峭厉，又深悟米芾执笔法，全以力胜，还得力于张旭、怀素的笔意。本古之深，出古之新，经过几十年锲而不舍的努力，从入帖到出帖，晋入书学高级境界。

当代著名书法家林散之，草书以王羲之为宗，怀素为体，王铎为友，董其昌、祝允明为宾。他认为王铎"书法，出于大王（羲之），而

---

[1] 顾复：《平生壮观》卷五，第176页。

浸淫李北海（邕），自唐怀素后第一人，非思翁（董其昌）、枝山（祝允明）辈所能抗手"。他所讲王铎草书胜于董其昌、祝允明，基本上公允。他佩服"祝枝山是才高，在功力上我可以与之颉颃。对王觉斯低头！"王铎和赵孟頫、米芾一样，"叛我者生，学我者死，个成面目""用干笔蘸重墨写，一笔写十一个字，别人这样就没有办法写了，所谓入木三分就是指此"，尤其在气势上高人一等，"东倒西歪，但你学不像。他有气势，上下勾连"，结字奇特，用气势扳转来高度评价王铎的书法（草书）成就。[1]

综观王铎书法，有以下特征。

用笔上，他的书法十分遒劲，能纵能收，颇具篆书笔意，沉着含蓄。时用侧锋，显得刚健有力。他的转笔缠绕回环，笔势一气流贯，滞中得畅，畅中得缓，动静徐速，浑然天成。以气势制笔法，以笔法随气势。不像一般明人用笔以纵笔取势，而是将笔势结合，不单以笔取势，既沉稳险劲，又贯通气息，苍郁雄畅，如腾蛟舞蛇，波澜壮阔，翱翔纸上翰墨的辽远天空，书法刚柔、阴阳、动静的对立与转换达到整体上高超的奇幻融合。他喜欢用超过一米的巨型条幅宣泄自己激流奔放的情感，又不浮掠，骨力胜重。

结字上，他喜欢加上枯湿浓淡的强烈对比，以画法入书法，充分用墨色轻重把感情内涵揭示出来，甚至使用涨墨法故意重墨厚黑，造成点线面结合的奇效。他结字奇险，或东倒西歪，或头重脚轻，然而又不影响整体和谐的视觉认识，达到以欹为正、以险求稳、写出自己个性的书法宗旨。

章法上，他敢用繁茂成林、密不透风的方法，一气直下，串通神灵，连绵不绝。常常使用结字的俯仰翻侧、字间的疏密结合，刻意把每一行字的动态曲线夸大显示，大小错落，疏密相间。不平衡的字，通过字与字之间的协调安排，获得新的平衡，形成强烈的白疏黑密、如雨夹雪的特色，被誉为"神笔"，令人心撼。

50岁以后，王铎书风一变，由工整转向豪放不羁。官场与生活的冲突、困惑、彷徨，借助书法文字宣泄得淋漓尽致。他从宗晋意转向任

---

[1] 林散之：《林散之笔谈书法》，古吴轩出版社1994年，第91、57、54、25、53页。

意挥洒,从守章法转向无章法,陷入书法"野道"。尽管他大呼"吾不服、不服、不服"[1]他人的评断,他的书法确实以幻变奇崛的结字、螭蟠蛟腾的点画、浩瀚磅礴的气势、跌宕精致的笔法、淋漓酣畅的墨彩,表明他背离钟、王传统书风,寻到自己书路的踪迹,成为张旭、怀素、米芾式的大书法家,而不是董其昌式的帖学创新大师,与赵孟頫、文徵明式的帖学继承大师更有差距。让情感宣泄冲破传统法度,把典雅与放纵、奔腾与收敛、怪力乱神与火一般狂热、血一般沸腾的神幻奇妙和浪漫情调结合,臻于书学极致。他对书法线条的审美把握与董其昌异曲同工,殊途同归,与现代书法发展趋势有着惊人的一致性,但比董其昌书风更容易遭人误解,甚至误导后学。

清人把他的书法和赵孟頫并提,给予其很高地位。王铎却意识到在以伦理为重的国度,他降清做贰臣的举动永远不会被人饶恕。声名既黑,他明智得很,只指望在书学上留些影响。他很自负,曾将自己的《换鹤帖》与王羲之《换鹅帖》相提并论:"凉也,其仪补鹤粮耳。书二长卷以酬足下,数百季后,或有人曰:'此王氏换鹤帖也。'未可知。"[2]他已无求他望,所期后世史上好书数行,已经足够。实际上,长久以来人们对王铎书法没有像对他人品那样重视,出现了因人废书的失误。

王铎是个很能把握书家心情、经历与书法传统尺度关系的大书法家,通过书法出巧,很好地表达自己的个性。他以恣肆狂放的用笔,奇顽险怪的字形,勾环盘桓的笔画,左突右窜的章法,表达内心的忧郁与不安,又在整体上试图把握人生的平安无虞。他的书学经历值得人们细究,他的书风变化值得人们分阶段考察他的书学成就。他师承的书路与董其昌相近,却比董其昌更注重古文字的途径和营养。心态上的失衡和时代社会的变迁使他无所顾忌,表面上与董其昌的书风大不相同,扫去柔媚秀逸超然物外的气态,沉雄劲健,神贯气足,韵厚精致。虽有过分雕琢之嫌,有些拘谨,太考虑传世书法的评论,不如董其昌任意涂画得

---

[1] "吾书学之四十年,颇有所从来,必有深于爱吾书者;不知者则谓为高闲、张旭、怀素野道,吾不服、不服、不服。"《王铎草书杜诗卷》,上海博物馆馆藏,参见文物编辑委员会编《书法丛刊》第五辑,文物出版社1982年,第79页。

[2] 王铎:《拟山园选集》卷五十五《书牍六·与琇莹》,《四库禁毁书丛刊·集部》第八八册,北京出版社1997年,第62页。

悠然，似闲云漫游，却可以与张瑞图、黄道周、倪元璐归于同一浪漫书家群体，甚至书学成就高于他们，成为明代书法的壮观句号和清代书法的闪亮开端。

王铎以北人书风的苍郁雄畅独帜飚扬，居然在明末行草大盛的帖学时代着意钻研并倡导学习古文字，与赵宧光一样有先见之明，寻到书学新路，篆隶也能齐备。他家藏汉代篆隶碑20余种，自题"学书不参通古碑，书法终不古，为俗笔多也"。正楷带篆隶法，结体奇古，不问破体与否，[1] 实际上与正规帖学书法走着不同的路，开创清朝重碑版的先河。他的书法传入日本，和金农的漆书篆隶一样，受到大力推崇。日本民间书学爱好者专门组织王孟津书法研究会系统传习王铎书法，如痴如醉，远远超过他在中国的影响，出现一些继承王铎书风的成功者，甚至过度赞誉"后王"（铎）的书学成就，将其推到超过"前王"（羲之）的极端。

王铎流传书法作品极多，楷书《王维五言诗》卷，草书《学古帖》卷、《杜诗》卷都是代表作。他刻有《拟山园帖》《琅华馆帖》《龟龙馆帖》《弘月馆帖》等墨帖，为后世研习书法提供了可贵资料。

七、倪元璐

倪元璐出生晚于王铎，因此将他安排在晚明书家的最后一位。

倪元璐属于与黄道周同一类型的明朝忠臣节孝义士。所不同的是，黄道周为抗清而死，倪元璐因无法忍受李自成义军进入明朝宫城，推翻他倾心侍奉的王朝，所以选择了自缢，与明朝末代皇帝同归于尽。

倪元璐（1593—1644），字玉汝，号鸿宝、园客，浙江上虞人。父倪冻，历任江西抚州、南直隶淮安、湖广荆州、广东琼州等府知府，忠于职守，官声极佳。倪元璐出身官宦之家，却自小知道勤读。30岁时与弟倪元珙赴京会试，一起考中天启二年（1622）进士，传为佳话。倪元璐中二甲第20名，科名很高，才华展现。他与黄道周是同年进士，并且保持友谊。倪元璐随后改授编修，出典江西乡试。

崇祯元年（1628）正月，崇祯帝刚登基，倪元璐就上书疏揭阉党杨维垣，辨明东林人士的高风亮节。当时，崇祯帝刚把罪大恶极的魏忠

---

[1] 顾复：《平生壮观》卷五，第176页。

贤处死，还来不及全面清除依附魏忠贤的阉党，朝廷中阉党势力炽盛，东林人与阉党并立，都被称为"邪党"。倪元璐奋不顾身，独自奏书。四月，他首次建白要求焚毁由魏忠贤一手主持纂修、迫害东林人等朝中正直大臣的政策性文件和史书《三朝要典》，获得批准。自此，朝廷清议渐明，善类也能登进选用。不久，倪元璐晋升侍讲。

这两件事显现年轻气盛的倪元璐敢于直言、勇于任事的惊人胆略和政治才识。他在明朝后期政府中初露头角，赢得美佳的政治声望。从此，他"雅负时望，位渐通显"[1]，得到崇祯帝信任。八年（1635），升至国子祭酒。他屡屡上书建言，留有著名的制实八策和制虚八策，都事关时政。然而，他的上书触犯了首辅温体仁等重臣。他们揪住倪元璐个人生活的辫子，讲他妻子陈氏尚存，而妾王氏冒充继配再请诰封，"败礼乱法"，[2] 结果倪元璐落职闲住。

十五年（1642）九月，因周延儒复出为相，收用老成名德大臣，倪元璐起官兵部右侍郎兼侍读学士。次年，他冒着京师附近的战火北上。抵京即陈奏制敌机宜，于是超拜户部尚书兼翰林院学士，打破浙人不许官户部的明朝祖制，而且仍充日讲官，便于与崇祯帝接触，顾问时事，还协理兵部，乃至兼摄吏部，重权在握。这时崇祯帝因时事日艰，江山飘摇，左支右绌，无可奈何，才重用倪元璐。倪元璐身当国危濒溃之际，竭力当任，清核军伍，裁调冗将，清理钱粮，筹措财赋，开通海运，着力解决国家财赋收入，深得崇祯帝倚重，然而受到同官忌议。首辅陈演讽阁臣魏藻德向崇祯帝告状，以"元璐书生，不习钱谷"[3]，攻击他，使倪元璐几次请求解职，都不被允许。

十七年（1644）二月，崇祯帝命倪元璐以原官专值日讲，君臣接触更加密切。三月十九日，李自成攻占京城，倪元璐整肃衣冠，面拜宫阙，在案几上大书："南都尚可为。死吾分也，勿以衣衾敛。暴我尸，聊志吾痛。"[4] 南向而坐，取帛自缢而死。福王政权追赠他为少保、吏

---

[1]《明史》卷二百六十五列传第一百五十三《倪元璐》，第6840页。

[2] 据倪元潞同乡尚书姜逢元、侍郎王业浩、刘宗周、从兄御史倪元珙证明，陈氏已因过失被出妻，继娶王氏非妾。参见《明史》卷二百六十五列传第一百五十三《倪元璐》，第6840页。

[3]《明史》卷二百六十五列传第一百五十三《倪元璐》，第6841页。

[4]《明史》卷二百六十五列传第一百五十三《倪元璐》，第6841页。

部尚书,谥"文正"。清朝也谥"文正"。他著有《儿易内仪以》6卷、《儿易外仪》15卷。

倪元璐与黄道周交情深厚。黄道周曾经上书讲自己有"七不如"人,其中"至性奇情,无愧纯孝,不如倪元璐",十分推重倪元璐。[1] 崇祯三年(1630),任职中允的黄道周以救钱龙锡而贬官,倪元璐以同年生请以己代谪,崇祯帝不许。检讨徐汧上疏称颂黄道周、倪元璐为双贤。[2] 他们都把书画作为业余爱好,有合璧书画传世。

倪元璐有将略,善知天下地理险阻。曾上书论天下诸藩,以秦、晋最为险要,必须"以剿贼保秦责秦王,以遏贼不入责晋王"[3],未能采行。后来李自成军队果然先破秦,据西安,自潼关打进京城。而黄道周自率孤军抗清,以儒为将,坚挺不屈。倪元璐与黄道周的品行为史传称颂,两人成为晚明书坛奇杰连璧双星,而书名之盛反而亚于品节。

其实,倪元璐不仅擅长诗文,绘画功夫深厚,善画山水竹石,而且书法造诣精深。他喜欢写行草,参以古隶,有颜真卿笔意。他用笔生涩,多用藏锋、中锋,如锥画沙,在自然处带上一二颤笔,更有屋漏痕奇趣。他不囿于传统陈法,能够独辟蹊径。与黄道周的行草书多取横斜势恰好相反,他多采用纵势书体,结体欹侧紧密,而整篇作品首尾纵列,联结一体,浩浩荡荡,如一船队整装扬帆,豪放气势流贯跳宕,不可阻挡。他的书法风格超逸,灵秀神妙。他作书时神凝气旺,运笔如流星腾云,奔马驰骋,似乎毫不思索,任凭笔端飞舞,纵恣奇崛,达到心旷神怡、直抒心性的境界。他用墨奇特,喜用干墨,有时无墨也在纸上用力擦出痕迹,颇有飞白的神奇之妙,反映他娴熟的书法技巧。同黄道周一样,倪元璐是极具开拓性的晚明书法大家。康有为对他推崇备至,认为"明人无不能行书,倪鸿宝新理异态尤多"[4]。他与黄道周的合璧书画被人们视为至宝,世称"倪黄"。

倪元璐传世书法作品有《行草七绝诗》轴、《舞鹤赋》卷,均藏故宫博物院;《行书五律》轴、《行书七律》轴,均藏上海博物馆。

---

[1] 《明史》卷二百五十五列传第一百四十三《黄道周》,第6595页。
[2] 《明史》卷二百六十七列传第一百五十五《徐汧》,第6887页。
[3] 《明史》卷二百六十三列传第一百五十一《冯师孔》,第6800页。
[4] 康有为:《广艺舟双楫》,《艺林名著丛刊》第二种,第60页。

第四章　集帖学书法大成的董其昌

"吴门书派"到晚明再也没有出现像祝允明、文徵明、王宠那样的书坛领袖足以振兴书派，号令全国。尽管"吴门书派"后继人才济济，但到王穉登的时候，他已成了殿帅。一个书派似乎完成了她承担的历史和时代使命。在巨星耀眼的书坛天幕上，好像难以升起与他们同级亮度的巨星，只能产生次级星星群了，这是书法艺术发展的一种规律。因为一种书风一经养成，便会产生一个书法群体，大放异彩，而欲脱其窠臼，另辟新径，再图新面目，不是短时间内就会实现的。

旁观学习这一书法中心群体风格的创新书家却很清醒，在汲取他们书学特长的基础上，他们可以结合自己的特性和地域优势，比较容易闯出书学新路，创出时代新的艺术辉煌来。

就在吴门书学式微、徐渭式的极端反理性书法取向出现、明代后期书法艺术面临向何处去的关键时刻，出于个人价值观和艺术审美观的抉择，以及顺应时代社会的需求，中国书法帖学大师董其昌诞生了。他5岁时，文徵明以90岁高龄溘然长逝。

第一节　帖学大师的一生

董其昌（1555—1636），字玄（元）宰，号思翁、香光居士，学者称思白先生，谥"文敏"。南直隶松江府华亭县籍，上海县人。生于上海县董家汇（渡），因避户役遁入华亭县，中试生员占籍，[1] 定居华

---

[1] 郑威：《董其昌年谱》，上海书画出版社1989年，第8-10页；吴仁安：《明清时期上海地区的著姓望族》，上海人民出版社1997年，第198、273-275页。

亭县城，即松江府城。父董汉儒，耿介力学。董家本是松江望族，董其昌族支中成进士、举人，任京卿、地方大员的有好几位。他本支比较冷清。曾祖董华是生员。曾祖母高氏却是名门媛女，是元代官居尚书的维吾尔族著名画家高克恭的云孙女。高克恭元末避兵难定居上海县。或许是家族的影响，董其昌青少年时期埋头于科举功名，也在骨子里埋下酷好书画的根子。

董其昌自幼聪敏，初上塾学，父亲每晚枕上授经，他全能诵记。隆庆五年（1571），他17岁中秀才第二名。可是，科举道路坎坷，相隔17年，34岁，万历十六年（1588）中举人，次年会试高中贡士第三名，殿试二甲一名进士，即传胪出身，[1] 35岁了，已经成熟。他与焦竑（状元）、吴道南（榜眼）、陶望龄（探花、会元）、叶茂才、王禹声、朱国桢（祯）、高攀龙、冯从吾等著名文人学者是同年进士。董其昌的科举仕途先波折后顺达，中进士后改庶吉士，授编修，从政起点极高。

董其昌一生自嘉靖三十四年（1555）开始，在世宗嘉靖朝度过12年的童年生活，在穆宗隆庆统治的6年中长大成人，历经神宗万历漫长的48年，光宗泰昌不满1年的一朝，熹宗天启的7年，崇祯帝17年统治中的前9年，共六朝六帝。在他去世的那一年，清朝已在东北正式建立，对明王朝虎视眈眈。而稍早10年，农民战争的导火线已在西北引燃。在他去世后8年，李自成农民军打进北京，推翻了朱明王朝276年的统治。而董其昌逃避了晚年沦为遗民的凄凉、煎熬与政治倾向的选择。董其昌一生几乎贯穿明朝后期政治和社会的风云激荡，目睹了明朝的衰败，可谓阅历丰富，涉世甚深。这种人生经历给他的书法艺术打上深深的烙印，愈老愈辣，炉火纯青，独树一帜。

董其昌的巍科功名理应开启他登堂拜相、富贵荣华的仕宦门径，带来一般同年进士所不如的政治优势。实际上，在中进士、选庶吉士，在翰林院读书之后，展现在董其昌面前的是一条仕途坦道。一个偶然的机会加快了他的升迁。隆庆二年（1568），会元出身的礼部侍郎田一俊卒于翰林院掌教任上。他刚直不阿，"提身严苦，家无赢赀"[2]。或许出

---

[1] 郑威《董其昌年谱》（第17-18页）引陈继儒《陈眉公先生集》（卷三十六）等书，作进士第二名，不实，应以《明清进士题名碑录》为准。

[2]《明史》卷二百十六列传第一百四《田一俊》，第5698页。

于师生知交厚遇，或许加上天性善良，董其昌竟然请假，不畏山高水远，行数千里路，护送他的灵柩归葬福建大田县老家。董其昌此行辛苦劳累。在当时士大夫崇尚气节、砥砺品行志操的风气下，董其昌的举动很寻常。真像应了"皇天不负苦心人"这句话，他归朝之后，丝毫没料到会得到朝廷嘉奖，被授予翰林院编修一职，正式踏上入阁拜相的仕途。

可是，宦海无常，董其昌的性格既有上述仁善的一面，又有耿介不阿的一面，很像他父亲董汉儒及老师田一俊。前者决定他因祸得福、似愚实慧的机遇好运，后者决定他日后在官场高层中无法一帆风顺。仕途曲折多难催发他回归江南山清水秀的故里，在太湖佳丽地清心闲养、涵濡书画艺术、追求至高境界的隐逸之志。

两次官场失意在董其昌一生仕途中至关紧要。一是外任湖广学政，一是魏忠贤专权让他失望。

万历二十二年（1594），皇长子朱常洛出阁读书，董其昌充任讲官，因事启沃，深得朱常洛信赖，大有鲲鹏展翅之势。然而，董其昌的举动引起执政宰辅的不快，两人相处紧张。当时争立太子"国本"，朝廷各方意见出现分歧，势若水火。作为朱常洛的老师，董其昌"失执政意"，万历二十四年（1596）调任湖广按察副使。董其昌知道其中的缘故，立即借口疾病，拒绝就任。受命往长沙封吉藩。改任主考江西，不久就有衔忌者。他浮江归还松江里居。三十二年（1604）起任原官，督湖广学政。因为他不徇请嘱，公正取士，结怨当地势家。他们嗾使生儒数百人鼓噪起哄，毁坏学政公署。事情闹大，惊动朝廷，董其昌立刻上疏求罢。万历帝不但不允许，反而下令所司按治闹事者的罪状。这件事对董其昌刺激很大，他知道自己的个性不适于官场周旋，因而决定借事回家闲居。以后朝廷起用他任山东副使、登莱兵备、河南参政，他一概谢绝不赴。

皇长子即位，就是光宗泰昌帝，他对董其昌念念不忘，曾问阁臣："旧讲官董先生安在？"有心感报董其昌东宫讲席之教。于是董其昌被召任太常寺少卿，掌国子司业事。光宗在位仅29天，瞬即暴病身亡，董其昌的知遇之线又断了。

似乎董其昌的政治世故更加圆熟，他保住了禄位。熹宗天启二年（1622），董其昌擢任太常寺卿兼侍读学士。恰逢修撰《神宗实录》，董其昌荐举耆旧名臣李维桢充任，被采纳。董其昌又受命前往南京采辑万历朝诸司章疏及遗事，广搜博征，录成《万历事实纂要》300 卷。又采录留中疏奏中切于国本、藩封、人才、风俗、河渠、食货、吏治、边防等实务的章疏议论可施行者，另纂 40 卷，并仿史赞体例，每篇系上笔断。成书后进呈，得旨褒美，宣付史馆存留录用。董其昌留心经世实务，究意国计民生，希图在近于古稀之年尽一介书生的职责。他不是一个迂腐书生，只知道高谈阔论，而是能在国家事务中寻机发挥自己的才能。作为文人士大夫，他的史才在实干中得到合理运用，他把亲身经历和经验融贯到对当朝前代君主行政的总结之中，提供切实可行的鉴戒。

三年（1623），董其昌升任少詹事，掌南京翰林院事，修成《南京翰林院志》12 卷。随后擢任礼部右侍郎，协理詹事府事。

四年（1624），充任神宗、光宗两朝实录副总裁，做出了史学贡献，转任左侍郎。

五年（1625）正月，官拜南京礼部尚书。可是，当时政在宦官及其阉党。大太监魏忠贤专权跋扈，在中国政治与宦官史上登峰造极，号称"九千岁"。许多仁人志士聚集在东林的旗帜下与他们展开殊死较量，斗争异常惨烈。董其昌的许多好友和政界同僚不断遭难，如叶向高、冯从吾、顾宪成、高攀龙、周宗建、李贽、陶望龄、达观禅师、憨山禅师等。党争酷烈，生死未卜，处官场如履刀山、践火海。董其昌洞若观火，心中玲珑剔透，但他毕竟年已七十，明显衰老，精力和体力不允许他奋不顾身、舍生取义，这使他缺乏与阉党和权阉争斗的毅力。他只好退而求其次，以远遁不参与的方法表明立场，既不助纣为虐，富有政治正直意向，又能明哲保身，留有退路。

六年（1626），他请求谢政回乡，如野云闲鹤一般。他内心充满对阉党的深恶痛绝，不肯同流合污。阉人求请书翰墨迹，他一概谢断。董其昌不激不随，也不与诸党树敌，处理好各种政治利害关系，所以能免于一桩桩的晚明党人之祸，显示他政治权术的成熟以及他无心于政治权诈的意图。他对艺术的沉浸远远超过对行政权术的热衷，晚年唾手可得的炽热权势对于他来说，真的到了"'丹青不知老将至，富贵于吾如浮云'，老杜语，殊可味"[1] 的地步了。他的心灵重心倒向了书画艺术

---

[1] 董其昌：《容台集》，崔尔平选编点校：《明清书法论文选》，第 221 页。

殿堂。

崇祯四年（1631），董其昌被起任南京礼部尚书旧职，掌詹事府事。

七年（1634），董其昌感到精力不济，七次上疏乞休，终于获准加太子太保致仕，回归故里。九年（1636），卒于家。朝廷闻讣，辍朝，赐祭葬，赠太子太傅。南明福王政府追谥"文敏"。

董其昌1589年高中进士入仕，到1636年魂归道山，共计48年，中间断断续续，历仕万历、泰昌、天启、崇祯4朝24年。万历时期的13年是从政初期，胸怀政治抱负，无意中卷入"国本"之争，仕途受挫，外调地方，又得罪势家，干脆回家不问政事，从事书画，内心仍然指望东山再起，重展鸿图，在政坛上一伸经国理民之才。泰昌、天启时期的7年是他从政的成熟期，由泰昌帝感怀知教之恩而擢用，步入从政的黄金阶段，却因宦官专权乱政而退避，只显现修史才能。崇祯时期的4年以老臣名盛再度获召用，年登大耋，已无大的作为。他一生仕宦，在晚明纷繁的政治舞台上，没有施展出宏图抱负，仅做点教育和史官、文官职责。凭借他的敏慧，以退为进，保持善终的官声名禄，免却残酷党争中的无谓牺牲，政治与人格上没有黄道周、倪元璐轰轰烈烈，也不似张瑞图、王铎失节恶浊。

董其昌从政时期，除了最后一次永谢官场之外，共有24年闲居在家，加上他35岁之前家居读书、求取功名的岁月，他82年人生中有58年家居赋闲，约占到一生的71%。求取进士之前是不能入仕。求取进士之后，出于政治志向、以禄位巩固社会地位等方面考虑，他出任不少官职，但他看淡了官场，看透了官场本质，因而一而再、再而三地选择辞官回乡，促成潜心归志于书画艺术、把生命融入书画艺术的伟业。

然而，董其昌在万历年间离职家居为乡宦期间发生一件让他一生声名威望受损、家宅及珍贵书画文物遭难、中国文化事业受害的事件，[1]这就是万历四十四年（1616）"民抄"董宦事件，震惊朝野。

"民抄"董宦事件泄的是物怨，董家人员没有受到伤害，可见民众

---

[1] 董其昌忆及此事，最为痛心的是书画艺术品遭毁。"余既失颜鲁公《送蔡明远帖》《借米帖》及杨少师《合浦散帖》《乞花帖》《洛阳帖》，遂欲焚砚。"参见董其昌《容台集》，崔尔平选编点校：《明清书法论文选》，第235页。

冲击董家的意图和事态的突发性。事件平息历时半年，社会影响极大，是令晚明江南和全国社会动荡不安的一类事件，内情复杂，牵涉诸多方面，也对董其昌的人生选择和书画艺术产生很大影响。

董其昌起家翰林，列籍清华词臣重任，在官场受挫之后托辞乡居已12年整，沉酣于书画，年已62岁。这时，为了挽回"民抄"的恶名，他竭力疏通官府，受到了抵制，却仍然把"民抄"部分转化为"士抄"，把事件性质转变为士人之间内部矛盾的爆发。最后通过惩处几个生员，保全自己的政治资本和士人声望，并且促使他日后再度跻登官场，一改从政初期锋芒毕露、具有正直刚方和同情心的政治品格，变得圆滑和明哲保身起来。对禄位表面上的更加看重可能导源于他在"民抄"中以乡宦身份遭受的冷落和凌辱。

另一方面，"民抄"事件使他对官场洞透，而更倾向于书画的淡泊逸情，这对他形成独特的书风，成为帖学大师助上一臂之力。[1]

第二节　帖学大师的书学经历

作为著名书法家，董其昌的书学经历开始得并不是太早。他幼时在父亲指导下诵经读书，接受启蒙教育很早，但目标朝向科举考试，书法学习只为写字应试，不是为了艺术和修养性情，更不是自己终身为之探求的领域。

科举的挫折激发董其昌刻苦自励、奋发勤练书法的意志，激活这位书法大师的艺术潜能。隆庆五年（1571），17岁的董其昌与比他小一岁的堂侄董传绪[2]一起参加松江府学的生员考试，郡守、江西南昌人衷贞吉（号洪溪）因为董其昌书法拙劣，文章虽好，仍抑置为第二名录

---

[1] 对"民抄"董宦事件笔者进行了系列研究，已有吴建华《晚明江南的社区与大众心态：乡绅的宣言——"民抄"董宦事件的个案分析之一》，唐力行主编：《家庭·社区·大众心态变迁国际学术研讨会论文集》，黄山书社1999年；吴建华《"民抄"董宦事件与晚明江南社区的大众心态》，《中国社会经济史研究》2000年第1期；吴建华《晚明江南的社区传播与大众心态——"民抄"董宦事件的个案分析之二》，张国刚主编：《中国社会历史评论》第二卷，天津古籍出版社2000年。限于篇幅，这里不展开述析。

[2] 字原正、伯长。汪砢玉《珊瑚网》卷二十四下（《景印文渊阁四库全书》第八一八册，第492页）认为他是董其昌从兄。

取。董其昌是个天性敏感、自尊心极强的少年，不甘心向挫折轻易屈服。这次经历震撼他还在贪玩的心灵。他不但未因书法不好未被录取引以为侥幸，或者变得不求上进，自暴自弃，相反，他羞愧不安，"知耻近乎勇"，"自是始发愤临池矣"，[1]"纸费盈屋"[2]。衷知府从文章内容到字体端正，都对学生要求严格，这深深刺激了董其昌，无意中启开董其昌的书法灵机，并把它化为书法动力。正像另一位吴门大书法家文徵明一样，一次生员岁考，文徵明因为写的字实在太差，被降为三等，不许再参加考试。他从此发愤习字，反而以勤补拙，颖异挺发，超乎常人。一位艺术大师的诞生和成长往往会遭受超越常人十倍的磨难，这样的经历坚韧其意志，涵养其卓越的气质，这也许是中外艺术大师出现的共同准则。

董其昌的书法历程从17岁开始，贯穿他高寿的一生。历经长达65年的艰苦摸索，一步一个脚印，加上聪明颖悟的艺术天分，董其昌终于像一颗巨星升起在中国书坛，成为帖学书法的集大成者、明代书学重镇的领袖。

董其昌书法从正书入手，师法唐代书法家颜真卿的《多宝塔》，以后改学虞世南书法，遵循明代当时一般人学习书法的正规路子，可能受到侄儿董原正的影响。董原正少有逸才，临池特妙。汪砢玉认为"人皆知有玄宰，而董氏书法开山，肇自原正，罕知之者"[3]。可惜他身体病弱，21岁便离开人世。

董其昌在临摹唐人书法中很快"以为唐书不如晋、魏"。于是仿效王羲之的楷书名作《黄庭经》，进而上溯三国曹魏太傅钟繇的《宣示表》《力命表》《还示帖》《丙舍帖》楷行书，坚持苦学3年，打下坚实的书法根基。到"自谓逼古"，便滋生骄傲自满情绪，"不复以文徵仲（徵明）、祝希喆（允明）置之眼角"。[4] 祝允明、文徵明是明代中期吴门书学大家，继承中国书学传统，另辟新姿，影响一代书风，尤其在

---

[1] 董其昌：《画禅室随笔》，《艺林名著丛刊》第三种，第5页。
[2] 蓝瑛、谢彬撰录：《图绘宝鉴续纂》，夏文彦撰：《图绘宝鉴（《续编》《续纂》二种）》，肖世孟校注，山西教育出版社2017年，第387页。
[3] 汪砢玉：《珊瑚网》卷二十四下，《景印文渊阁四库全书》第八一八册，第492页。
[4] 董其昌：《画禅室随笔》，《艺林名著丛刊》第三种，第5页。

江南被推崇备至。董其昌习书才3年，便生蔑视之心，一方面显明他书学领悟高强，善于识别比较，寻求自我个性的书法艺术发展方向，勇于超越名家先贤的书法取向，有着极其高远的雄心壮志，已萌生献身于书学的前途选择；另一方面，无论他3年书学的根基和水平如何，他都不会立马到达超越文、祝的程度。只有超越的眼光，没有超越的实干。因此，初学书法，浅尝辄止，沾沾自喜，年少气盛，眼高手低，正是董其昌当时的写照。

董其昌的书法艺术发展取决于他所处的社会环境和个人际遇。以后的董其昌交游日广，见识增多，越学书法，水平越长进，反而变得越谦逊好学，善于检讨自己书法的不足之处。几十年后，他回忆自己这段习书初期的心态，感慨万千，给予一个恰当的评断："余十七岁时学书，初学颜鲁公《多宝塔》。稍去而之钟、王，得其皮耳。"[1] 便以为书法接唐追晋，鄙视同时代书法大家，犯了皮相习书之病，"乃于书家之神理，实未有入处，徒守格辙耳"[2]。

在浙江嘉兴游观，他结识著名鉴藏家项元汴。比董其昌年长31岁的项元汴看来十分喜爱这位松江才子的书法天赋，两人结下忘年交。项家收藏历代字画真迹宏富，对董其昌开放，让他一饱眼福，大开视界。如他见到王献之《洛神赋》真迹，为唐摹冷金旧迹，[3] 怀素《自叙帖》真迹。[4] 项元汴是董其昌成为书法大师的又一位助推功臣。

万历七年（1579），董其昌前往南京应举人试，25岁，正当朝气蓬勃的年龄。举人名落孙山，无疑对他打击很大，使他心绪茫然。然而，他偶然得见王羲之的《官奴帖》真迹，大约为唐冷金笺摹本，心灵大震，"方悟从前妄自标评。譬如香岩和尚，一经洞山问倒，愿一生做粥饭僧。余亦愿焚笔研矣"[5]。仿佛佛家顿悟，董其昌书学之路豁然开朗，从踌躇满志到骤然荡然全失，意味着新的书学阶梯的攀登将要启动了。于是，他"为阁（搁）笔不书者三年"[6]，深刻反省，揣摩自己

---

[1] 董其昌：《画禅室随笔》，《艺林名著丛刊》第三种，第3页。
[2] 董其昌：《画禅室随笔》，《艺林名著丛刊》第三种，第5页。
[3] 董其昌：《画禅室随笔》，《艺林名著丛刊》第三种，第9页。
[4] 董其昌：《画禅室随笔》，《艺林名著丛刊》第三种，第11页。
[5] 董其昌：《画禅室随笔》，《艺林名著丛刊》第三种，第5页。
[6] 董其昌：《画禅室随笔》，《艺林名著丛刊》第三种，第9页。

接下来的书学方向,斟酌前人的书学成就和缺失。回想自己曾在同乡先贤书法名家莫如忠(号中江)家塾中学习时,见他的书法学自王羲之《圣教序》,字体却有小异,"其沉着逼古处,当代名公,未能或之先也。予每询其所由,公谦逊不肯应",至见《官奴帖》真迹,"俨然莫公书,始知公深于'二王'"[1]。这是从亲身经历中得来的书法开悟。

等到董其昌35岁,由举人高中进士,成庶吉士,在翰林院读书,功名心已坦然放下,释去重负,又是年富力强之时,他"遂读中秘书,日与陶周望望龄、袁伯脩中道游戏禅悦,视一切功名文字,黄鹄之笑壤虫而已,时贵侧目"[2]。董其昌对《内景黄庭》、《曹娥碑》真迹、《洛神赋十三行》、《西昇经》等稀世珍宝的接触和见识,对禅学的参悟和与志同道合者的相互切磋,都使他长进了慧识,书学根基亦日益垒高,书法境界进入了第二个层次。而且,他毕生保持着永无止境的艺术追求、谦逊自进的大艺术家素质,自此渐有小得。自他的心理趋于成熟,他的书艺也渐渐朝向赋有自己个性的方向发展,趋于成熟。他学会了如何鉴赏他人的书法,评判他人书法的长短,学习其长处,扬弃其不足,吸收一切传统书学营养来滋润自我,找到自我的存在。

凡有个性的艺术家总是孤寂的,在艺术创造的征途中永远不会自我满足。经过27年孜孜不倦的探索,董其昌愈发对自己的书法水平不满。恍惚之间,已近知天命的光景了,他似乎仍然觉得自己的书技没有长进,因而时常深深地陷入苦恼之中,长叹自己"犹作随波逐浪书家!翰墨小道,其难如是,何况学道乎!"[3] 在董其昌的认识中,翰墨书艺相对于道学而言,只是小道,而凭借自己天性敏悟和后天勤勉,倾注大半生心血,沉浸其中,冀得通达,尚且不足以撷取精髓,登其堂奥,可想其途程之艰辛,何况领略成道之艰难了。

"山重水复疑无路,柳暗花明又一村。"董其昌在漫长的书学实践中积累起了丰富的经验。在广泛临习研究中国书学传统菁华的基础上,他当之无愧地成为具有独立创新意识的第一流书画艺术家。更加可贵的是,他能在有生之年适时地唤醒这种自我艺术创新意识,不遗余力地开

---

[1] 董其昌:《画禅室随笔》,《艺林名著丛刊》第三种,第5页。
[2] 姜绍书:《无声诗史 韵石斋笔谈》卷四,华东师范大学出版社2009年,第75页。
[3] 董其昌:《画禅室随笔》,《艺林名著丛刊》第三种,第5页。

掘，从而登上中国帖学书坛的巅峰，没有像王宠那样蓦然离去，留下他人无法画上的句号，使书法界的探索路向戛然中止，遗留永恒的遗憾。人和、地利、天时都为董其昌的书学成功提供了良机。

宋代书法名家的真迹点燃他书法灵感火花：米芾、杨凝式书法让他如痴如醉，得以悟出书法气势，凸显自我存在；苏轼的笔法和高标气节映衬出米芾的卓越功力。这是董其昌在仅得钟、王、颜鲁公"皮"之后，用20多年的精力消耗和苦苦探索得来的结果，也是他心托意归、攀登书法艺术巅峰的真实行踪。"更二十年学宋人，乃得其解处。"[1] 终于，他找到自我与传统书学的契合点，也就找到了自我存在的位置，书学就有了创新方向。磨炼一副艺术火眼金睛，以其慧识足以反观古今，博古通今，融古铄今。纵览前代书家的刚柔得失之处，不仅得到钟、王、颜鲁公的"皮"，而且得其骨髓，就是书法巧、妙二字的精绝之处。

董其昌忽然悟得自己初入书法门槛的先师颜真卿的笔法屋漏痕、折钗股，对他重新敬拜，以为"宋人无不写《争坐位帖》"[2]。而晋唐以来，"书家以险绝为奇，此窍惟鲁公（真卿）、杨少师（凝式）得之。赵吴兴（赵孟頫）弗能解也。今人眼目为吴兴所遮障！予得杨公《游仙诗》，日益习之"[3]。前贤书家成为他重新摹习评判的对象，他再也不是趾高气扬，识得皮相，随即睥睨一切的愣头青书匠了。他从写字蹩脚的英俊少年成长为颇有钟、王、颜鲁公书风的潇洒青年，又从钟、王、颜鲁公的书体摹习中解脱出来，以董其昌的面目为世人所知。他经历了通向艺术至高境界的迷惘无措，惶恐不安，上下无路，怅然无绪，最终"踏破铁鞋无觅处，得来全不费工夫"。青山之路，依然就在自己的起步之处。只是历尽青山人未老，回看云霄一笑时。初一笑全是狂妄无知，此一笑全然心领神会。在中国书法的时空隧道中，董其昌踏到了行进的节奏，对准了光亮道口，并坚定信念，从容迈去，抵达书学的第三境界，即寻到自我的境界，成就书法帖学高峰——中国书法的又一座里程碑。

---

[1] 董其昌：《画禅室随笔》，《艺林名著丛刊》第三种，第3页。
[2] 董其昌：《画禅室随笔》，《艺林名著丛刊》第三种，第7页。
[3] 董其昌：《画禅室随笔》，《艺林名著丛刊》第三种，第7页。

跨越赵孟頫，上接晋人书法，又融进唐宋之长，写出董其昌的面目，这就是董其昌的书学历程。对一位真正的艺术家来讲，这点经验少而又少，而历程长而又长。这是董其昌几乎倾注全部精神，舍弃政治目标的重心，重新做出的选择。书画艺术成为他的第二生命，他有了新的归宿，并圆满地抵达这个目的地。他在晚明千万书法家中脱颖而出，经受艺术法则严厉又公正的考验和遴选，摘取了书法艺术的桂冠，以亲身经历再次验证评判一个真正的艺术大家的最高标准，不是怪异荒诞，一味奇险莫测，而是学有根柢基础上的自成面目和创新之树常青。

第三节 帖学大师的书学理论和书法特色

同董其昌习书的三个境界相似，他的书法特色也可以梳理、归纳为以下三大方面。

一、继承：广习诸家，博采众长

董其昌自17岁发愤学习书法开始，"临摹真迹，至忘寝食"[1]。他的书法，初期受颜真卿的影响极深，而且终其一生，对颜书心领神会，推崇备至。但他不满足于只学一家，渐渐地从颜体中跳出来，博采众家之长，从唐代上追晋人，钟爱钟繇、"二王"的书法风韵，然后回溯晋唐以下，对五代、宋人的书法加以研究，倾心于李邕、怀素、杨凝式、米芾的书法，并对赵孟頫和明代当朝书法名家加以评判。他充分运用自己的书学优势和条件，直接临摹学习前人书法真迹，遵循先约后博又返于约的学问之道，几乎研习了他能接触到的历代大部分名家原作，潜心细嚼，品出它们的风味，承继着中国书法优秀传统。他的心态之专，心境之淡，承接的书学根基之深，艺术境界之高，数百年中无人能望其项背，更难轻易谈得上超越，似乎这条路子给董其昌走到绝顶了。

董其昌的书学经历和书法经验大多记载在他的《容台集》和《画禅室随笔》二书中。后书不是他亲自编订的，却是董其昌《容台集》

---

[1] 嘉庆《松江府志》卷五十四《古今人传六》，台北：成文出版社有限公司1970年，第1214页。

的抄摘，使用方便，当然要尽量地校对纠讹。二书有关其书学的论述零星散落，不成系统，很有必要从总体上重新理清董其昌的书法特征，掌握他有关中国书法和自己书法发展的第一手论述资料和思路。经过排比研究，我们发现他对传统书法的学习主要集中在几个方面，并在此基础上逐渐形成自己的书法面目。

(一) 从终身不舍的颜真卿骨法扩展到摹习唐代诸家之长

董其昌对颜书名帖《多宝塔》下过很深功夫，作为初学门径，颜书对他一生书法影响深刻。在董其昌穷源溯流、切磋琢磨书学的漫长历程中，颜体风格犹如胚胎一样，不断滋长，驱动他的书法艺术发展，逐级攀登上新阶梯。他一辈子都在反省和体察颜体的书法特性和地位。

对颜真卿人格的钦佩是董其昌酷爱颜书的重要因素。"颜清臣忠义大节，唐代冠冕，人以其书传。蔡元长（京）书法似米南宫（芾），书以其人掩。两伤双美，在人自择耳。"[1] 他把唐代颜真卿和宋代蔡京作了人品和书品的比较，选择颜真卿作为"双美"效仿的对象。

仅有人品不足以成为书学楷模，况且还有恶人留下佳美书法的。颜真卿书法光耀千秋还源于其功力深厚和书法技巧。董其昌对此悟得十分透彻。"颜鲁公碑书如其人，所谓骨气刚劲，如端人正士，凛不可犯也。然世所重，惟其行书，如《争坐位》《祭侄》《蔡明远》《刘太冲》《马病》《鹿脯》《乞米》诸帖，最为烜赫有名，直接'二王'，出唐人之上。盖以气格胜，磊磊砢砢，不受绳束，最是端人正士本色耳。痴人前不得说梦！说着如端人正士，便作算子书，安能使木佛放光，照诸天世界耶？"[2]

先从真书，再到行书，董其昌越对颜书理解透悟，越发对颜真卿敬崇。初唐欧阳询、虞世南、褚遂良、薛稷四大书家与他相比，都显逊色。"鲁公行书在唐贤中独脱去习气，盖欧、虞、褚、薛皆有门庭。平淡天真，颜行第一。"[3] 颜真卿书法的极高成就源于他直接继承的"二王"书髓。"余近来临颜书，因悟所谓折钗股、屋漏痕者，惟'二王'有之。鲁公直入山阴（王羲之）之室，绝去欧、褚轻媚习气。东

---

[1] 董其昌：《画禅室随笔》，《艺林名著丛刊》第三种，第74页。
[2] 董其昌：《容台集》，崔尔平选编点校：《明清书法论文选》，第219页。
[3] 董其昌：《容台集》，崔尔平选编点校：《明清书法论文选》，第236页。

坡谓'诗至于子美,书至于鲁公',非虚语也。"[1]颜真卿笔法直接受于张旭(长史),董其昌浸习之间,"临写之次,恍若有悟鲁公曰:'自钟、王至虞(世南)、陆(柬之),皆口诀手授,以至张长史。'信矣!"[2]他对颜真卿书法的狂热和执著追求已到手摹心追、出神入化的地步。"渐老渐熟,乃造平淡"[3],使用的衡量标准就是绝去俗气,技法高超,直续"二王"。而且,颜书有汉代碑学传统,善于变化,至于平淡。"颜清臣书深得蔡中郎《石经》遗意,后之学颜者以觚棱斩截为入门,所谓不参活句者也。"[4]后世习颜书既不得其书法精髓,又将自变的过错,即写成墨猪,皆成偃笔,归于颜书藏锋,这是倒打一耙。"欧、虞、褚、薛之书各有门庭,学之不深,亦得仿佛。惟颜鲁公行书,了无定法,此其故殊可参寻。"[5]

在大量临习颜书的基础上,董其昌得着颜书气骨,如"临颜太师《明远帖》五百本,后方有少分相应"[6]。用意临的方法,对照先贤镜子,照出了自我。他宣称"鲁公书惟行体最佳,绝去唐人纤媚之气。余好之不减'二王',因临书识之"[7]。

除了颜真卿之外,在唐代书家中最让董其昌钦佩的是李邕(北海)。他一生自李邕处得益匪浅,曾有"学李北海书五十五年矣,初时专习,颇为近之"[8]的自评。北海书名响亮,掩了文名。"杜子美(甫)称李北海碑板照四裔。余行游天下,见《东林》《岳麓》诸碑,皆宋以后重刻耳。《大照禅师碑》乃唐时硬黄双钩,神采焕发,结构古雅,宋时尚不闻其名,况见其迹乎?余最嗜李书,晚获觐此,遂摹勒上石,以公同好,虽谓之唐拓,可也。"[9]他把李北海誉为"书中仙"。因为李北海书法从王献之一路而来。董其昌痛心"今人知学北海而不知

---

[1] 董其昌:《容台集》,崔尔平选编点校:《明清书法论文选》,第235页。
[2] 董其昌:《容台集》,崔尔平选编点校:《明清书法论文选》,第234页。
[3] 董其昌:《容台集》,崔尔平选编点校:《明清书法论文选》,第235页。
[4] 董其昌:《容台集》,崔尔平选编点校:《明清书法论文选》,第236页。
[5] 董其昌:《容台集》,崔尔平选编点校:《明清书法论文选》,第218页。
[6] 董其昌:《画禅室随笔》,《艺林名著丛刊》第三种,第15页。
[7] 董其昌:《容台集》,崔尔平选编点校:《明清书法论文选》,第235页。
[8] 董其昌:《容台集》,崔尔平选编点校:《明清书法论文选》,第233页。
[9] 董其昌:《容台集》,崔尔平选编点校:《明清书法论文选》,第252页。

追踪大令，是以佻而无简，直而不致。北海曰：'似吾者俗，学我者死。'不虚也"[1]。违背李北海诲诫，识得皮相，丢了王书祖源，只得俗书，一点不奇怪。将李北海与王羲之相比，董其昌认为"右军如龙，北海如象"[2]，给予极高的评价。

对于智永（陈隋间人）、欧阳询、虞世南、褚遂良、孙过庭、张旭、徐浩、怀素、柳公权等前代书法名家，董其昌一一品评，识取其长，规避其短，在自我书法根基上进行评判，能眼高一丈，超乎一般书家。他以为怀素"以淡为宗。徒求之豪宕奇怪者，皆不具鲁男子见者也。颜平原（真卿）云：'张长史虽天姿超逸，妙绝古今，而楷法精详，特为真正。'吁！素师之衣钵，学书者请以一瓣香供养之"[3]。"余谓张旭之有怀素，犹董源之有巨然，衣钵相承，无复余恨，皆以平淡天真为旨，人目之为狂，乃不狂也。"[4] 董其昌对于素、旭的师承关系和书风、地位，以平淡天真为准则，定位很高，这纠正了董其昌同时代人对此的偏见和误解。

由于柳公权给董其昌用笔启示极大，董其昌对他心存敬意，赞扬他独力变化、求创新风的书法勇气，却对他创新的结果和做法表示讥议。"柳诚悬书，极力变右军法，盖不欲与《禊帖》面目相似，所谓神奇化为臭腐，故离之耳。凡人学书以姿态取媚，鲜能解此。余于虞、褚、颜、欧皆曾仿佛十一。自学柳诚悬，方悟用笔古淡处。自今以往，不得舍柳法而趋右军也。"[5] 正是这种"不落右军《兰亭叙》笔墨蹊径，古人有此眼目，故能名家"[6]。在柳书中，董其昌学得了书家创新精神，与颜书用笔截然不同的用笔气韵。

虞世南是董其昌习书的入门老师。虞书和欧、褚、薛诸家书体一

---

[1] 董其昌：《容台集》，崔尔平选编点校：《明清书法论文选》，第252-253页。《画禅室随笔》（《艺林名著丛刊》第三种，第25页）作"直而少致"。
[2] 董其昌：《画禅室随笔》，《艺林名著丛刊》第三种，第33页。
[3] 董其昌：《容台集》，崔尔平选编点校：《明清书法论文选》，第239页。《画禅室随笔》（《艺林名著丛刊》第三种，第12页）中这段文字为："以澹古为宗。徒求之豪荡奇怪者，皆不具鲁男子见者也。颜平原（真卿）云：'张长史虽天姿超逸，妙绝古今，而楷法精详，特为真正。'吁！此素师之衣钵，学书者请以一瓣香供养之。"
[4] 董其昌：《容台集》，崔尔平选编点校：《明清书法论文选》，第236页。
[5] 董其昌：《画禅室随笔》，《艺林名著丛刊》第三种，第8页。
[6] 董其昌：《画禅室随笔》，《艺林名著丛刊》第三种，第14页。

样，初学容易入门，让董其昌得益匪浅。但是，董其昌的书法审美观与他们不符，他认为他们书有门庭，却难免姿媚纤俗，不像颜书，是外形易学，骨质不胜，从而给予扬弃。放弃虞书，专从颜书，直通"二王"，旁及诸家，董其昌走成了自己的书路。不过，他仍然认为虞书有优长。"虞永兴尝自谓于'道'字有悟，盖于发笔处，出锋如抽刀断水，正与颜太师锥画沙、屋漏痕同趣。前人巧处，故应不传。学虞者辄成算子，《笔阵》所诃以此。余非能书，能解之耳。"[1] 董其昌自谦的习书态度让他看到不同风格书家的长处，与他所喜慕的书家在书法艺术上的神通之处，而非相反，只见别人的短拙之处，妄加攻讦，甚至仅及其一，便加以全盘否定。

"永师（智永）仿钟元常（繇）《宣示表》，每用笔必曲折。其笔宛转回向，沉着收束，所谓当其下笔欲透过纸背者。唐以后，此法渐渐尽矣。"[2] 只有参透钟、王书法，才会洞彻晋代以下帖学的传播源流，识取众家点滴用笔精髓，滋养自我书法的成长。

董其昌把孙过庭的《书谱》比作"绝类刘子玄（知几）《史通》之文"。"至其论书，则过《笔阵图》远矣。"[3] 孙过庭"结字，犹存汉、魏间法，盖得之章草为多。即永师《千文》亦尔。乃知作楷书必自八分、大篆入门，沿流讨源，见过于师，方堪传授。学过庭者，又自右军求之可也"[4]。

徐浩（字季海）所书《道德经》上卷，"全学钟元常。世传苏玉局（轼）学季海。若以此卷品之，全不相似。以苏用偃笔，此卷皆正锋。下卷不知落何处。若得半卷临写，经月可补其缺。此惟梦志之者"[5]。善于辨识他人书法源流，得其可学之长，是董其昌书法不断充电的能量来源。当然，这要站立在眼识日高、融会贯通的书法大厦上。他对唐代书法名家的识见，出于反复品味、宗师晋书的艰苦求索。在研习中慢慢变得心平气和，才体悟了其中三昧。

---

[1] 董其昌：《画禅室随笔》，《艺林名著丛刊》第三种，第21页。
[2] 董其昌：《画禅室随笔》，《艺林名著丛刊》第三种，第29页。
[3] 董其昌：《容台集》，崔尔平选编点校：《明清书法论文选》，第253–254页。
[4] 董其昌：《画禅室随笔》，《艺林名著丛刊》第三种，第28页。
[5] 董其昌：《容台集》，崔尔平选编点校：《明清书法论文选》，第257页。

(二) 宗法钟、王魏晋神韵，终生取用不尽

从唐人书法中，董其昌发现唐代书家大都学有渊源，各有门径，于是顺藤摸瓜，追踪探源，寻到了魏晋钟、王书学之泉。"唐人书无不出于'二王'，但能脱去临仿之迹，故称名家。世人但学《兰亭》面，谁得其皮与其骨？凡临书者不可不知此语。"[1] 从识面、识皮到识骨，在书法学习上眼界增宽，道出董其昌对"二王"书学认识不断深化的过程，暗含了他在书法历程上走过的弯路。同样面对"二王"书法，他由外及里，首先克服自满心理，然后搁笔三年不书，几乎葬送书学前程；经过反省，重新回到书桌边，展纸挥毫，接续书法历程，他心悦诚服地拜倒在帖学书法宗师面前了。对于钟、王书法，他只是潜心体摩，没有太多的怀疑、质问。显然，对于这笔中国书学的丰富遗产，他规定自己的使命，首先是努力继承，然后是传续和创新。如果把钟、王都推倒，那么，他的书学就如浮萍游荡，他的人生就会被抹掉光彩。

"右军如龙"[2]，是董其昌对王羲之书法最为凝练的评语。出神造化之笔，全在王羲之传迹之中。右军书法的地位在董其昌眼里无疑是至高无上的，犹如神物，它规定、引导了晋代以后中国书法的方向。

董其昌"家独有《黄庭经》《乐毅论》《东方像赞》《曹娥碑》四种宋拓，加以《十三行洛神赋》及米元章小字《弭盗疏》，共六帖，亦冠绝海内"[3]。内中有王羲之四种，王献之一种，被视为至宝，刻在《戏鸿堂帖》中传世。他学"二王"书法，常"以意背临"，不在形似。"余书《兰亭》，皆以意背临，未尝对古刻。"[4] 背临要吃透原迹用笔用墨，一气呵成，不是纤细毕悉，因形忘意，最能得神，这是临摹的高级阶段。《女史箴》"其字结体全类十三行，则又非王右军也。暇日适发兴欲书，遂复仿之。不见真迹，聊以意取，乃不似耳"[5]。他"亦不甚临《乐毅论》，每以大令《十三行洛神赋》为宗极耳"[6]。"二王"书迹让董其昌神情钟萃，心志归依，他的生命似乎寄寓在内了。褚

---

[1] 董其昌：《画禅室随笔》，《艺林名著丛刊》第三种，第22页。
[2] 董其昌：《画禅室随笔》，《艺林名著丛刊》第三种，第33页。
[3] 董其昌：《容台集》，崔尔平选编点校：《明清书法论文选》，第259页。
[4] 董其昌：《画禅室随笔》，《艺林名著丛刊》第三种，第18页。
[5] 董其昌：《画禅室随笔》，《艺林名著丛刊》第三种，第22页。
[6] 董其昌：《画禅室随笔》，《艺林名著丛刊》第三种，第22页。

遂良临摹的《兰亭序》曾为松江杨氏衍泽楼所藏，乡贤张弼见过；董其昌得于吴太学用卿之手，十分庆幸它又回到了松江。"每以胜日展玩，辄为心开。至于手临，不一二卷止矣，苦其难合也"，然而"笔法飞舞，神采奕奕，可想见右军真本风流，实为希代之宝"。[1]

董其昌见过多种《兰亭序》临摹本，除有褚遂良本外，还有隋"开皇本"刻石于家，以后见到"定武本"为欧阳询所摹以及米芾、赵孟頫等临本。他能识别各家临摹优劣，极力还溯右军本来面目，认为"《兰亭叙》最重行间章法。余临书乃与原本有异，知为聚讼家所诃。然陶九成载《禊帖考》，尚有以草体当之者，政不必规规相袭。今人去古日远，岂在行款乎！"[2] 董其昌提出了临习《兰亭序》及"二王"书法的新标准，不是规矩相似的外形，而是实质相似的神形。他书法的成就与他抓住了习书的要害关节密不可分。

董其昌最早被"二王"书法震慑是在南京应试举人的时候，《官奴帖》成为他书法飞跃、正式投身书学事业的转折点。它很像《兰亭序》，"字字骞翥，势奇而反正，藏锋裹铁，遒劲萧远，庶几为之传神"。该本几经周转，董其昌又在苏州见到，"快余二十余年积想"，"抑余二十年余时书此帖，兹对真迹，豁然有会。盖渐修顿证，非一朝夕。假令当时力能致之，不经苦心悬念，未必契真。怀素有言：'豁焉心胸，顿释凝滞'，今日之谓也"。从25岁到这时在舟行朱泾道中书《兰亭序》及此帖一过，董其昌已经54岁，相隔29年，再见《官奴帖》，胜似相逢老友，眷思恋人，"苦心悬念"，醉心"二王"，远非当日稚嫩时可比了，他已吃透"二王"书法精髓、神韵，"以《官奴》笔意书《禊帖》，尤为得门而入"。[3] 在王羲之书法作品中，董其昌对《兰亭序》特别喜爱。"观'二王'真迹十余帖矣，独此卷心眼相印，自许不惑。"[4] 他书学王羲之，"用其意，不必相似"[5]，总在学其"凤翥鸾翔，似奇反正"[6] 气韵，这样就从面学得其皮其骨。

---

[1] 董其昌：《画禅室随笔》，《艺林名著丛刊》第三种，第24页。
[2] 董其昌：《画禅室随笔》，《艺林名著丛刊》第三种，第12页。
[3] 董其昌：《画禅室随笔》，《艺林名著丛刊》第三种，第25页。
[4] 董其昌：《画禅室随笔》，《艺林名著丛刊》第三种，第27页。
[5] 董其昌：《容台集》，崔尔平选编点校：《明清书法论文选》，第230页。
[6] 董其昌：《画禅室随笔》，《艺林名著丛刊》第三种，第1页。

从其他书家身上,董其昌同样窥见"二王"书法的影子。"右军有拨镫法,传于晋、唐诸名家所谓口诀手授者。南唐李后主犹传此法。余于徐季海《三藏碑》悟笔意,当于内擫留笔取之,正自觅解人不可得。"[1] 日久天长,董其昌对右军书法会乎一心,于法帖中立即能够识辨出王氏书迹。例如,他得《黄庭经》帖而临,"乍展三四行,即定为唐人临右军。既阅竟,中间于渊字,皆有缺笔,盖高祖讳渊,故虞、褚诸公不敢触耳。小字难于宽展而有余,又以萧散古淡为贵,顾世人知者绝少。能于此卷细参,当知吾言不谬也"[2]。得到右军"似疏实密,如环无端"的书学真谛,至于"凤翥鸾回",董其昌还很谦逊,"非所敢当也"。[3]

钟繇真迹久佚,流传的多为摹本,而且以王羲之临摹的为多。董其昌从钟书感悟甚多,背临再三,实际上学到王羲之临习书法、形成自己书风的奥秘。"钟太傅书,余少而学之,颇得形模。后得从韩馆师借唐拓《戎辂表》临写,始知钟书自有入路。盖犹近隶体,不至如右军以还姿态横溢、极凤翥鸾翔之变也。《阁帖》所收,惟《宣示表》《还示帖》,皆右军之钟书,非元常之钟书。但观王世将(廙)、宋儋诸迹,有其意矣。"[4] 这是董其昌在万历十九年(1591)、37岁时临习《宣示表》的认识。以后他也坚持"楷书以钟、王为极则"[5]的观点。

在晋、唐书法关系问题上,董其昌以诗为例,打个巧妙比方,论及二者的地位。"唐人诗律与其书法颇似,皆以浓丽为主,而古法稍远矣。余每谓晋书无门,唐书无态,学唐乃能入晋。晋诗如其书,虽陶元亮(渊明)之古淡,阮嗣宗(籍)之俊爽,在书法中非虞、褚可当,以其无门也。"[6] 书学成熟的董其昌舍弃了早年以为"唐书不如晋、魏"的说法,而从艺术审美角度重定晋、唐书法各自的特征,根据自我爱好,做出选择。这就是书法大师超乎常人的风范气度。

---

[1] 董其昌:《容台集》,崔尔平选编点校:《明清书法论文选》,第234页。
[2] 董其昌:《画禅室随笔》,《艺林名著丛刊》第三种,第27页。
[3] 董其昌:《容台集》,崔尔平选编点校:《明清书法论文选》,第229页。
[4] 董其昌:《容台集》,崔尔平选编点校:《明清书法论文选》,第226页。
[5] 董其昌:《容台集》,崔尔平选编点校:《明清书法论文选》,第259页。
[6] 董其昌:《容台集》,崔尔平选编点校:《明清书法论文选》,第218-219页。

(三) 尊崇审察米芾、杨凝式的书法，评判宋人书家优劣，回归钟、王、颜鲁公基础上的书法自我表现

依照书宗魏晋钟、王和师法颜真卿的标准，董其昌论评宋人书法很多，认为"宋人书多以平原（颜真卿）为宗"[1]。"《争坐位帖》，宋苏、黄、米、蔡四家书皆仿之。唐时欧、虞、褚、薛诸家，虽刻画'二王'，不无拘于法度，惟鲁公（颜真卿）天真烂漫，姿态横出，深得右军灵和之致，故为宋一代书家渊源。"[2] 宋代书家，他最推崇米芾。"吾尝评米书，以为宋朝第一，毕竟出东坡之上。山谷（黄庭坚）直以品胜，然非专门名家也。""惟蔡君谟（襄）少变耳。"[3]

米芾书法技巧高超，《画禅室随笔》开篇"论用笔"首列"米海岳书，无垂不缩，无往不收，此八字真言、无等之咒也。然须结字得势。海岳自谓'集古字'，盖于结字最留意。比其晚年，始自出新意耳"[4]。米芾习书勤奋而历程曲折，"少时未能立家，但规摹法帖，谓之'集古字'"[5]，这是用笨办法、花死工夫的阶段。等到钱穆父呵斥他，规劝"须得势，自此大进"[6]，才真正进入书法新阶段。董其昌十分赞赏米芾的书势书意。"悟小楷法，欲可展为方丈者，乃尽势也。题榜如细书，亦跌荡自在，惟米襄阳近之。"[7]

董其昌极力推崇米芾，是因为两人有类同的内在书法气质和书学源流，书法都从"二王"、颜鲁公一线而来。董其昌在评价米书时讲："米元章云：'吾书无王右军一点俗气。'乃其收《王略帖》，何珍重如是？又云：'见文皇（唐太宗）真迹，使人气慑，不能临写。'真英雄欺人哉！然自唐以后，未有能过元章书者，虽赵文敏（赵孟頫）亦于元章叹服曰：'今人去古远矣。'……今海内能为襄阳书者绝少。"[8] 米芾自认书接王羲之，并自负不凡。"宋时有人以黄素织乌丝界道三丈

---

[1] 董其昌：《画禅室随笔》，《艺林名著丛刊》第三种，第4页。
[2] 董其昌：《画禅室随笔》，《艺林名著丛刊》第三种，第17页。
[3] 董其昌：《画禅室随笔》，《艺林名著丛刊》第三种，第4页。
[4] 董其昌：《画禅室随笔》，《艺林名著丛刊》第三种，第1页。
[5] 董其昌：《画禅室随笔》，《艺林名著丛刊》第三种，第33页，又见第23页。
[6] 董其昌：《容台集》，崔尔平选编点校：《明清书法论文选》，第230页。
[7] 董其昌：《画禅室随笔》，《艺林名著丛刊》第三种，第23页。
[8] 董其昌：《画禅室随笔》，《艺林名著丛刊》第三种，第6页。

成卷，诫子孙相传，待书足名世者，方以请书，凡四传而遇元章。元章自任腕有羲之鬼，不复让也。"[1] 书家贵有自知之明，然而又不必枉自过谦，不肯任事。米芾之举，未得人批评，反而在事隔数百年之后，得到董其昌击节称赏，可见米书在宋时书坛书道高超，有"羲之鬼"，实际上王羲之神意笔势内蕴其心，因而胆略倍增。董其昌识辨如此，已经练出书眼了。[2]

米芾书法讲究章法，董其昌认为深合王羲之书统。"古人论书以章法为一大事，盖所谓行间茂密是也。余见米痴小楷，作《西园雅集图记》，是纨扇，其直如弦，此必非有他道，乃平日留意章法耳。右军《兰亭叙》章法为古今第一，其字皆映带而生，或小或大，随手所如，皆入法则，所以为神品也。"[3] 米芾从褚遂良摹钩《兰亭序》而悟入右军笔法，"发笔处，是唐人口口相授笔诀也。米海岳深得其意"，而董其昌在"舟过崇德县观"《禊帖》，[4] 仍对米书承续右军笔法深念在心，真不愧是米芾的隔代知音！

"米书以态胜"[5]，"沉着痛快，直夺晋人之神"，改"集古字"从形具转向以势为主的神具后，"脱尽本家笔，自出机轴，如禅家悟后拆肉还母，拆骨还父，呵佛骂祖，面目非故。虽苏、黄相见，不无气慑"。[6] "行草书传于世间，与晋人几争道驰矣。顾其平生所自负者为小楷，贵重不肯多写，以故罕见其迹。"他的《西园雅集图》蝇头题跋"最似《兰亭》笔法"。[7]

董其昌花费不少工夫学习米书。单是米芾《天马赋》，董其昌先后见过四本真迹，进行背临，一本已摹取刻石。[8] 借到米书《千字文》，"临成副本，稍具优孟衣冠"。时隔10年，到万历二十六年（1598），董其昌44岁了，又重临一通，"笔法似昔未有增长，不知何年得入古人

---

[1] 董其昌：《画禅室随笔》，《艺林名著丛刊》第三种，第6页。
[2] 参见董其昌《画禅室随笔》，《艺林名著丛刊》第三种，第10页。
[3] 董其昌：《画禅室随笔》，《艺林名著丛刊》第三种，第4页。
[4] 董其昌：《画禅室随笔》，《艺林名著丛刊》第三种，第26页。
[5] 董其昌：《画禅室随笔》，《艺林名著丛刊》第三种，第28页。
[6] 董其昌：《容台集》，崔尔平选编点校：《明清书法论文选》，第237页。
[7] 董其昌：《画禅室随笔》，《艺林名著丛刊》第三种，第21页。
[8] 董其昌：《画禅室随笔》，《艺林名著丛刊》第三种，第10页。

之室？展卷太息，不止书道也！"[1] "以米元章笔法，书（陶）渊明《辞》（《归去来辞》），差为近之。"[2] 米书对处于书法第二境界的董其昌追求从形模上肖似先贤起到巨大的推动作用。米芾无正书，以真行为正书，小楷绝不肯多作，"'行书十行，不敌楷书一行'，米南宫语也。时一为之，以敛浮气，竟此纸凡十起对客，信乎孙虔礼（过庭）所云'神怡务闲'之难也"[3]。董其昌在书古尺牍之后对米芾的教示感慨极深，"书家以尺牍见珍"，犹如"狮子捉兔，亦全其力"[4]。由自己的书法实践联想到米芾，又及于孙过庭，由明代上溯宋及唐，超越时空，超越生死，书法艺术贯通人类心性神情，全在气韵相通的奥妙，而"神怡务闲"，唐人书艺之传所带来的遐想逾越，又不是一般书家能够体会的境界。楷书能收敛浮气，不像行草恣意率性，因此，"神怡务闲"与内敛规正有矛盾有冲突，又有几个书家可以兼得？董其昌在体味米书米理时的用心真是良苦呢！

　　五代杨凝式是另一位让董其昌倾心称许的大书法家。他的书法"自颜尚书（真卿）、怀素得笔，而溢为奇怪，无五代衰薾之气。宋苏、黄、米皆宗之。《书谱》曰：'既得正平，须追险绝。'景度（凝式）之谓也"[5]。董其昌认为他是和杨凝式同样的、晋唐以后深知"那叱（哪吒）拆骨还父，拆肉还母，若别无骨肉，说甚虚空？粉碎始露全身"诀窍的非凡书家。"盖书家妙在能合，神在能离。所欲离者，非欧、虞、褚、薛诸名家伎俩，直欲脱去右军老子习气，所以难耳。"[6] 董其昌说杨凝式的《步虚词帖》，"其书骞翥简澹，一洗唐朝姿媚之习，宋四大家皆出于此。余每临之未得一斑"[7]，而"以意仿杨少师（杨凝式）书，书山阳（嵇康）此论，虽不尽似，略得其破方为圆、削繁为简之意"[8]。从

---

[1]　董其昌：《画禅室随笔》，《艺林名著丛刊》第三种，第21页。
[2]　董其昌：《画禅室随笔》，《艺林名著丛刊》第三种，第23页。
[3]　董其昌：《画禅室随笔》，《艺林名著丛刊》第三种，第19页。
[4]　董其昌：《容台集》，崔尔平选编点校：《明清书法论文选》，第255页。
[5]　董其昌：《画禅室随笔》，《艺林名著丛刊》第三种，第4页。
[6]　董其昌：《画禅室随笔》，《艺林名著丛刊》第三种，第7-8页。
[7]　董其昌：《画禅室随笔》，《艺林名著丛刊》第三种，第16页。
[8]　董其昌：《画禅室随笔》，《艺林名著丛刊》第三种，第18页。

杨凝式身上，董其昌学得了"欹侧取态，故是少师佳处"[1]，获得了书学自变的重大启示。

  董其昌论评五代、宋代书家极多，除杨、米外，就是苏东坡。他备受董其昌崇敬，认为在"宋四家"中以道德文章兼书法胜者非他莫属，黄庭坚、米芾都心甘情愿俯首相让。董其昌识辨苏书出于王僧虔，用其结体，中有偃笔，又杂以颜真卿书法，不同意学自徐浩的说法，自有识见。[2] 蔡襄书法有柳公权楷法。朱熹书法学习曹操，而曹操无书法传世，只能从朱熹书法窥见其一斑。董其昌还对宋高宗、宋徽宗、王安石等人的书法追根析源；论考吴琚（号云壑）学米芾书最为逼真，可以乱真，榜书京口北固山"天下第一江山"。[3] 在广泛涉猎宋代诸家法书的过程中，董其昌眼力愈尖，书法营养愈富，其超越宋人，只须假以时日了。

（四）摄取乡贤书家的营养，领导"华亭书派"

  松江地区历代人才辈出，涌现许多著名书法家。董其昌注意总结乡邦书家的书学成就，善于从身边的人物和事件中得到教益，高擎"华亭书派"的旗帜，成为这一书派的中坚，为松江故乡赢得不朽的声誉。

  他曾经论及云间（华亭）书派，以自豪的口吻写道："吾松书，自陆机、陆云，创于右军之前，以后遂不复继响。'二沈'及张南安（弼）、陆文裕（深）、莫方伯（如忠）稍振之，都不甚传，世为吴中文、祝二家所掩耳。文、祝二家，一时之标，然欲突过'二沈'，（作者注，此处引用时句读有更动。其他处不再一一说明）未能也，以空疏无实际故。余书则并去诸君子而自快，不欲争也，以待知书者品之。"[4] 晋代陆机有《平复帖》真迹传世，其弟陆云工行草书，兄弟齐名，号称"二陆"[5]。明代沈度、沈粲兄弟崛起于云间，流播明朝一代书风。钱溥、钱博兄弟继起嗣后。张弼、张骏号为"二张"，延续脉络。但董其昌没提张骏，可能看不上他。陆深、陈继儒、莫如忠与莫是龙父子，都是一时书法名手。这些华亭书家相隔1300多年，构成前

---

  [1] 董其昌：《容台集》，崔尔平选编点校：《明清书法论文选》，第258页。
  [2] 董其昌：《画禅室随笔》，《艺林名著丛刊》第三种，第18、3、4、9页；董其昌：《容台集》，崔尔平选编点校：《明清书法论文选》，第240、241、219页。
  [3] 董其昌：《画禅室随笔》，《艺林名著丛刊》第三种，第1、32-33、41-42页。
  [4] 董其昌：《画禅室随笔》，《艺林名著丛刊》第三种，第8页。
  [5] 其时陆机、陆云为吴郡即苏州人。

后并无师承关系的地域书群，创造大批书学财富，在中国书法史上占有不可或缺的地位。董其昌对"二沈"评价极高，居然说连文、祝二家也在其下，用的标准是不能免除"空疏无实际"，只靠清标，似乎有抑文祝、扬"二沈"的倾向。而自谦之下论断自己的书法地位，以"不欲争"而争得，已经"金声玉振，集大成焉"，[1] 登峰造极，超越前人了。直接"二王"晋人书韵，使他书法"并去诸君子而自快"。董其昌对乡邦先贤书家一直心存敬意，思索着如何承接和开创华亭书学的新局面，怀揣着一股乡情，完成历史移交给他的书学使命。

董其昌从乡贤书家中摄取很多书法营养，曾多次谈到陆深，佩服他的书学气魄和敬艺态度。"吾乡陆俨山（深）先生作书，虽率尔应酬，皆不苟且，常曰：'即此便是写字时须用敬也。'吾每服膺斯言，而作书不能不拣择，或闲窗游戏，都有着精神处。惟应酬作答，皆率易苟完，此最是病。今后遇笔研便当起矜庄想。古人无一笔不怕千载后人指摘，故能成名。'因地不真，果招纡曲'，未有精神不在传远，而幸能不朽者也。"[2] 陆深成为他反思自己书法写作态度、立志传永恒之作的镜子。"陆公书类赵吴兴，实从北海有入。客每称公似赵者，曰：'吾与赵同学李北海耳。'"[3] 陆深不以习得赵孟頫书风受人夸奖为喜，可见当时"赵字"已遭有识之士舍弃，而世风仍然崇尚"赵字"。陆深坚持探索书学新貌的开拓精神激励着董其昌，蕴蓄着董其昌的书学叛逆性格。陆深"书一纸尝废十余纸，书家之不欲自见其瑕如此"[4] 的严谨实干态度激励董其昌最终能够超越赵孟頫的书法成就。

董其昌激赏张弼"诗不求工字不奇，天真烂漫是吾师"的书学境界，认为这是张弼"宜其名高一世"的诀窍。[5] 莫如忠书学右军，深于"二王"，尤其得法于《官奴帖》，"其沉着逼古处，当代名公，未能或之先也"，而且他待人谦逊，虚怀若谷。[6] 陈继儒酷爱苏东坡、米芾书法，专集其字刻石成帖。他书《归去来辞》给鼉师禅师，和苏东坡

---

[1] 顾复：《平生壮观》卷五，第159页。
[2] 董其昌：《画禅室随笔》，《艺林名著丛刊》第三种，第4-5页。
[3] 董其昌：《画禅室随笔》，《艺林名著丛刊》第三种，第5页。
[4] 董其昌：《容台集》，崔尔平选编点校：《明清书法论文选》，第223页。
[5] 董其昌：《容台集》，崔尔平选编点校：《明清书法论文选》，第256页。
[6] 董其昌：《画禅室随笔》，《艺林名著丛刊》第三种，第5页。

"夷险不同,翰墨并妙"[1]。董其昌与陈继儒是至交密友,两人书学志向相同之处很多。董其昌又曾在莫如忠家读书,与莫如忠之子莫是龙同学密契,以志节相尚,书学承继"华亭书派",并把它推进到一个新阶段,是十分自然的事。可以说,董其昌高起点的书学发展中渗透着明代松江地区社会经济开放发达、文化艺术兴旺带来的书学开拓创新精神,他的书学成就离不开他生活的故乡环境。

二、质疑:不满前人,批评改进

在扎实临摹历代书家名迹、广览法书的基础上,董其昌渐渐觉得于书法上娴熟起来,识见增长一大段,评判他人书法时心中有了底气,形成自己的审美标准,可以选择符合个性的书家和作品重点研习,书宗也已定根,把涉猎的书家特长汇串在立身定根上,构建起书法结构和体系,渐渐有了自己的面目,便不满足前人的书法。从不喜欢却讲不出所以然,到尖锐抨击他不喜欢、看不惯的书法,这是批评的第一阶段;从轻视他人书法,妄自尊大,到尊重他人,取其所长,包括自己不喜欢的书家的长处,是批评的第二阶段;对他人书法做出带有善意与敬意的批评,以便充实提高自己,明白自己书学的实际水平状况,明知不足,永无满足和完善,形成完整的衡量标准,这是批评的第三阶段,也是最高级的阶段。

董其昌步入书学第一境界之后,追慕唐晋,抨击元明,书法只有形似,属于浅尝辄止、心大气盛、好高骛远、批评华而不实的第一阶段;追慕钟、王、颜鲁公、钦佩米、杨、李北海等书家,形成评判书法的标准,学习众家之长,进入批评的第二阶段;检讨自己书法不足,辩证评价他人优劣,包括自己疏远、讨厌的书家,书艺成熟,批评中肯,形成有个性的书法,带有总结过去、开创未来书风的帖学大师已经出现,董其昌进入书学批评的最高阶段。步履艰难地行进于书学程途,董其昌从传统书学圈中脱颖而出,乘着传统书学的风翱翔,把中国书法艺术带向一个新高点。他从对元朝和明朝同代书家书法的蔑视、贬抑,到以宽容胸怀肯定他们的特长,真正客观地评断,不是感情用事,如对赵孟頫、

---

[1] 董其昌:《容台集》,崔尔平选编点校:《明清书法论文选》,第 256 页。

祝允明、文徵明等人的评判，不在于一味争个人高下，这是很了不起的态度和行事方式。

（一）论唐书

董其昌对中国书法的学习和继承顺着由唐入晋的路子，形成宗晋、习唐、取宋、贬元、弃明的评判思路。从晋往下，批评愈多愈重。从明溯上，继承推崇愈多愈重。他的怀疑精神似乎与他的书学天赋有关，从初入书道不久便判识唐书不如晋书，做出只是皮相浮躁的书宗选择，几乎葬送他的书学生命。他认为唐代欧、虞、褚、薛诸名家有"妍媚之习"[1]，"虽刻画'二王'，不无拘于法度"[2]。只有"（颜）鲁公直入山阴（王羲之）之室，绝去欧、褚轻媚习气"[3]，"萧散古淡"[4]，"天真烂漫，姿态横出，深得右军灵和之致"[5]，是放开手脚，在王书根基上获得书性自由，反朴归真了。

董其昌临习晋、唐书家，深感习唐容易，入晋困难。万历三十三年（1605）元宵节刚过，51岁的董其昌乘兴而书，"临古诗数首，俱不入晋人室，唯颜平原、虞永兴、杨少师三家，差不愧耳"[6]。还没到得心应手、登晋人书堂的地步。但是，他对唐代除颜书之外的书家几乎不屑一顾，也以临摹不真为强。例如，有人认为董其昌写《法华经》，与褚遂良《西昇经》"字形相等"，就把褚书一珍贵临摹本赠给他，希望董其昌"临百本，使马骨追风，画龙行雨，方以一本见酬"。董其昌不以为喜，反以为忧，"茫然未知何时得慰其意"[7]。以董其昌的书学天赋和自信，冷漠对待褚书，只能表明他的志向喜好不在于此。连他称道的褚书《西昇经》"虽俊媚，恨其束于法"[8]。他曾在《题礼观音文》中说道："余书此文，意欲似虞永兴、欧阳率更，自愧无出蓝之能耳。"[9] 他极力推崇柳公权的用笔古淡，却不喜欢柳书力变右军之法，

---

[1] 董其昌：《画禅室随笔》，《艺林名著丛刊》第三种，第7页。
[2] 董其昌：《画禅室随笔》，《艺林名著丛刊》第三种，第17页。
[3] 董其昌：《容台集》，崔尔平选编点校：《明清书法论文选》，第235页。
[4] 董其昌：《画禅室随笔》，《艺林名著丛刊》第三种，第7页。
[5] 董其昌：《画禅室随笔》，《艺林名著丛刊》第三种，第17页。
[6] 董其昌：《画禅室随笔》，《艺林名著丛刊》第三种，第17页。
[7] 董其昌：《画禅室随笔》，《艺林名著丛刊》第三种，第17页。
[8] 董其昌：《容台集》，崔尔平选编点校：《明清书法论文选》，第220页。
[9] 董其昌：《画禅室随笔》，《艺林名著丛刊》第三种，第16页。

变《兰亭序》的面目，"神奇化为臭腐，故离之耳。凡人学书以姿态取媚，鲜能解此"[1]。董其昌反对柳书的整体书风和书路，乱变"二王"帖学书路传统。他甚至把欧、虞、褚、薛诸家的失败也归因于他们乱变古法。"《兰亭》出唐名贤手摹，各参杂自家习气，欧之肥，褚之瘦，于右军本来面目不无增损，政如仁智自生妄见耳。"[2] 徐浩（季海）书法"未脱欧、虞、褚、薛姿态耳"[3]，不及颜书。

随着书学境界的提升，董其昌又从唐诸家书风中洞见其不凡之处。例如，虞世南从道字发笔处悟到与颜真卿同样的锥画沙、屋漏痕书趣，柳公权"不落右军《兰亭叙》笔墨蹊径，古人有此眼目，故能名家"[4]。董其昌也获得了这种书学创新精神。由此看来，欧、虞、褚、薛诸家"于右军本来面目不无增损，政如仁智自生妄见耳"，反而成为从形模相似，到神质相似，学习前人书法的高级阶段了。只是他们神质上不像"二王"，因而遭到了董其昌的反感和舍弃。等到心平气和反观之时，才从他们的书法中撷取哪怕是点滴精华，加以客观的裁断。

"晋人书取韵，唐人书取法。"[5] 董其昌悟得晋唐书风的差异和特性，于法易入，于韵难取，进而以取韵为上，因为法已掌握了。正是在吃透唐法基础上，董其昌向晋韵冲刺，要求自己的书学境界更上一个台阶。"唐人书皆回腕，宛转藏锋，能留得笔住，不直率光滑，此是书家相传秘诀。微但书法，即画家用笔，亦当得此意。"[6] 从唐书身上，董其昌终于找到了入晋法门。因为唐书从晋书中来，登唐入晋，成为反向习书的捷径，这就是书学传统的继续。唐书以浓丽为主，古淡不足。唐、晋国势不同，书法难继。董其昌却找到了门径。"余每谓晋书无门，唐书无态，学唐乃能入晋。"[7] 帖学大师历经学书坎坷，到达了书法审美的平和静逸境地。晋、唐书法特性并不简单地等同于书法成就的高下，它依赖人们的爱好与选择。"晋、宋人书但以风流胜，不为无法，

---

[1] 董其昌：《画禅室随笔》，《艺林名著丛刊》第三种，第8页。
[2] 董其昌：《画禅室随笔》，《艺林名著丛刊》第三种，第4页。
[3] 董其昌：《容台集》，崔尔平选编点校：《明清书法论文选》，第234页。
[4] 董其昌：《画禅室随笔》，《艺林名著丛刊》第三种，第14页。
[5] 董其昌：《容台集》，崔尔平选编点校：《明清书法论文选》，第218页。
[6] 董其昌：《容台集》，崔尔平选编点校：《明清书法论文选》，第218页。
[7] 董其昌：《容台集》，崔尔平选编点校：《明清书法论文选》，第218-219页。

而妙处不在法。至唐人始专以法为蹊径,而尽态极妍矣。"[1] 风流之韵、庄严之法,是晋、唐书法各自的特性。对它们的学习与批评,关键在于取长补短、融会贯通,提高自己的水平,写出自己的书法,绝对不能苛求他人,以自我审美标准强加于所有的书家,并且由此贬抑他人,抬高自我。因此,韵与法的选择,舍法取韵,实际上已融法于韵。韵现于法,韵法混融,才是董其昌对晋、唐书法的探索历程。

(二) 论宋书

董其昌对宋代书法的批评在主观意识上是公正而严厉的,连他崇敬的米芾也未能幸免。他总体上对宋书持批评态度。"宋人书取意。或曰:'意不胜于法乎?'不然。宋人自以其意为书耳,非能有古人之意也。"[2] 董其昌不赞同宋人书风上蔑视"古人之意"的做法,且又舍弃了唐书之法,只有"自以其意",因而书法既少功力,又少传统根基。正是立足于这点认识,董其昌对宋代书家给与犀利的评判。

宋人书法从颜真卿行书上来,继承了唐书传统,起点很高。他们喜欢行书或行草书体,尽情抒写心意性灵。"以平原《争坐位帖》求苏、米,方知其变。宋人无不写《争坐位帖》也。"[3] 正是在唐书基础上,宋书生出了变化。

董其昌在变化迭出的宋人书法中最推崇米芾的作品。"余尝临米襄阳书。于蔡忠惠(襄)、黄山谷(庭坚)、赵文敏,非所好也。今日展法帖,各临尺牍一篇,颇亦相似。又及苏文忠(轼),亦予所习也。"[4] 董其昌评论、推崇书家是在遍临法帖的前提下选择的,符合他个性与审美观的法书渐渐有了次序,形成体系,而董其昌的书风在临习中逐渐地有了雏形。

苏轼、黄庭坚"两公大以翰墨为佛事。宋人书不及唐,其深心《般若》,故当胜也"[5]。苏、黄都以文章节义之气光照后世,"米癫(芾)视此,有余愧矣。此卷苏词、黄诗皆本家笔。兹论书法,当以

---

[1] 董其昌:《画禅室随笔》,《艺林名著丛刊》第三种,第7页。
[2] 董其昌:《容台集》,崔尔平选编点校:《明清书法论文选》,第218页。
[3] 董其昌:《画禅室随笔》,《艺林名著丛刊》第三种,第7页。
[4] 董其昌:《画禅室随笔》,《艺林名著丛刊》第三种,第14页。
[5] 董其昌:《容台集》,崔尔平选编点校:《明清书法论文选》,第246页。

晋、魏为极则,如连城国玺者,非文章、忠义重耶?"[1] 在人品和书品上,董其昌坚持实事求是、两者分开评论的原则,既承认苏、黄两大家的文章道德,又以晋、魏标准来判别他们的书法成就,敢于指摘名贤书法的不足。"东坡书时有态,特用偃笔,不能捉笔,故有墨肥之诮,自元人后,无能知。"[2] "东坡偃笔虽形类颜,失在用笔矣。其学王僧虔亦然。"[3]

同样,董其昌称赞米芾书法为宋朝第一,颜真卿、杨凝式以后一人,但他的道德风节自然比不过苏、黄,书法上也有弱点。董其昌讲米芾学颜书,"一生不能仿佛,盖亦为学唐初褚公书,稍乏骨气耳";而自己临习颜书,"灯下为此,都不对帖。虽不至入俗,第神采璀璨。即是不及古人处,渐老渐熟,乃造平淡。米老犹隔尘,敢自许逼真乎?题以志吾愧",[4] 自渐不如颜书气魄,米芾也没学像,既存自励之心,奋发不止,也可以见到他对米书的评价。因为米书带褚书味,缺少颜书风骨便很自然。"米元章(芾)重颜行,而不许颜真书,故无楷行世,亦是缺陷。"米芾临《争坐位帖》,时有讹字。[5] "观米老论书,亦可想见米家笔法。顾其诃诋唐人,终非笃论。山谷评米书如'仲繇未见孔子'时气象,则米老未必心服。盖米于前代书法盘旋甚深,非苏、黄所及也。"[6] 董其昌一生迷醉米书,得其气势,"运笔得米元章之髓,非敢自誉。书道本如是,历代皆迷耳"。也避其短缺。"三十年前参米书,在无一实笔,自谓得诀,不能常习。今犹故吾,可愧也。米云:'以势为主。'余病其欠淡,淡乃天骨带来,非学可及。内典(佛教经典)所谓'无师智',画家谓之'气韵'也。"[7] 历时 30 年,董其昌学不全米书"无一实笔",就是因为有自己"天骨带来"的"淡"。淡于米书,正好补上米书不足,有董书品格,这是董其昌不满米书的根源所在。

---

[1] 董其昌:《容台集》,崔尔平选编点校:《明清书法论文选》,第 240 页。
[2] 董其昌:《容台集》,崔尔平选编点校:《明清书法论文选》,第 250 页。
[3] 董其昌:《容台集》,崔尔平选编点校:《明清书法论文选》,第 234 页。
[4] 董其昌:《容台集》,崔尔平选编点校:《明清书法论文选》,第 235 页。
[5] 董其昌:《容台集》,崔尔平选编点校:《明清书法论文选》,第 235 页。
[6] 董其昌:《容台集》,崔尔平选编点校:《明清书法论文选》,第 237 页。
[7] 董其昌:《容台集》,崔尔平选编点校:《明清书法论文选》,第 243 页。

米芾书从温飞卿《湖阴曲》入门,[1]又少学颜行。上习"二王",是从褚遂良悟入《兰亭序》。取右军章法,自许"吾书无王右军一点俗气"[2]。赵孟頫与米芾相比,书法各有门庭。赵书易学,米书不易学。赵孟頫临习米书,"辄不能似,有以也"[3]。米书的门庭与董其昌有别。董其昌临颜书《明远帖》500本,"方有少分相应。米元章、赵子昂,止撮其胜会,遂在门外,如化城鹿车,未了耳"[4]。在笔法和气韵上,董其昌与米芾既有相同之处,又有不同之处,由此看得出董其昌对米书的继承和创新。对米书进行批评,恰好避免了自书的丧失。

蔡襄书法与"宋四家"其余三家有差别,有些变化。董其昌说他"以学杨凝式者为胜于学颜。盖蔡书多守定法,学景度(凝式)者乃不定法。此卷其众尤之尤也"[5]。指出蔡书学习杨书长处,取得成功,而学颜书未到家,因而有败笔。正是精于颜书,又喜爱杨书,董其昌才能对蔡书做出如此精当的评识。

(三) 论元书

元代书法大师赵孟頫是董其昌重点批评的对象。"赵书"指引明人书法如书海夜航,如果不仔细分析,重点突破,就无法超越元、宋、唐书,直宗"二王",创出书学新路,扭转晚明中国书法方向。

针对"宋人自以其意为书耳,非能有古人之意也"的书法偏向,赵孟頫振臂一呼,引导书法回归传统法度,成就卓著,确立了毋容置疑的书法大师地位。"然赵子昂则矫宋之弊,虽己意亦不用矣。此必宋人所诃,盖为法所转也。"[6]董其昌既从宋人直抒胸臆、纵情恣性的书法中获得启示,又对他们没有处理好书法法度的问题大为不满,从而整体上认定宋书成就不如唐书,而唐书不如晋书。显然,宋书必须矫正。赵孟頫不可磨灭的书法功绩恰巧在此做出。但是,赵孟頫在用晋唐书法传统技法矫正宋书之弊的同时,又把中国书学带往另一个方向:追宗"二王"晋魏,重返唐人法度,却停留在唐人法度上,受其束缚。既没

---

[1] 董其昌:《画禅室随笔》,《艺林名著丛刊》第三种,第33页。
[2] 董其昌:《画禅室随笔》,《艺林名著丛刊》第三种,第6页。
[3] 董其昌:《画禅室随笔》,《艺林名著丛刊》第三种,第24页。
[4] 董其昌:《画禅室随笔》,《艺林名著丛刊》第三种,第15页。
[5] 董其昌:《容台集》,崔尔平选编点校:《明清书法论文选》,第236页。
[6] 董其昌:《容台集》,崔尔平选编点校:《明清书法论文选》,第218页。

有吃透晋韵，又丢弃了宋人书意，小心翼翼，循规蹈矩，"己意亦不用矣"。反宋书太重己意，矫宋之枉而过正，又反掉了自己之意。拆毁了宋代建造的书法大厦，垒造了自己和元代的书法大厦，尽管宋、元书法都是别开生面，却依然都有缺陷，都不能让董其昌感到满意，从而留下董其昌必须营造的书法大厦的空间和面目：把晋韵、唐法、宋意结合起来，在唐法台基上融透晋韵，写出有自己个性的新书法。否则，他的书法超不过元、宋、唐人，书法创造只会流于二三流水平。赵孟頫在继承传统书学成就、开拓书法新风的道路上只走到半途，留下董其昌可以接续前行的另一半路途。这是赵孟頫和董其昌各人所处的时代和书学使命决定的。从根本上讲，董其昌对赵孟頫书法的背叛，对明代在"赵体"书风影响下形成的"当代"书风的抨击和抛弃，还是对赵孟頫书学之路的继承和发展。两位帖学书法大师前后辉映于中国书坛，留下了宝贵的书学财富，值得书学后人继承和传递下去。

找到自己与赵孟頫书法的根本差异，董其昌在晋韵、己意上下功夫，探索、临摹书法名迹时总要把自己和赵孟頫做比较。赵孟頫成为他的书法对手，一个徘徊不去的书学幽灵，随时随地向董其昌发出挑战信号，迫使董其昌惊梦游魂，念念莫忘自己的书学归宿。尖锐、深刻而善意的艺术批评是书法前进的驱动力。董其昌在书学传统的继承中成长，在批评和鉴别中成熟，在平和善意中汲取众家包括敌手之长，避免众家包括崇拜的书法宗师之短，构建了自己的书学大厦——一座书学新丰碑。

董其昌很有自知之明，又满怀自信，傲睨一世。他曾经评判自己与赵孟頫书法的得失："与赵文敏较，各有短长。行间茂密，千字一同，吾不如赵。若临仿历代，赵得其十一，吾得其十七。又赵书因熟得俗态，吾书因生得秀色。赵书无弗作意，吾书往往率意。当吾作意，赵书亦输一筹，第作意者少耳。古人云：'右军临池，池水尽黑。假令耽之若是，故当胜余。'于赵亦然。"[1] 董其昌归纳赵孟頫书法的特色是茂密整齐、圆熟、用意，临摹功力深，产生"千字一同"而缺少变化、流于俗态的毛病，自己临仿得意比赵孟頫多，茂密齐整不如赵，字写得

---

[1] 董其昌：《容台集》，崔尔平选编点校：《明清书法论文选》，第220页。

生有秀色，率意而为，如有意作书，也会胜过"赵书"，临池功夫则输于赵。

比董其昌大4岁的同时代书法名家及其好友邢侗夸奖赵孟頫书法，董其昌为此忿忿不平："邢子愿侍御尝为余言：'右军之后即以赵文敏为法嫡，唐、宋人皆旁出耳。'此非笃论！文敏之书病在无势，所学右军犹在形骸之外。右军雄秀之气，文敏无得焉，何能接武山阴也？虽然，其可传者自成一家，望而可知为赵法。非此，则鲜于（枢）、康里（巎巎）得并驱墨苑矣。"[1] 以"势"取书，董其昌深得米芾之法。以势取韵，是"二王"书法特性，董其昌至为惊喜颇有得悟之处。赵孟頫书法离此太远，只得皮相外形之法，未得骨相内髓，因而可以成一家，却不能像邢侗那样拔到右军之后一人。董其昌给与赵孟頫一个继承半个"王书"却不是最好的继承创新者的地位。

董其昌经常和赵孟頫比较各自的临摹得失，从而确定是他还是赵孟頫可以直接右军之后一人的位置。"赵文敏临《禊帖》无虑数百本，即余所见，亦至伙矣。余所临，生平不能终篇。然使如文敏多书，或有入处。盖文敏犹带本家笔法，学不纯师。余则欲绝肖，此为异耳。""随手书《禊帖》，乃脱数字，此不常临写所致。借令如吴兴日数十舒卷，岂有是耶！书以志吾愧。"[2] 董其昌临帖功力不如赵孟頫，他心知肚明，因而在临写气度上下功夫，能比赵孟頫多得书中真味，不像赵孟頫"异味"极重。这里的意思是，赵孟頫临习，不是全盘照磨，而是以自己笔法临写"王书"，因而写出"赵书"，有了书法个性，然而董其昌认为赵孟頫只学写"王书"外形，还没有学习精良，更没有得其骨髓气韵，因此不能深入"王书"法门。自己除了功力稍逊赵孟頫之外，首先学"王书"惟妙惟肖，以至于谙熟得其气韵，然后再有所变，因而能胜过"赵书"。临摹不如赵孟頫，正需补己之短，争取超过他。赵孟頫日书万字，自己写字不快。[3] 赵孟頫学米芾书学不像，欲补米书《海月赋》数行，一再易之，皆不相似，落笔而止，说："今人去古远矣。"董其昌得秦太虚（观）撰《龙井记》，"真称苏家胜友。元章

---

[1] 董其昌：《容台集》，崔尔平选编点校：《明清书法论文选》，第220页。
[2] 董其昌：《容台集》，崔尔平选编点校：《明清书法论文选》，第227页。
[3] 董其昌：《容台集》，崔尔平选编点校：《明清书法论文选》，第238页。

（米芾）此碑，绝得李括州三昧。惜多残缺，余为补之"。"则余其有续貂之愧也夫！"[1] 由于赵孟頫书法门径与米书相异，米书难学，赵书易学，因此赵孟頫学不了米书，而董其昌从米书上接右军畅达，学补米书只如举手之劳轻而易得，不是胜过赵孟頫了吗？

赵孟頫书法最大的毛病在于拘泥于法，不能变化。"赵吴兴受病处者，自余始发其膏肓，在守法不变耳。赵吴兴《过秦论》，张伯雨（张雨）以为学《内景经》，实学《乐毅论》也，匀圆如算子，右军所诃。徐浩、李邕不能免此。唐玄宗《鹡鸰颂》清劲处高出李北海、张从申数等。落笔便思破庸庸之习，以《圣教序》为戒。"[2]

董其昌首揭赵孟頫书病，不是一学书法就能够识辨的。他对赵孟頫书体首先以崇敬的心情来对待，自认接续赵孟頫之后，但是又有胜过之处。"吾于书似可直接赵文敏，第少生耳。而子昂之熟，又不如吾有秀润之气。惟不能多书，以此让吴兴一筹。"[3] 他佩服赵孟頫能多写，写熟了，反而觉得不如自己"生"而"有秀润之气"，决意一较高下便于此萌生，以致越来越挑剔赵孟頫书法之病，舍弃跟在他之后的想法，反映董其昌书法的日益成熟，超越了前面的书学巨子。

他终于认定"赵吴兴大近唐人"，还不如苏东坡"天骨俊逸，是晋、宋间规格也。学书者能辨此，方可执笔临摹，否则纸成堆、笔成冢，终落狐禅耳"[4]。未练笔法，先练气度识见，才能不被身入庐山、不识庐山真面目所误；胸有成竹，才能无所窒碍，一挥而就，董其昌提出了习书非常重要的技巧。否则，后果十分严重。徒有死功夫，还是野狐禅，不入正道。与颜真卿、杨凝式、米芾相比，赵孟頫还在其下。"书家以险绝为奇，此窍惟鲁公、杨少师得之。赵吴兴弗能解也。今人眼目为吴兴所遮障。予得杨公《游仙诗》，日益习之。"[5] "赵字"影响了明代状如算子的"台阁体"书法的形成。董其昌把明代书学之弊归结到赵孟頫身上，体现了超越"赵体"，接续前贤如杨凝式、颜真卿

---

[1] 董其昌：《容台集》，崔尔平选编点校：《明清书法论文选》，第238、243页。
[2] 董其昌：《容台集》，崔尔平选编点校：《明清书法论文选》，第250页。
[3] 董其昌：《画禅室随笔》，《艺林名著丛刊》第三种，第5页。
[4] 董其昌：《画禅室随笔》，《艺林名著丛刊》第三种，第6页。
[5] 董其昌：《画禅室随笔》，《艺林名著丛刊》第三种，第7页。

书风的书路，事实证明他选择正确。

董其昌曾经把自己和赵孟頫相提并论。他发现赵孟頫正书祖法于"小钟"钟绍京《遁甲神经》，于是也临写钟书几行。[1] 而"小楷书不易工，米元章亦但有行押。尝被命仿《黄庭》作《千文》一本以进。今观其迹，但以妍媚飞动取态耳。邢子愿（邢侗）谓余曰：'右军以后，惟赵吴兴得正衣钵，唐、宋皆不如也。'盖谓楷书得《黄庭》《乐毅论》法，吴兴为多，要亦有刻画处。余稍及吴兴，而出入子敬（王献之）。同能不如独胜，余于吴兴是也"[2]。很快，他便不甘屈居于赵孟頫之下，而是居于并起并坐的地位，深信凭借自己的才能，完全可以超过赵孟頫。他见到宋拓王献之《十三行洛神赋》，"为当今第一，曾一见于长安临写石刻，恨赵吴兴有此墨迹，未尽其趣。盖吴兴所少，正《洛神》疏寓之法。使我得之，故（政）当不啻也"[3]。他甚至尖刻批评赵孟頫至于极点，引用李邕的话："北海曰：'似我者俗，学我者死。'不虚也。赵吴兴犹不免此，况余子哉！"[4] 李邕书学王献之《保母帖》《辞中令帖》，希望后人从他追踪王献之，而不要从他学书，否则必居俗书、死书。董其昌认为赵孟頫学"二王"、北海，只在形模，未具神质，犹如李邕所诫，不得书髓，故也是俗书、死书了，犯了北海所诫大病。

董其昌不仅是书法大师，而且是画坛巨匠。他梳理绘画技巧，于元代推崇倪瓒，认为"善书必能善画，善画必能善书，其实一事耳"。王大令（王献之）、米元章、赵孟頫都是一类人物。但赵孟頫与倪瓒的"古淡天然，米痴后一人而已"相比，"犹逊迂翁（倪瓒）"，书法上赵孟頫与他相比，自然也逊于平淡。[5] 董其昌的书学境界越高，对赵孟頫的书法短处看得越深，而对其书法长处也越注意吸收过来了。

董其昌声称"余素不为吴兴书"，然而见到"娄水王奉常（王时敏）家藏赵吴兴诗帖致佳，余从高仲举见之，把玩移日，舟行闲适，漫临一过"，"略得形模耳"。[6] "客有持赵文敏书《雪赋》见视者，余爱

---

[1] 董其昌：《画禅室随笔》，《艺林名著丛刊》第三种，第20页。
[2] 董其昌：《画禅室随笔》，《艺林名著丛刊》第三种，第16页。
[3] 董其昌：《画禅室随笔》，《艺林名著丛刊》第三种，第23页。
[4] 董其昌：《画禅室随笔》，《艺林名著丛刊》第三种，第25页。
[5] 董其昌：《画禅室随笔》，《艺林名著丛刊》第三种，第43、44、46页。
[6] 董其昌：《画禅室随笔》，《艺林名著丛刊》第三种，第19页。

其笔法遒丽，有《黄庭》《乐毅论》风规，未知后人谁为竞赏，恐文徵仲（徵明）瞠乎若后矣，遂自书一篇，意欲与异趣，令人望而知为吾家书也。昔人云：'非惟恨吾不见古人，亦恨古人不见我。'又云：'恨右军无臣法。'此则余何敢言？然世必有解之者。"[1] 本着心平气和的态度，董其昌最终回到客观审视赵孟𫖯书法成就的轨道上。此时是以王羲之为书学宗师，改换了审察视角，以"吾家书"面目来临习"赵书"之长了。他不敢称超越王羲之，谦虚地一再以"余以不自立家，故数数迁业如此，得在此，失亦在此。《赋》云：'谢朝华于已披，启夕秀于未振。'是余书旨也"[2]。一个继往开来的书学大师这就诞生了。

待到董其昌晚年"还山以来"，对"赵书"体悟愈深。尽管生平"雅不喜赵吴兴书。近有老广文戴公自岭表归，装中贮吴兴小楷《内景经》一卷，数千言，少一百九十字，俞紫芝补其末，绝类杨上真（杨羲），乃吴兴生平神品，颇恨晚而获见。唐人诗云：'夕阳无限好，只是近黄昏。'奈之何！"[3] 越老越熟，越淡越纯，董其昌对赵孟𫖯书法的认识历经崇敬、媲美、不屑一顾、超越，回到重新推崇，自家书法也成功了。这正是书法大师成功的历程。

（四）论明书

明代书法的怪异和衰颓是董其昌决意要另创新路的根由。在他眼里，除了几个松江书法乡贤和祝允明、文徵明等吴门书家还有几分可道之处之外，几乎明代书法无甚可观，不值得多去评论。从他的书论数量来看，多集中在唐宋元时期，尤其是宋书，他的书法悟解评论最多。关于晋代书宗和明代衰法，数量较少。他用书法行动和成就表示对他"当代"书法的鄙夷。

同时代书家首先成为董其昌接触认识和批评的对象。吴门书家的辐射力最大。董其昌生活在吴语区，深深感受到祝允明、文徵明等书家的魅力。但是，聪明绝顶的他以其艺术的敏锐性立即认识到"吴门书派"的缺失。"文待诏（徵明）学智永《千文》，尽态极妍则有之，得神得

---

[1] 董其昌：《容台集》，崔尔平选编点校：《明清书法论文选》，第245页。
[2] 董其昌：《容台集》，崔尔平选编点校：《明清书法论文选》，第245页。
[3] 董其昌：《容台集》，崔尔平选编点校：《明清书法论文选》，第217页。

髓，概乎其未有闻也。尝见吴兴临智永，故当胜。"[1] 文徵明学唐人楷法，功夫扎实，端庄极致，董其昌不得不承认这一点。智永《千字文》是楷书之宗，到虞世南楷法一变。文徵明学得的只是形态，又是董其昌极其反感的"姿媚"。董其昌曾从虞书入手初学唐书和书法，花费多年，入手易，提高不易，因而舍虞书，宗颜鲁公，追钟、王。眼界抬高，回顾学习虞书，他不是单学一家，而是"以虞书入永书，为此一家笔法"，略有心得，打下了楷书基础，只是不愿意多花工夫。他充满自信："若退颖满五簏，未必不合符前人。顾经岁不能成《千字》卷册，何称习者之门？自分与此道远矣。"[2] 拾得起，见人之长；放得下，舍人之短；知己知彼，书道日进。董其昌的明智和过人之处在此，因此他能从文徵明的书法光环笼罩中走脱出来。

当然，董其昌从祝允明、文徵明书法中得悟不少。他十分佩服文徵明的习书态度和功力，自愧不如。"文太史自书所作七言律，皆闲窗日课乃尔。端谨如对客挥毫，不以耗气，应想见前辈风流。""文待诏每旦必书《千文》一卷。余此卷先后七年，纸成堆、墨成臼无望矣。书道安得进乎？"[3] 董其昌见到祝允明"书律诗二十首，如绵裹铁，如印印泥，方是本色真虎，非裴将军先射诸彪也"[4]，评价极高，然而只停留在"如印印泥"的书法第一阶段。[5]

董其昌对王锡爵、王衡父子的书法也有评论。王锡爵以鼎甲入阁，主政多年，万历朝才休退，"深于书，书尤深于唐碑。晚年犹悬碑刻满四壁，特不欲以书名耳。辰玉（王衡）虽不沾沾论书，乃眼白一世，鲜所许可。其天骨既尔秀绝，而盘旋唐、晋间，工力兼至。或以为学苏子瞻（轼），子瞻实不能尽辰玉也"。他学东坡书法已在形模之外，随意结构，姿态横溢，秀色可餐。由于董其昌与王家父子交往密切，深知他们的书法底细，因此才能出如此惊人之语。早在董其昌做庶吉士读书

---

[1] 董其昌：《画禅室随笔》，《艺林名著丛刊》第三种，第3页。
[2] 董其昌：《画禅室随笔》，《艺林名著丛刊》第三种，第20页。
[3] 董其昌：《容台集》，崔尔平选编点校：《明清书法论文选》，第256、222页。
[4] 董其昌：《容台集》，崔尔平选编点校：《明清书法论文选》，第256页。
[5] 樊波《董其昌》（吉林美术出版社1996年，第78—93页）引张照论习书三阶段，即初若印泥，中若印水，终若印空，观照董其昌书学发展（参见《石渠宝笈续编》第十八册）。

时候，王锡爵"见余阁试卷，曰：'公对策，书学率更令（欧阳询），复类柳诚悬（公权）乎！'"他深知书法，鉴识力极强。书法娟秀，带有米芾意致，又有苍古之气，然而停留在唐人书道，也是台阁风气。而其子出乎唐、晋，虽然有东坡不若之处，但并不极心于书，给董其昌以不满足感，并很为他可惜：书学未得王衡的奇才以推进。从王锡爵身上，董其昌又有领悟："文肃公（王锡爵）初入馆时，书犹近率易。渐久渐苍，以瘦硬兼姿态。可知前辈名公学问日益，不止书道也。"[1] 书道不啻在书法中，它是内外环境作用于心性的产物。

董其昌认为明代书风不好，急功求利求名。"今人朝学执笔，夕已勒石，余深鄙之。"[2] 对于传统技法不闻不问，最是令人担忧，书法即将堕入魔道。"今人作书，只信笔为波画耳。结构纵有古法，未尝真用笔也。善用笔者清劲，不善用笔者浓浊。不独连篇各体有分别，一字中亦具此两种，不可不知也。"[3] 董其昌一边批评时下书风，一边加以矫正，从结构用笔上辨析。他对"台阁体"从书学上予以全盘否定，"故为作者，字如算子，便不是书，谓说定法也"[4]。

明代书法上接唐、晋，却不得要领，滞于外形。"书家好观阁帖，此正是病。盖王著（宋初人）辈，绝不识晋、唐人笔意，专得其形，故多正局。字须奇宕潇洒，时出新致，以奇为正，不主故常。此赵吴兴所未尝梦见者，惟米痴能会其趣耳。"[5] 赵孟頫书法多正局，不如米芾成趣，也学不像，明代跟风学"赵书"者多，不复再见晋、唐人笔意，这是一种书法偏向。"迩来学《黄庭经》《圣教序》者，不得其解，遂成一种俗书。彼倚藉古人，自谓合辙，杂毒人心，如油入面，带累前代诸公不少。余故为拈出，使知书家自有正法眼藏也。"[6] 明人非但不能将字形与笔法结合，一正一偏，像"右军书如凤翥鸾翔，迹似奇而反正"[7]，还产生另一种书法偏向，即"狂怪怒张"，从学习怀素草书上

---

[1] 董其昌：《容台集》，崔尔平选编点校：《明清书法论文选》第247—248、256页。
[2] 董其昌：《画禅室随笔》，《艺林名著丛刊》第三种，第11页。
[3] 董其昌：《画禅室随笔》，《艺林名著丛刊》第三种，第18页。
[4] 董其昌：《画禅室随笔》，《艺林名著丛刊》第三种，第2页。
[5] 董其昌：《画禅室随笔》，《艺林名著丛刊》第三种，第2页。
[6] 董其昌：《容台集》，崔尔平选编点校：《明清书法论文选》，第248页。
[7] 董其昌：《画禅室随笔》，《艺林名著丛刊》第三种，第27页。

来。"本朝学素（怀素）书者，鲜得宗趣。徐武功（有贞）、祝京兆（允明）、张南安（弼）、莫方伯（如忠）各有所入。丰考功（坊）亦得一斑。然狂怪怒张，失其本矣"，不能像"张旭之有怀素，犹董元（源）之有巨然，衣钵相承，无复余恨，皆以平淡天真为旨，人目之为狂，乃不狂也"。[1] 根据董其昌的经验，自己"素临怀素《自叙帖》，皆以大令（王献之）笔意求之，时有似者"，解缙、丰坊等不从怀素书法上求"王书"笔意，更不能以王献之笔意推得怀素书髓，任己意随画，难免佯狂无序，丑态百出了。"近来解大绅（缙）、丰考功（坊）狂怪怒张，绝去此血脉，遂累及素师。所谓从旁门入者，不是家珍。见过于师，方堪传授也。"[2]

在状如算子的书风之下，具有创新精神的书家各有所得。但是，如果他们不从"二王"书源学习其精髓，仍然会流于"狂怪怒张"。"文、祝二家，一时之标，然欲突过'二沈'，未能也，以空疏无实际故。"[3] "二沈"的成功在于宗法"二王"，还未形成学"二沈"书者的状如算子，还有活意灵度。文、祝标榜一时，只有"王书"端严和狂放，而无平淡天真之意，董其昌给出的评价所以不高。

董其昌对明代的书法批评同他的书法走向的选择是一致的。从步入书坛的那天起，董其昌就对从明朝开国以降直到同时期的书法发展进行反思。他的认识批评随着自己书艺的增进和自我书法道路的逐渐凸显而更加明朗化。如果说，他17岁开始习书，学了3年，有逼古之气，就"不复以文徵仲、祝希哲置之眼角"，纯属年轻狂诞无知，以后自觉"乃于书家之神理，实未有入处，徒守格辙耳"，从此开始书学境界的攀升，那么，他对明代书法的批评也是随之不断升级的，并使明代书法向书学的高级层次提升，直到他的潜力殆尽，下一代书家能够接上为止。

董其昌针对明代中期以来广泛流行的"台阁体"书法，毫不客气地进行严肃评析。他把"台阁体"书法比作"算子书，安能使木佛放光、照诸天世界耶？"如果这种"算子书"是从颜鲁公书脉上来，"盖

---

[1] 董其昌：《画禅室随笔》，《艺林名著丛刊》第三种，第11页。
[2] 董其昌：《画禅室随笔》，《艺林名著丛刊》第三种，第13页。
[3] 董其昌：《画禅室随笔》，《艺林名著丛刊》第三种，第8页。

以气格胜，磊磊砢砢，不受绳束，最是端人正士本色耳"，则"痴人前不得说梦！""端人正士"绝不等于他的书法状如算子，也不表明书法便"骨气刚劲，如端人正士，凛不可犯也"。[1] 艺术自有本身的规则，绝非皮相的简单理喻。对于人们排斥歪曲他钟爱的颜书，董其昌愤慨不平。"颜平原屋漏痕、折钗股，谓欲藏锋，后人遂以墨猪当之，皆成偃笔。痴人前不得说梦！欲知屋漏痕、折钗股，于圆熟求之。未可朝执笔而暮合辙也。"[2] 书学无边，惟苦作舟，时人以朝夕求速成，岂能摸到书法正道的门径！

明代书法学用"台阁体"，带来一代书艺的拙劣。与前代相比，着实令人忧虑。董其昌列举官诰的书写，比较唐、明两代的差别。"唐世官诰，皆出善书名公之手。颜鲁公（真卿）为礼部尚书，犹书《朱巨川诰》，如近世之埋志，非借手宗工，以为孝慈不足，其重如此。国朝制诰，乃使中书舍人为之写轴，而书法一本沈度、姜立纲，何能传后？予两掌制词，及先太史诰，欲自书之，忽有非时之命，持节长沙封吉藩。颁诰之时，王程于迈（远行），不获从鲁公自书之例。因临颜帖，为之怃然。"[3] 董其昌认为颜真卿以名公巨卿公务繁重，还不改自书官诰之事。官诰绝非小事，必借书法名家之手才能隆重传世。明代无书法大家，只有中书舍人用沈度、姜立纲的字体画写。他们的书法声威根本无法上比颜真卿等大师巨匠，明代大大不如唐代重视官诰了。自己任当职掌，想竭力改变这一风气，自书家人官诰，因故无能书写。此正反映明代书法在走下坡路。

明代书学衰颓的根源在于"学书不从临古入，必堕恶道"。董其昌以"苏子瞻自谓悬帖壁间观之，所取得其大意"为实证，抨击"当代"书风。"今所流传《醉僧图》《王会稽尺牍》，终不似真。赵子昂欲补米元章《海月赋》，落笔辄止，曰'今人夫古远矣'，皆为临学所困也。二公犹尔，况余子乎？朝学执笔，暮夸其能，书家通病。"[4] 有感而发，感叹深切，只有从书学里滚爬过来的人才能有此谆谆告诫，训斥书

---

[1] 董其昌：《容台集》，崔尔平选编点校：《明清书法论文选》，第219页。
[2] 董其昌：《画禅室随笔》，《艺林名著丛刊》第三种，第2页。
[3] 董其昌：《画禅室随笔》，《艺林名著丛刊》第三种，第10页。
[4] 董其昌：《容台集》，崔尔平选编点校：《明清书法论文选》，第238页。

学的歪门邪道；注重基本功的训练，取法于上，首先习得书法传统正途，然后再去谋求创新之路吧。

值得注意的是"从临古入"，不是从阁帖入。"古帖不足学，学书必见真迹。"[1] 实在无奈，阁帖中"今当以王僧虔、王徽之、陶隐居、大令帖几种为宗，余俱不必学"。后来，董其昌总结一生书法经历，在习帖上形成完整的摹习体系。"书楷当以《黄庭》、怀素为宗。不可得，则宗《女史箴》。行书以米元章、颜鲁公为宗。草以《十七帖》为宗。"[2] 以王羲之书法为主，踵接"王书"最有成就的怀素、颜真卿、米芾，即糅合晋、唐、宋书风，这是董其昌书法成功的渊源。

追寻明初书法，董其昌用王羲之书法为标准，不合符则加以舍弃。例如，讲到章草，"大都为章草者，必兼右军乃合，不则宋克辈耳"[3]。

董其昌宗晋书韵的境界使他超出同代书家。在这样的书法环境中，他慨叹明初以来书学的衰微，没有一位当朝书家令他十分钦佩满意，甚至比起元末还有不若之处。"想见元末国初，法书犹为衰中之盛。今东南惟晋陵唐氏、姑苏韩氏、绣水项氏，收藏差富，亦渐为好事者所购，此外寥寥无闻。余行游天下，往往地阅千里，无一卷一帖可入眼者。欲如米老之作《宝章待访录》矣。"[4] 惟一的出路在于上溯前代，采摭精华，宗接"二王"，尤其是王羲之，重开明代书风。这是董其昌选择的历史重任，义不容辞。

三、创新：超迈前人，自成一格

董其昌经历书法入门、临摹、不满、批评、兼习书家之长并避其所短等阶段，最终到达写自己书法的高级境界。他曾自评书法："余性好书而懒矜庄，鲜写至成篇者。虽无日不执笔，皆纵横断续、无伦次语耳。偶以册置案头，遂时为作各体，且多录古人雅致语，觉向来肆意殊非用敬之道。然余不好书名，故书中稍有淡意，此亦自知之。若前人作

---

[1] 董其昌：《容台集》，崔尔平选编点校：《明清书法论文选》，第222、225页。
[2] 董其昌：《画禅室随笔》，《艺林名著丛刊》第三种，第2、3页。
[3] 董其昌：《容台集》，崔尔平选编点校：《明清书法论文选》，第247页。
[4] 董其昌：《容台集》，崔尔平选编点校：《明清书法论文选》，第223页。

书不苟，亦不免为名使耳。"[1]

爱好书法成癖成性，每日都要和古人交流，靠什么和古人交流呢？只有通过笔墨来体察其中流注的古人精神！这是董其昌书法的第一大特征。

不苟求书名，作书才放得开，做得出，随心所欲，竭尽心性，就是"肆意"，却往往断断续续不能完篇，一幅作品需要临摹多年，董其昌归纳为"懒"，不如文徵明等先贤之勤谨，这是他书法的第二大特征。

免除书名驱使，临习、写作各体，学得古人书法精神，不作俗书，别有风韵，形成"书中稍有淡意"的个性，这是董其昌书法的第三大特征，也是与其他人最大的不同之处。

他识别"'丹青不知老将至，富贵于吾如浮云'，老杜（杜甫）语，殊可味。又云'惜哉功名迕，徒见书画传'，似犹不免俗态"[2]。前者把书法绘画看作生命的组成部分、生活的重要乐趣，所以赞同杜甫之言；后者则仍未脱免名利思想，把书画传世看得太重，反而阻碍了书画水平的发挥，因此，董其昌不同意这种说法。为书法而书法，就没有好书法。董其昌的豁达过人、人生领悟透彻之处就在于此。他经常随手题跋书画，留下墨迹几行，让后世"明眼人""知书者"去识断品玩，估计他的书法地位，而不是在当时就争到什么绝世书家的地位。淡泊名利的心性产生淡泊人生的书法，只有在极深的名利场中吃透名利的人才能对名利淡泊到如此无以复加的地步。徘徊在名利门槛外面的书家只有以书法来赢取现世的名利，因而严谨不苟，被名利浮云遮住望眼，到头来究底不知何物是名利。

董其昌学书30年的时候，"不敢谓入古三昧，而书法至余亦复一变。世有明眼人，必能知其解者"。不追求名利，自负不凡，自信不疑，他凭借的是率性作书。"余虽好书，都不自作书。每胜日闲窗，为人所强而应者，当时率意涂抹，宁知后来尽用入石，不得少藏其拙也。"这是多么洒脱！苏端明（轼）、祝希哲（允明）"遇佳纸精笔，横陈几案，辄自作书不休，有从索书者辄怒不许"[3]。这与他全然相反，是刻意为

---

[1] 董其昌：《容台集》，崔尔平选编点校：《明清书法论文选》，第222页。
[2] 董其昌：《容台集》，崔尔平选编点校：《明清书法论文选》，第221页。
[3] 董其昌：《容台集》，崔尔平选编点校：《明清书法论文选》，第226页。

自己书，不轻率为他人书，是一心一意为求后世书名，因此一丝不苟，不随便流传于外，以免被人指摘其中瑕疵，败坏名声，此种精神可嘉，却把自己书法的本意忘了，反而不如董其昌无拙可藏，来得自然无拘，淡然从容，让索书者满意地收藏他的墨迹。至于其中得失，非我关注，任凭他人日后如何诉说吧。这是两种书家类型，形成两种书风，产生两种书法艺术的社会效果，为书名历史所想的人易被历史书名所忘或所轻，历史的无情和公正就会如此表现无遗。

董其昌书学成功的精髓在于善学善继，更重要的在于善于变通，善作有根基的变通。他以米芾为例，米书自欧阳询"得之，晚年一变，遂有冰寒于水之奇"。东坡书法用王僧虔结体，而中有偃笔，又杂用颜书之法，"故世人不知其所自来"[1]，董其昌算吃透他了，称他"天骨俊逸，是晋、宋间规格也"[2]。颜真卿书法从蔡邕《石经》得遗意，"后之学颜者，以觚棱斩截为入门，所谓不参活句者也"[3]。他得到的结论是"书家未有学古而不变者也"[4]。"'世人但学《兰亭序》面，欲换凡骨无金丹'，山谷（黄庭坚）语与东坡同意，正在离合之间。守法不变，即为书家奴耳。"赵孟頫临《兰亭序》"甚多，世所传《十七跋》《十三跋》是已"。[5] 徐渭早就评赵书"似算子，率俗书，不可言也"[6]。董其昌的批评与他一致，并自道临习书法门径，蝇头小楷作成《雪赋》，"大都学《女史箴》笔法，今人罕见之，不知吾所自也"。这是久不书写小楷之后的"偶然欲书，为竟此赋"[7] 怪不得他要推崇《女史箴》作为临帖入门呢。

醒悟米芾书法一变古人面目，在于听人劝解，从"集古字"转向取古人书"势"，董其昌便不像米老到晚年才脱解出来，而是经过20年书学，从宋人书法悟得入手处，立即解救自我，即是在40岁不到，已完全明白临习古人书迹不在于形似，而在于神似。因此他临摹《兰亭

---

[1] 董其昌：《容台集》，崔尔平选编点校：《明清书法论文选》，第219页。
[2] 董其昌：《画禅室随笔》，《艺林名著丛刊》第三种，第6页。
[3] 董其昌：《容台集》，崔尔平选编点校：《明清书法论文选》，第236页。
[4] 董其昌：《容台集》，崔尔平选编点校：《明清书法论文选》，第219页。
[5] 董其昌：《容台集》，崔尔平选编点校：《明清书法论文选》，第228页。
[6] 徐渭：《评字》，崔尔平选编点校：《明清书法论文选》，第128页。
[7] 董其昌：《容台集》，崔尔平选编点校：《明清书法论文选》，第225页。

序》专"以意背临","都不临帖,乃以势取之耳","一似抚无弦琴者","以为非势所自生,故不为也",[1] 连"小楷法欲可展为方丈者,乃尽势也"[2]。

从怀素真书真迹悟到"以淡为宗,徒求之豪宕奇怪者,皆不具鲁男子见者也"[3],董其昌对米芾书法"以势为主"都敢于提出批评了:"余病其欠淡。淡乃天骨带来,非学可及。"怀素有此"无师智",自己则有此"气韵",[4] 都是禀赋所自。董其昌能书超前人,有些先天艺术领悟力,确实在学书中发挥了优势,起到潜在的导向作用。

通过临习"二王"、颜、米等家书法,董其昌得了气韵和笔意,不为唐法所束缚,加上漫不经意,率意书写,不为名利所牵累,还有艺术禀赋的作用,平淡率真,视一切俗书于不顾,"欲一洗媚艳之习"[5],做到"作书最要泯没棱痕,不使笔笔在纸素,成板刻样。东坡诗论书法云:'天真烂漫是吾师。'此一句丹髓也"。从人家笔法,到自家笔法,直到脱尽本家笔法,自出机轴,至于"巧妙""化境","书道只在巧、妙二字,拙则直率而无化境矣"[6]。虞世南正书传世,人们只学到他的拙处,"辄成算子","巧处故应不传"。董其昌从"余非能书,能解之耳",[7] 到"书法至余,亦复一变"[8]。他的书风一变明代书坛,自有公论。董其昌不仅学到中国书法精髓,形成自己的书学理论,而且弘扬传统书学,进行书法实践,深得书法技巧,在书学内外两方面都很好地做了综合和总结。

董其昌书法的技巧有着许多继承前人和推展之处。他悟透的"二王"最佳笔法只有颜真卿继得其髓,就是折钗股、屋漏痕,[9] 从中他掌握了用笔的奥妙。"作书之法,在能收纵,又能攒捉。每一字中,失此两窍,便如昼夜独行,全是魔道矣。"显然,董其昌笔法受米芾"无

---

[1] 董其昌:《容台集》,崔尔平选编点校:《明清书法论文选》,第230、228页。
[2] 董其昌:《容台集》,崔尔平选编点校:《明清书法论文选》,第225页。
[3] 董其昌:《容台集》,崔尔平选编点校:《明清书法论文选》,第239页。
[4] 董其昌:《容台集》,崔尔平选编点校:《明清书法论文选》,第243页。
[5] 董其昌:《容台集》,崔尔平选编点校:《明清书法论文选》,第240页。
[6] 董其昌:《画禅室随笔》,《艺林名著丛刊》第三种,第2页。
[7] 董其昌:《容台集》,崔尔平选编点校:《明清书法论文选》,第233页。
[8] 董其昌:《画禅室随笔》,《艺林名著丛刊》第三种,第11页。
[9] 董其昌:《画禅室随笔》,《艺林名著丛刊》第三种,第15页。

往不收"影响最深。[1] 直接从晋、唐、宋接续下来，形成新的体会，从字与字之间的富有变化，推展到每个字内笔画富有变化。古人用笔之妙，只有从晋、唐、宋人真迹中发见，可以避去一个俗字。他在徐浩《三藏碑》悟到王羲之的拨镫法，是由晋、唐名家传授，后人却有未可理解之处。

"发笔处便要提得笔起，不使其自偃，乃是千古不传语。盖用笔之难，难在遒劲，而遒劲非是怒笔木强之谓，乃大力人通身是力，倒辄能起。此惟褚河南（遂良）、虞永兴（世南）行书得之，须悟后始肯余言也。"成熟的董其昌善学先贤书家任何一点长处，于推崇"二王"（尤其是王羲之）、颜、米之时，全无门户之见。还敢于向任何书学权威挑战，公允地指摘他们的不足之处。例如东坡的偃笔不是他所欣赏的笔法，在于与"提得笔起"的"遒劲"不同。而遒劲的要点不在于"怒笔木强"，佯装狂纵，流于信笔俗书，是"大力人通身是力，倒辄能起"，刚柔相济，得中而已，即不浓不淡，不怒不弱，得乎平淡中孚，恰到好处。在书法练习中，董其昌经常为这一用笔尺度不能很好地把握而烦恼，但他还是不停地体会用察。"予学书三十年，悟得书法，而不能实证者，在自起自倒、自收自束处耳。过此关，即右军父子，亦无奈何也。转左侧右，乃右军字势，所谓迹似奇而反正者，世人不能解也。"[2] 把随心用意作为书法用笔的最高境界，已经超越了绝对的外在形式，重心在内在精神气韵，真正达到出神入化、鬼斧神工、臻于神品的境地，可谓抓住了中国书法的真谛。

做到"自起自倒、自收自束"，必须破除"信笔"。"作书须提得笔起，自为起，自为结，不可信笔。后代人作书，皆信笔耳。信笔二字，最当玩味。吾所云'须悬腕，须正锋'者，皆为破信笔之病也。东坡书笔俱重落，米襄阳（芾）谓之画字，此言有信笔处耳。""笔画中须直，不得轻易偏软。"[3] 行笔用中锋则正直，偏锋侧锋则仆而无力，或面目怪异狰狞，成了"信笔"。"信笔"的含意有些模糊，不是放笔纵意，也不是浓笔重画；更不是轻描淡写，柔弱无力；当然一味刚劲飘

---

[1] 董其昌：《画禅室随笔》，《艺林名著丛刊》第三种，第1、21页。

[2] 董其昌：《画禅室随笔》，《艺林名著丛刊》第三种，第3、2页。

[3] 董其昌：《画禅室随笔》，《艺林名著丛刊》第三种，第1页。

悍，仍不出"信笔"界域；拘谨端肃，只排出算子，还不是书法。"信笔"十分容易。破"信笔"十分困难。"信笔"不"信笔"是董其昌书法与俗书的重要分界线，而非"信笔"之书成为董其昌执笔的关节、书法的理想目标。他进一步阐释破"信笔"之法："作书须提得笔起，不可信笔。盖信笔则其波画皆无力。提得笔起，则一转一束处，皆有主宰。转、束二字，书家妙诀也。今人只是笔作主，未尝运笔。"[1] 做到由人做主，支配笔，变成书家在用笔。

在结字上，董其昌的宗旨是"书家以豪逸有气、能自结撰为极则"[2]。怎样做到"能自结撰"呢？必须有个摹习过程。"欲学书，先定间架，然后纵横跌宕，惟变所适也。"[3] 董其昌提出"晋、唐人结字，须一一录出，时常参取此最关要"[4]。他以王羲之书法真迹为研讨对象，得益不浅。"书家以分行布白谓之九宫。元人作《书经》云：'《黄庭》有六分九宫，《曹娥》有四分九宫。'今观信本《千文》，真有完字，具于胸中。若构凌云台，一一皆衡剂而成者。"[5] 结字笔画从临帖上出。选帖当然紧要，入帖则不容易，出帖最难。"今人看古帖，皆穿牛皮之喻也。古人神气淋漓翰墨间，妙处在随意所如，自成体势。故为作者，字如算子，便不是书，谓说定法也。"[6] 照帖临习，没有变化，没有自家气息，好像米芾"集古字"，专门临帖，不到晚年感悟，不能独立成家，因此在"捉笔时，须定宗旨。若泛泛涂抹，书道不成形像，用笔使人望而知其为某书，不嫌说定法也"[7]，还没有"泯没棱痕"，出得自家书形，更不要说自家书神了。"字须奇宕潇洒，时出新致，以奇为正，不主故常。"[8] 从有帖到无帖，似无帖而实有帖，从传统书法到自我书法，以自我书法呈现传统书法的衔接，连自家面目也无定形，真正出神入化、结字到家了。

---

[1] 董其昌：《画禅室随笔》，《艺林名著丛刊》第三种，第3页。
[2] 董其昌：《画禅室随笔》，《艺林名著丛刊》第三种，第61页。
[3] 董其昌：《画禅室随笔》，《艺林名著丛刊》第三种，第30页。
[4] 董其昌：《画禅室随笔》，《艺林名著丛刊》第三种，第4页。
[5] 董其昌：《画禅室随笔》，《艺林名著丛刊》第三种，第30页。
[6] 董其昌：《画禅室随笔》，《艺林名著丛刊》第三种，第2页。
[7] 董其昌：《画禅室随笔》，《艺林名著丛刊》第三种，第1页。
[8] 董其昌：《画禅室随笔》，《艺林名著丛刊》第三种，第2页。

在章法上，董其昌推崇王羲之，"以章法为一大事，盖所谓行间茂密是也"。"《兰亭叙》章法为古今第一，其字皆映带而生，或小或大，随手所如，皆入法则，所以为神品也。"[1] "作书所最忌者，位置等匀。且如一字中，须有收有放，有精神相挽处。王大令（献之）之书，从无左右并头者。右军如凤翥鸾翔，似奇反正。米元章（芾）谓大年（赵令穰）《千文》，观其有偏侧之势，出'二王'外。此皆言布置不当平匀，当长短错综、疏密相间也。"[2]

"古人作书，必不作正局，盖以奇为正。""《兰亭》非不正，其纵宕用笔处，无迹可寻。若形模相似，转去转远。柳公权云'笔正'，须善学柳下惠者恭之。余学书三十年，见此意耳。"董其昌认为元人，包括赵孟頫，"不入晋、唐门室"，原因在此。[3] "古人书皆以奇宕为主，绝无平正等匀态。自元人遂失此法。余欲集《阁帖》中最可见者作一《书谱》。所谓'字如算子，便不是书'。摇笔便当念此，自然超乘而上。"[4] 状如算子，不仅是个结字问题。一字之中没有变法，也是个章法问题，会使字字之间布局没有变化。董其昌要回到元人之前的书法上去，扳回书学发展轨道。

用墨，是董其昌书法技巧的独创之处。尽管书法用墨在董其昌同时代还有其他书家注意到了，但是董其昌作为一位画坛大师，倡导书法讲究墨色，融画法于书法，功劳巨大。"字之巧处在用笔，尤在用墨。然非多见古人真迹，不足与语此窍也。"[5] 中国书法用毛笔蘸墨书写而成，"文房四宝"材料及其工艺的改进，越来越走向精湛，极大地推动了书画艺术发展。观察古人真迹，一般只注意如何运笔，只有对墨色画法有灵机的人才会洞察其中隐秘。墨有浓淡干湿黑白六法，用到线条造形的书法上，同样可以驰骋一番，就看书家能否领悟了。"李成惜墨如

---

[1] 董其昌：《画禅室随笔》，《艺林名著丛刊》第三种，第4页。
[2] 董其昌：《画禅室随笔》，《艺林名著丛刊》第三种，第1页。
[3] 董其昌：《画禅室随笔》，《艺林名著丛刊》第三种，第2页。屠友祥《画禅室随笔校注》（上海远东出版社2011年，第13页），"转去转远"作"转去之远"，"恭之"作"参之"。《董其昌全集》之《画禅室随笔》卷一，作"转去转远""参之"，参见严文儒、尹军主编《董其昌全集》第三册，李新城校点，上海书画出版社2013年，第63页。
[4] 董其昌：《容台集》，崔尔平选编点校：《明清书法论文选》，第247页。
[5] 董其昌：《画禅室随笔》，《艺林名著丛刊》第三种，第2页。

金，王洽泼墨沈成画。夫学画者每念惜墨、泼墨四字，于六法三品，思过半矣。"[1] 董其昌把画法用于书法，注重墨色浓淡干湿，选择淡润用墨，成功地造就平淡萧散的书法。他深深得益于书画同源、书画一体、以画入书之道。"用墨须使有润，不可使其枯燥。尤忌浓肥，肥则大恶道矣。"[2] 而晚明书风现状是"世人且不知有笔法，况墨法乎！"[3] 董其昌的书法标新用墨，一定会遭到讥笑和责难，非常人可以认同。

平淡萧散、天真烂漫的董其昌书风得益于用笔、结字、章法、用墨固然不少，更多的则是气势神韵，这是临摹前贤书法最重要之处，更是形成自我书法个性的精髓。"书家有自神其说，以右军感胎，似传笔法，大令得白云先生口授者，此皆妄人附托语。天上虽有神仙，能知羲、献为谁乎？"[4] 董其昌的敏悟使他否定了神韵神授之说。他举出"吕纯阳书，为神仙中表表者，今所见若《东老诗》，乃类张长史，又云《题黄鹤楼》似李北海。仙书尚以名家为师如此。孙虔礼（过庭）曰：'妙拟神仙。'余谓实过之，无不及也。昔人以翰墨为不朽事，然亦有遇不遇。有最下最传者；有勤一生而学之，异世不闻声响者；有为后人相倾，余子悠悠，随巨子讥评，以致声价顿减者；有经名人表章，一时慕效，大擅墨池之誉者。此亦有运命存焉。总之欲造极处，使精神不可磨没。所谓神品，以吾神所著故也。何独书道？凡事皆尔"[5]。董其昌以自己主神为最大神，凡事有自己主神，著明显扬，则总登"极处"，虽有运命支配，却总湮没不了神采飞扬。在书法上，凡有精神倾注的作品，终究会流芳百世，为世人视若珍宝。

"凡古人真迹，必以态胜。"[6] 此"态"不是姿媚妍极之"态"，而是神"态"。临帖只得形骸，不得神态，则是死尸一具。董其昌曾把苏东坡书嵇康《养生论》真迹一卷刻入家中《戏鸿堂帖》。"今吴中多双钩伪迹，乃从我家《鸿堂帖》摹出，无复笔态，但存形似耳"[7]，

---

[1] 董其昌：《画禅室随笔》，《艺林名著丛刊》第三种，第35页。
[2] 董其昌：《画禅室随笔》，《艺林名著丛刊》第三种，第3页。
[3] 董其昌：《画禅室随笔》，《艺林名著丛刊》第三种，第31页。
[4] 董其昌：《画禅室随笔》，《艺林名著丛刊》第三种，第6页。
[5] 董其昌：《画禅室随笔》，《艺林名著丛刊》第三种，第6页。
[6] 董其昌：《容台集》，崔尔平选编点校：《明清书法论文选》，第247页。
[7] 董其昌：《容台集》，崔尔平选编点校：《明清书法论文选》，第241页。

只会贻害书学后生。选帖首要，又需多么重视，由此可见一斑。

上乘的临帖方法不是一笔一画描摹，而是取神摄意。当然，这要建立在具有书法根基的前提之下。"临帖如骤遇异人，不必相其耳目手足头面，而当观其举止笑语、精神流露处，庄子所谓'目击而道存'者也。"[1]

董其昌书法临摹常以势取胜，也可弥补他自谦的用功不勤、不埋头以纸墨耗费所带来的不足，实际上他在提示后人，学书法不仅在于下笨拙功夫，而且要面对古人，善用自我心机感悟古迹，才能得其真珠玉髓，否则只成书奴而已。"盖临摹最易，神气难传故也。"[2]

顾复的父亲曾经叙述董其昌归纳的书法要点："气为最，势次之，笔斯下矣。"顾复意识到"明世人书，皆以笔尖作楷，秃笔成行，亦得擅名于时。王履吉（宠）沉着雄伟，多力丰筋，得气得势，非公而谁？故明之中叶书家，祝、王并称，有以也"。祝允明落笔沉着，气韵恢弘，声名超迈"三宋"，上接赵孟頫。然而不到百年，董其昌挺出云间，"作字时，案前敲金吹角，窗外烈风迅雷，耳中无所闻也"，专心致志如此，难怪祝"希哲（允明）声价减去五六"，得让位于董其昌了。愈后则董其昌愈迈过吴中诸先贤了。[3]

董其昌书学成就之高既取决于他的书法功底和敏悟能力，又取决于他的书外功夫。他知识渊博，精通历史和文学，醉心道教与禅学，对当时广为传播的王阳明"心学"心性之理理解十分透彻，又是画坛领袖，首倡南北宗理论，领导"云间（华亭）画派"。诗画禅意和书法的糅合使他的书法个性独特，造诣精深，远远超过同时代书家。他有雄厚的财力支持收藏书画古玩，精于鉴赏。《明史》说他"精于品题，收藏家得片语只字以为重"[4]。巍科功名和高官身份便于他广交天下名流雅士。生活在太湖地区经济文化艺术发达的地方，社会开放，礼教束缚力变弱，心性解放较多。青山绿水，钟灵毓秀，生活安逸淡泊。云游名山大川，见多识广，董其昌的眼界识见和志向高逸都不是一般人能及得

---

[1] 董其昌：《画禅室随笔》，《艺林名著丛刊》第三种，第 7 页。
[2] 董其昌：《画禅室随笔》，《艺林名著丛刊》第三种，第 44 页。
[3] 顾复：《平生壮观》卷五，第 168、166、174 页。
[4] 《明史》卷二百八十八列传第一百七十六《文苑四·董其昌》，第 7396 页。

上的。

　　董其昌常常在书法理论和实践中引入道机禅理，阐明他对书法的顿悟，反映晚明士人思想上儒佛道合一的状态。"庄子述齐侯读书，有诃以为古人之糟粕。禅家亦云须参活句，不参死句。书家有笔法，有墨法，惟晋、唐人真迹具是三昧。其镌石镂版流传于世者，所谓死句也。学书者既从真迹得其用笔用墨之法，然后临仿古帖，即死句亦活，不犯刻画重儓[1]之消，方契斫轮之意。余事此道五十余年矣。"[2] 他评论后世人学颜真卿书法，"以觚棱斩截为入门，所谓不参活句者"[3]，走了偏向，毫不足取，也阻碍着书法发展。书家走出前贤书法圈影，"直欲脱去右军老子习气"，如"那吒拆骨还父，拆肉还母，若别无骨肉，说甚虚空？粉碎始露全身"，晋、唐之后只有杨凝式深明此窍。董其昌"悟之《楞严八还义》，明还日月，暗还虚空，不汝还者，非汝而谁？"然而他深明此理，"解此意，笔不与意随也"。[4] 禅理成为董其昌临习研探书法的哲学导向，对董其昌书学特色形成起到不可估量的作用，这也是外来佛教本土化之后在中国书法艺术上体现出来的促动作用。

　　意识到世间事物的融通性，董其昌的书学自是高出一等。诗文、历史、绘画、音乐，乃至于武术，都与书法原理相通。"裴将军舞剑，张长史（旭）运笔，吴道子画变相，鲁公（颜真卿）辈人也。"[5] 不同的艺术，同样的境界等第。"临书要如李光弼入郭子仪军，旌旗一变。又如苏（秦）、张（仪）纵横，同出于鬼谷，不为其所笼罩。虽肖似，不足称也。"[6] 用军事、武术、策士等法，巧妙地比喻学书境界和方法。

　　　　作书与诗文同一关捩，大抵传与不传，在淡与不淡耳。极才人之致，可以无所不能。而淡之玄味，必由天骨，非钻仰之力、澄练之功所可强入。萧氏《文选》正与淡相反者，故曰

---

[1] 重儓：同重台，女婢的女婢。比喻同类事物中最低下者。
[2] 董其昌：《容台集》，崔尔平选编点校：《明清书法论文选》，第216页。
[3] 董其昌：《容台集》，崔尔平选编点校：《明清书法论文选》，第236页。
[4] 董其昌：《画禅室随笔》，《艺林名著丛刊》第三种，第7-8页。
[5] 董其昌：《容台集》，崔尔平选编点校：《明清书法论文选》，第224页。
[6] 董其昌：《容台集》，崔尔平选编点校：《明清书法论文选》，第244-245页。

"六朝之靡",又曰"八代之衰"。韩、柳以前,此秘未睹。苏子瞻曰:"笔势峥嵘,辞采绚烂;渐老渐熟,乃造平淡。"实非平淡绚烂之极,犹未得十分,谓若可学而能耳?

《画史》云:"若其气韵,必在生知。"可为笃论矣。

余初释褐时,琴师第一手讽余学之。谋于严中舍,中舍曰:"此事极难,但初下指,一声不合,即终身无复合理。"余悟其语,遂辍琴不学。

尝见妄庸子有摹仿《黄庭经》,及僧家学《圣教序》,道流学赵吴兴者,皆绝肖似,转似转远,何则?俗在骨中,推之不去,又东施不捧心,未必为人所憎厌也。唐、宋文人著集至百卷者无数,消灭殆尽,而独韩、柳、欧、苏、曾、王江湖万古。

欧、虞、褚、薛之书各有门庭,学之不深,亦得仿佛,惟颜鲁公行书了无定法,此其故殊可参寻。

每举示人不得解者,今为平仲尽,勿视粗心人也。[1]

上述董其昌体味书法与诗文、绘画、琴艺同理之语是自己久经思虑所得,融通知识而发,推心置腹,语重心长。以"淡"作为学书最高标准,又非后天极力尽能可以学到。而初学至关紧要,一锤定音,必要真切精当,才有准的。若是俗骨不去,雅气未沾,外似所学,总在门庭之外原地踏步,如未捧心时的东施那样平庸无知,不为人闻而为人生厌。颜氏行书已"了无定法",淡在骨中,脱却自家法了。于法中无法,无法中有法,正如唐宋八大古文大家,为文中巨家,颜书(行书)为唐宋书中之书法巨家,符合董其昌"淡"的天则。

"晋诗如其书",古淡俊爽,而"唐人诗律与其书法颇似,皆以浓丽为主,而古法稍远矣"。[2]董其昌很赞赏苏东坡评语:"'诗至于子美,书至于鲁公',非虚语也。"[3]把唐诗皇冠戴在杜甫头上,就像把唐书桂冠颁给颜真卿一样。米芾不如颜真卿,书法不是从天骨中得"淡",只是"渐老渐熟,乃造平淡",犹未得十分平淡,因而与"淡"

---

[1] 董其昌:《容台集》,崔尔平选编点校:《明清书法论文选》,第217-218页。
[2] 董其昌:《容台集》,崔尔平选编点校:《明清书法论文选》,第218-219页。
[3] 董其昌:《容台集》,崔尔平选编点校:《明清书法论文选》,第235页。

"犹隔尘"。至于董其昌书法的"淡"有几分，他不敢自许逼真，只知厌米书欠"淡"，欲接颜书之"淡"，达到了极高的古淡高逸程度。这是中国书法艺术承晋、唐、宋之脉发展到晚明新创的一个审美范畴，留给后人无限的遐想和探索空间。从诗文的浓丽到绘画的浓重，在宋代文人经科举发生结构性变化之后，开始向简淡自然转化，影响了书法艺术。"淡"成为元、明书法理论的一个新范畴，和诗文发展趋势是一致的。在笔墨色彩和风格上，浓不失于浊，艳不失于俗，淡不失于轻，浓艳中有淡雅气息，清淡中有浓厚骨力，浓中有淡，淡中有浓，浓淡相间。过浓则神不全，过轻则韵不足，浓淡适中，神韵俱足。董其昌将这一审美标准会乎书法实践之中，以此评判他人书法得失，应该是独具慧识，推进了中国书法在明代风格的转变，深刻影响了书风新貌的形成。

"'天下几人学杜甫，谁得其皮与其骨？''世人但学《兰亭》面，欲换凡骨无金丹。'老杜诗正如右军书，学之转远。李邕云：'学我者死。'良然。"[1] 在中国诗学史上，杜诗的地位正如右军书在中国书学史上的地位，无可动摇。后人学诗与学书，学其"皮"容易，得其"骨"很难。难在要有"淡"的"金丹"来"换凡骨"，换俗骨。脱却人间杂念利欲，才会从骨子里不仅成就天淡的诗，而且成就天淡的书。

书画同源同理，非但用笔，连写、作之理都相通互合。唐人回腕书法秘传不宣，"微但书法，即画家用笔，亦当得此意"[2]。"书家之结字，画家之皴法，一了百了，一差百差，要非俗子所解。"[3] 董其昌引禅家有南北二宗，画也分南北二宗，都从唐开始，不是以人的南北来分，而以王维"始用渲淡，一变钩研之法"，传到"元四家"，以"云峰石迹，迥出天机；笔意纵横，参乎造化"来划分，"而北宗微矣"[4] 他书法崇淡，全然是从画理、禅理上转引而来，也是从唐以来书画艺术发展的一个趋势。

"士人作画，当以草隶奇字之法为之，树如屈铁，山似画沙，绝去甜俗蹊径，乃为士气。不尔，纵俨然及格，已落画师魔界，不复可救药

---

[1] 董其昌：《容台集》，崔尔平选编点校：《明清书法论文选》，第230页。
[2] 董其昌：《容台集》，崔尔平选编点校：《明清书法论文选》，第218页。
[3] 董其昌：《容台集》，崔尔平选编点校：《明清书法论文选》，第219-220页。
[4] 董其昌：《画禅室随笔》，《艺林名著丛刊》第三种，第43页。

矣。若能解脱绳束，便是透网鳞也。"[1] 董其昌要辟革的画坛风气与书坛风气完全相似。他要以类似书坛"复古"的手段去复兴画坛，变甜俗画风为习古正气，使画家从"魔界"中解脱，和书家从魔道中解脱一样。而且，从董其昌"以草隶奇字之法"去矫正时髦画法来看，显然，他很懂得碑刻书法，而不只是个帖学家。

当然，董其昌承认书画艺术形式的差异。他把住书画各自的审美艺术要求和技法关节，提出书画"生熟"关系的创见。"画与字各有门庭。字可生，画不可不熟。字须熟后生，画须熟外熟。"[2] 字占生、熟二字，可以先生，由生到熟，再由熟返生，归真返璞。从生到熟，意味从入门到形似，从无我向有我发展；由熟返生，意味从形似到神似，由有我再到无我。生、熟的循环不是原地踏步转圈，而是沿着默比乌斯带[3]，上着书法的台阶，一步一步不知不觉地攀登着书学的三个境界。从生到熟，掌握了书法法度；从熟到生，把握了书法气势神韵，超脱于法度之外；有法有神，有神无法，法在神中，书法大成了。正是书法的生，可以避免生气不足，传神无力，没有内质，流于华媚甜俗，从而做到淡然天真，高逸脱俗。而书法的熟，可以学习古人书法传统，不是信手涂鸦、我行我法、错节妄枝、阴阳不分、清浊混杂。生、熟的辩证关系又可以避免泥古不化、失去自我。从元代黄公望提出的邪（不正）、甜（华丽色彩、无神）、俗（华媚、柔细）、赖（泥古不化）范畴发展到明代有生、熟的新范畴，从绘画向书法渗透，董其昌功劳极大。[4]

画家气韵之法同样被董其昌贯穿于书法之中。"画家六法，一气韵生动。气韵不可学，此生而知之，自有天授。然亦有学得处，读万卷书，行万里路，胸中脱去尘浊，自然丘壑内营，立成鄞鄂[5]，随手写出，皆为山水传神矣。"[6] 他举了赵孟頫一例。赵孟頫讲自己"尝画

---

[1] 董其昌：《画禅室随笔》，《艺林名著丛刊》第三种，第35页。
[2] 董其昌：《画禅室随笔》，《艺林名著丛刊》第三种，第39页。
[3] 默比乌斯带：意指一个永无止境的循环，可以一点一点向前推进。
[4] 参见葛路《中国古代绘画理论发展史》，上海人民美术出版社1982年，第158-161页。
[5] 鄞鄂：道教术语，指元神，始见于汉代魏伯阳《周易参同契》。此处同垠堮，指边际；界限。引申为形体，躯体。"鄞"通"垠"。
[6] 董其昌：《画禅室随笔》，《艺林名著丛刊》第三种，第35页。

马未尝画羊,子中强余为此,不知合作否?"董其昌见后不禁叫绝:"此卷特为精妙,故知气韵必在天生非虚也。"[1] 就像董其昌"雅不喜赵吴兴书",偶然见阅赵书《内景经》一卷,"颇恨晚而获见",[2] 他由此得知赵孟頫书法也有放开手脚书写的神品。董其昌毕竟有气韵内生,天姿秀骨,非同凡响,因而能重新审视"赵书",叹息"赵书"被法度束缚过分,反而显示不出巨匠大师的风采,出得自我来。依画家评画,神品在逸品之下。因为神品是画家费尽工力,失于自然,而后成神的,书画皆然。董其昌最推崇的是逸品,神品居其次。[3]

董其昌的文学之道也把神气放在首位。作文、论文,均以此为标准。

> 文要得神气。且试看死人、活人,生花、剪花、活鸡、木鸡,若何形状?若何神气?识得真,勘得破,可与论文。如阅时义,阅时令吾毛竦色动,便是他仙气逼人处;阅时似然似不然,欲丢欲不丢,欲读又不喜读,便是他神索处。故窗稿不如考卷之神;考卷之神薄,不如墨卷之神厚;魁之神露,不如元之神藏,试之自有解入处。脱套去陈,乃文家之要诀。是以剖洗磨炼,至精光透露,岂率尔而为之哉?必非初学可到,且定一取舍,取人所未用之辞,舍人所已用之辞;取人所未谈之理,舍人所已谈之理;取人所未布之格,舍人所已布之格;取其新,舍其旧;不废辞,却不用陈辞;不越理,却不用皮肤理;不异格,却不用卑琐格。得此思过半矣![4]

仔细品味这段文论"神气"说,与书法崇尚的神韵思路简直同出一辙。假如将书法的辞藻置换上来,完全成了书论"神气"说。从"形状"到"神气",首先要区分明白。选择得当,境界要高,贯以神气,才有理想效果。忌去"率尔而为之"即率性信笔,必须历尽磨炼,脱胎换骨。总要换掉俗气俗骨,把天赋真切之情恰当地洗涤生光,毫无约束,楚楚动人,神采飘逸,便会打动人心,得新样平和之态。

---

[1] 董其昌:《画禅室随笔》,《艺林名著丛刊》第三种,第58页。
[2] 董其昌:《容台集》,崔尔平选编点校:《明清书法论文选》,第217页。
[3] 董其昌:《容台集》,崔尔平选编点校:《明清书法论文选》,第257页。
[4] 董其昌:《画禅室随笔》,《艺林名著丛刊》第三种,第69页。

董其昌的书画文论等坚持一贯的精神气韵理论，来源于他豁达飘逸的胸襟心怀。《明史》称他"天才俊逸，少负重名"，"性和易，通禅理，萧闲吐纳，终日无俗语"。[1] 这种个性很适合他顺其自然去发展出开放逸达、不食人间烟火的清雅书法。每一根线条都是他的神性在弹奏，每一滴墨色都是他的灵机在点动。他的精神深深融于点画之中，又那么轻柔随意，几乎不想太为人所知。他强调"文家要养精神。人一身只靠这精神干事。精神不旺，昏沉到老。只是这个人，须要养起精神"。"多少伶俐汉，只被那卑琐局曲情态担阁（耽搁）一生。若要做个出头人，直须放开此心，令之至虚若天空，若海阔；又令之极乐，若曾点游春，若茂叔观莲，洒洒落落，一切过去相、见在相、未来相，绝不罣念，到大有入处，便是担当宇宙的人，何论雕虫末技！""夫士子以干禄故，不能迂其途以就先民矩矱。"[2] 董其昌书法注重精神贯注，不为名禄所缚，其实正是他人生心态的一种具体体现，是他人生寄托之一。他曾论"画之道所谓宇宙在乎手者，眼前无非生机，故其人往往多寿。至如刻画细谨，为造物役者，乃能损寿，盖无生机也。黄子久（公望）、沈石田（周）、文徵仲（徵明）皆大耄，仇英短命，赵吴兴（赵孟頫）止六十余。仇与赵虽品格不同，皆习者之流，非以画为寄、以画为乐者也。寄乐于画，自黄公望始开此门庭耳"[3]。董其昌无疑是个寄乐于画的耄耋大佬，他在82岁临终之前还在写题跋，自比"小米"（友仁），年80神明不衰，黄公望年90貌如童子，直像文徵明89岁临终前整3个月，夜寒不寐，筹灯漫书，纸墨欠佳，笔尤不精，写出平生最后一件落款时间的佳作《赤壁赋》行书卷。"近余告老归，精力尚健，史称画家以烟云供养，信不诬也。"[4] 对书法的看重在他的艺术生涯中应次于绘画，却是一生所好。他寄托于与画同源、笔法相通的书法应当仅次于其绘画。虽然在书法中宇宙生机烟云所食不如绘画，达不到徐渭"世间无物不草书"的侧重迷恋，但董其昌在书法海洋中随心逐意，超时空徜徉，养闲逸乐，一生没有疲倦，而且登峰造极，至于是否

---

[1]《明史》卷二百八十八列传第一百七十六《文苑四·董其昌》，第7396页。
[2] 董其昌：《画禅室随笔》，《艺林名著丛刊》第三种，第69-70页。
[3] 董其昌：《画禅室随笔》，《艺林名著丛刊》第三种，第47页。
[4] 郑威：《董其昌年谱》，第232页。

能够荣膺书学大师的桂冠，汇集帖学书法史上的大成，也是他无意去争取而得到的。

他是谦逊自励、不断攀登书学梯山的才子，同时十分自信书法的成功。一生中书法作品有临摹和自作两类。自成作品全靠心机创造，古人的形象和精神在董其昌身上已无法辨认。他已把古人化解融于自己的血肉和精魂之中。书法面目信手拈来，也没有固定的自我了。临摹作品在形神两方面下的功夫中又夹杂了自己的神韵，化出了古人书法面目，逐渐形成自己的个性，平淡萧散，依赖心意慢慢孕就。董其昌自评道："吾书无所不临仿，最得意在小楷书，而懒于拈笔。但以行草行世，亦都非作意书，第率尔酬应耳。若使当其合处，便不能追踪晋、宋，断不在唐人后乘也。"[1] 真的像他崇尚的米芾那样，小楷最精而自贵，不轻为人写，惟有跋古帖与前贤墨迹时使用。惜美而不肯多作，世传稀少。因为行书十行不敌楷书一行，"小楷书乃致难"[2]。它是最见书家精神风采的书体。率意应酬，世人珍藏最多的自然是他的行草书法了。他主张"学草必自真入也"[3]，因为在真书上功夫下得深，所以草书足以应付自如。

董其昌的书法成就，后世评价很高。"有明一代书画之学，董宗伯实集其大成。后之有志斯道者，未尝不希慕之，而百年以来，求其登堂入室者曾不一二见，岂造极者固不可学而至欤？抑虽欲学之有不得其门而入者欤？"[4]《明史》称赞他"始以宋米芾为宗。后自成一家，名闻外国"。人们慕其书画，纷纷"造请无虚日，尺素短札，流布人间，争购宝之"。同时善书者邢侗、米万钟、张瑞图，"时人谓邢、张、米、董，又曰南董、北米。然三人者，不逮其昌远甚"。[5] 大学问家、书法家钱泳赞扬"思翁书画，俱是大作手。其画宗北苑（董源），而兼得大小米（米芾与其子米友仁）之长，尚在第二乘；惟书法无古无今，不名一格，而能卓然成家，盖天资高妙，直在古人上也"。年已81岁，以其"天资学力，尚作书作画，老而不衰，自成大家也"。[6] 著名学者、

---

[1] 董其昌：《画禅室随笔》，《艺林名著丛刊》第三种，第9页。
[2] 董其昌：《画禅室随笔》，《艺林名著丛刊》第三种，第13页。
[3] 董其昌：《画禅室随笔》，《艺林名著丛刊》第三种，第34页。
[4] 董其昌：《画禅室随笔》，"康熙五十九年（1720）刊本序言"，第1页。
[5] 《明史》卷二百八十八列传第一百七十六《文苑四·董其昌》，第7396-7397页。
[6] 钱泳：《履园丛话》，中华书局1979年，第295页。

书法家吴德旋在《初月楼论书随笔》中称董其昌书法正如孙过庭《书谱》所说,"不激不厉,而风规自远",因为宗法右军。"书家贵下笔老重,所以救轻靡之病也。然一味苍辣,又是因药发病,要使秀处如铁,嫩处如金,方为用笔之妙。臻斯境者,董思翁尚须暮年,而可易言之耶!"[1]

康熙帝玄烨十分珍爱董其昌书法。他的爱好带动了清朝崇尚"董书"之风,几乎是"赵书"在明朝地位的翻版,影响有清一代书风,至今流风余韵不绝。玄烨在《跋董其昌墨迹后》中写道:"华亭董其昌书法,天姿迥异。其高秀圆润之致,流行于楮墨间,非诸家所能及也。每于若不经意处,丰神独绝,如微云卷舒,清风飘拂,尤得天然之趣。尝观其结构、字体,皆原于晋人。盖其生平多临摹《阁帖》,于《兰亭》《圣教序》能得其运腕之法,而转笔处古劲藏锋,似拙实巧,书家所谓古钗脚,殆谓是耶?颜真卿、苏轼、米芾以雄奇峭拔擅能,而根柢则皆出于晋人。赵孟頫尤规模'二王'。其昌渊源合一,故摹诸子,辄得其意,而秀润之气,独时见本色。草书亦纵横排宕,有古法。朕甚心赏。其用墨之妙,浓淡相间,更为复绝!临摹最多。每谓天姿与功力俱优,致此良不易也。"[2] 玄烨明于书道,这番评论基本上是行家之言。在他喜好的书家中,给予董其昌最高的书学地位。然而讲董其昌"生平多临摹《阁帖》",没有讲明董其昌对《阁帖》与真迹的辩证认识。董其昌主张学习真迹,抨击《阁帖》之病,这点玄烨没有意识到。

当代书画大家林散之评论"董其昌书不正为正。气足。难学"。他师从多人,尤其是国画大师黄宾虹教以用笔用墨之法,使他80多年学书有所大成。他强调书法就是"把气揉入纸中,生命溶入笔墨之中,体现生命的跃动,则不会甜俗",[3] 体现了董其昌书学的精髓,也可见林散之对中国书学的精深造诣,对董其昌书学的深刻领悟。

与上述美化董其昌书法截然相反,贬低乃至完全否定董其昌书法的人也有不少。批评最为激烈而失之偏颇的非康有为莫属。他有碑学倡导

---

[1] 吴德旋:《初月楼论书随笔》,上海书画出版社编:《历代书法论文选》,上海书画出版社1979年,第593、597页。

[2] 孙岳颁等:《御定佩文斋书画谱》卷六十七,《景印文渊阁四库全书》第八二二册,第8页。

[3] 林散之:《林散之笔谈书法》,第8、39页。

者和改良领袖的名望，对董其昌的否定影响至深。没有像他接续的清代碑学书家包世臣那样，还称道董其昌"为近世书宗。执笔者莫不学，劣者不能似，优者得其形"。"其书能于姿致中出古淡，为书家中朴学。然能朴而不能茂，以中岁深襄阳跳荡之习，故行笔不免空怯，去笔时形偏謁也。"[1] 康有为大大丑化了董其昌书法："香光（董其昌）代兴，几夺子昂（赵孟頫）之席。然在明季，邢（侗子愿）、张（瑞图二水）、董（其昌）、米（万钟）四家并名，香光仅在四家之中，未能缵一统绪。又王觉斯（铎）飞腾跳踯其间，董实未胜之也。至我朝圣祖（康熙），酷爱董书，臣下摹仿，遂成风气。思白（董其昌）于是祀夏配天，汲汲乎欲祧吴兴（赵孟頫）而尸之矣。香光俊骨逸韵，有足多者，然局束如辕下驹，塞怯如三日新妇，以之代统，仅能如晋元、宋高之偏安江左，不失旧物而已。""若董香光虽负盛名，然如休粮道士，神气寒俭。若遇大将，整军厉武、壁垒摩天、雄旗变色者，必裹足不敢下山矣。"[2]

包世臣尚能将董其昌书学比作"书家中朴学"，完全使用清人时代学术变化了的言语和思维逻辑，这是与时俱进的评判，然而将董其昌书学特色贬抑为其短拙缺陷之处，恰恰否定了董其昌一生为之努力探索并最终能够开陈布新、自成一格之处。

康有为处在清代书学从清中期开始由帖学转向碑学的晚清末端，意图登高振臂呼吁弘扬碑学，书学重心发生了彻底位移，诚有领袖风范，想做书坛统一大业，同时也为突出自己书学，因而如此讥讽且否定董其昌书学，正要为碑学鸣锣开道，廓清书学前行的障碍。帖学旗纛董其昌不倒，碑学领袖康有为不兴！康有为能在历代江山政治变易、明末清初书学背景之下告喻董其昌的书学地位，不啻惊骇世人之语，可见其用心之良苦，体现他宏识过人之处。尽管他亦不得不承认董其昌的泰斗风范和风靡际会，无与伦比，但其内心实有不甘，居然走向刻意挑剔的地步，一方面将明末四家未能统一书坛风格的局面归咎于董其昌，甚至说董其昌书法还不如王铎的"飞腾跳踯"；另一方面又在说由于康熙帝影响，清初书坛笼罩于董书之下，攻评恰巧作为其特色之处的"俊骨逸

---

[1] 包世臣：《艺舟双楫》，《艺林名著丛刊》第一种，第107页。
[2] 康有为：《广艺舟双楫》，《艺林名著丛刊》第二种，第15、60页。

韵"，不屑一顾。书学本应斗艳芬芳，以董书在明末书坛一朵绽放，本该庆幸，一统书坛的局面应该由艺术规律产生作用而自然形成，亦根本不在董其昌初衷之内。康有为所持评判，在指责董书地位还没有高到足以能够一统天下的同时，又在指责董书清初一统天下的地位，期盼的是如何兜转过来，让碑学一统天下，自己成为这一统书坛的领袖。晚明帖学董其昌、晚清碑学康有为，前后相距303年，这两个王朝之末的时代书学大师，对待中国书学的姿态差别竟然如此之大。

其实，包、康二人的非董论表明，书法艺术有其时代认同的审美标准，一旦认同标准发生了变化，在进行书法是非的评判时，书学泰斗也成书学小丑，书学地位具有霄壤之别。这也正是董其昌探索中国书学之时早就意识到的现象，并且亲身经历，深有体会，说过肺腑之言。问题正是生前身后书名，如何坦然处之、淡然应之，何况对于自己合意与拂意的书家书风如何恰当评判呢，即使有一鳞半爪可得，也毫不吝啬地予以赞美、及时汲取呢。胸襟坦然、淡然超逸，正在此处凸显出来了吧。

应该说，董其昌书法给后世书学提供了新的课题：习董还是弃董？如何学习？如何舍弃？如果引用董其昌反复推崇的李邕之言"似吾者俗，学我者死"来表达他真诚又严切地希望后人避免重蹈前人书学覆辙，不能从他的书法上寻到书学正途，则"董书"在清朝被推崇备至，本身就令董其昌惶恐不安了。何况，董其昌书学历程很长，书风形成有不同的境界，他毕生沉浸在临摹与书写的任性率意之中，评论他什么时候的什么作品是否代表"董书"的全盘风格就非常值得谨慎对待。

毫无疑问，董其昌是个复古、疑古书家。当时明代现实的怪异甜俗书风让他担忧、不满。他按照自己的思路探寻到踵接"二王"，尤其是王羲之，书法帖学之源的道路，下取众多书家之长，包括他初时鄙夷舍弃的书家的点滴可取之处，中国书法艺术的超时空性在书家心性相同的基础上汇融了。他的书学之路其实也是历代书家努力探寻的道路。只是晋韵、唐法、宋意到董其昌手里达到高度综合。董其昌舍弃超越赵孟頫，重接"二王"书学传统，再作创新，扭转了明代书学路向。

董其昌是位帖学书法家，对碑刻不大在意，虽然他的书论中也谈到篆隶书体，画论中谈到以草隶奇字笔法作画，但毕竟不是他擅长的，也不是时代书学趋势。因此，凡涉这些问题，他都把它们归到右军书法之下去寻求，回避了正面解决的途径。其实，晋、唐许多书法名家都努力吸纳碑学书法的优长，包括王羲之、颜真卿在内，从而形成自己的书法特性。董其昌对篆隶书法的门径不愿意过多地涉及，专意楷行草书体，加上他楷书传世又少，变成了重视行草漫不经心之作，没有走上碑学、帖学合一的书学之路，至少吸取碑学书法的长处，的确是他书学的遗憾，更是被时代书学的主流所限定。他对崇敬的"二王"书法几乎没有指摘批评，只批评伪劣"二王"书作"有不可读者"[1]，提醒人们注意识别，表明他的书学意旨到踵接"二王"时代就已结束了。他没有超越"二王"，进而上溯秦汉碑学，企图成为新的王羲之。在帖学书法空间中遨游、寄情，寻得生命和生活的乐趣，无意去争书学地位的高低。

董其昌"少而学"钟繇书法，"颇得形模。后得从韩馆师（世能）借唐拓《戎辂表》临写，始知钟书自有入路。盖犹近隶体，不至如右军以还姿态横溢、极凤翥鸾翔之变也"[2]。他又从庶常馆馆师韩宗伯（世能）处借观褚遂良一本真迹赞册，"近于分隶，非'二王'法"[3]。对于孙过庭《千字文》跋真迹，董其昌"观其结字，犹存汉、魏间法，盖得之章草为多。即永师（智永）《千文》亦尔。乃知作楷书必自八分、大篆入门，沿流讨源，见过于师，方堪传授。学过庭者，又自右军求之可也"[4]。董其昌对篆隶章草等古书体显然是明白能识的，也知道"作楷书必自八分、大篆入门，沿流讨源"的书路，可惜他的兴趣不在于往上古先秦讨字体书源，而在"二王"以还的"王体"书风，包括唐宋元明有卓见的书家法帖真迹，从而匆匆地把"沿流讨源"塞在"自右军求之可也"中，放过了孙过庭，归依到右军门下，敷衍了事，却不知道这是另一条书路，下一代碑学大兴的源流，对于文徵明等"吴门书派"在古文字书法方面的探讨也几乎不去过问。董其昌不可避免地触及书法传统、前贤名迹中的碑学书源，却因兴趣和时代的局限，未能在这方面迈进，真是书学史上的缺憾！他不如赵宧光、王铎对古碑书法

---

[1] 董其昌：《画禅室随笔》，《艺林名著丛刊》第三种，第34页。
[2] 董其昌：《画禅室随笔》，《艺林名著丛刊》第三种，第22页。
[3] 董其昌：《容台集》，崔尔平选编点校：《明清书法论文选》，第233页。
[4] 董其昌：《画禅室随笔》，《艺林名著丛刊》第三种，第28页。

富有热情，从而成为清代以碑学家为主的书家攻击批评的对象，就丝毫不足奇怪了。

但是，董其昌书学内容和书法实践经验的多样性、繁杂性为后人选择应用提供了宽广的余地。各种认识和批评如果不在完整掌握董其昌书学体系和书法特色基础上进行，极有可能曲解他。结合《画禅室随笔》和《容台集》中与书学相关的内容，以及董其昌哲学思想和其他学科成就中与书学相关之处，从董其昌论书论学的原文出发，可以不被零星的批评摘录迷晕头脑。认识董其昌的为人与作为应是全面的，学习董其昌的书学财富也应是全面的。有了全面性，才会做到客观和公正地继承、评判、发展帖学大师董其昌的书法。

与董其昌同时代的晚明书法家，像邢侗、米万钟等书家部分地选择了董其昌所走的书学道路，似奇反正，从"二王"帖学书学源头上来；另一部分书家则在探走"书家以险绝为奇"的道路，此窍自唐以降的书学史上只有颜真卿、杨凝式二人得谙，赵孟頫"弗能解也"。[1] 张瑞图、黄道周、王铎、倪元璐等则在走徐渭的险路，走向与董其昌相反的路子。正是明代"赵书"影响和"台阁体"书风的刺激，才逼迫他们寻找时代书学的出路。

董其昌在《题范牧之禊帖》上写过右军书名不振的遭遇："昔右军书不为诸子所宝惜，右军每有'家鸡野鹜'之叹。"[2] 他最倾心爱戴的帖学书法宗师尚且有过如此卑微的历程，那么，董其昌是否已经意识到一种书法新字新体的崛起，为人接受、传播于"当代"与后世，必然会有这样的经历呢？既然自己不必为了书名而书，去争一时之高下，而是为了心性快乐而书，那么，对自己书法的命运又何必多去记挂，计较其成败得失呢？董其昌的心胸充满他的精神，他信心十足地走他的路，做使他快乐的事，书法道途上留下他一串长长的踪印，深深浅浅，快快慢慢，既苦涩，又甘甜，惆怅、忧烦、痛楚与豁然、快慰并存。他不必计较书名，也不可能在当时曲高和寡的书坛上计较书名，索性无牵无挂，无忧无虑，反而成就了他的不朽书名。

---

[1] 董其昌：《画禅室随笔》，《艺林名著丛刊》第三种，第7页。
[2] 董其昌：《画禅室随笔》，《艺林名著丛刊》第三种，第28页。

第五章　从晚明诸家看明代书法对清代书法的影响

从嘉靖中后期开始的晚明时期，徐渭、张瑞图、黄道周、王铎、倪元璐等浪漫书派书家与邢侗、董其昌、米万钟等帖学书家各有千秋，取得很高的书学成就，对清代及以后的书坛影响深远。

一、晚明书家的卓越成就

徐渭是晚明初期率先出现的书坛叛逆。书风狂放，乱头粗服，彻底反叛帖学的传统技巧。率性而起，直抒胸臆，表现自我，把线条墨色和文字造型作为心性在白纸上的呈现形式，打出反理性的旗帜，成为一流的浪漫书法大家。他的"世间无物非草书"的精神境界完全是一种对书法艺术的全身心投入，简直到了疯狂离世、他人不可理喻的程度。离奇的遭遇导致的怪异个性促成他对传统的约束和对深厚沉重的书法传统的超脱，但他的超脱又建立在扎实地把握书法技巧根底的基础之上。虽然对传统书法技巧的掌握没有那么深入讲究，但他仍然属于从传统书法中走出来的书家。他的反传统、反技巧离不开传统、技巧。表面上反传统、反技巧、无理性，潜意识流露中深寓了传统、技巧、理性，从而徐渭开始引导着一种叛逆的书法新潮，既接续了传统书脉，又形成一种传统技法无可理解的书法章法。他延续早于他的哲学思想家陈献章、花鸟画家陈淳等人（他们又是著名书法家）的强烈创新意识，继续推动一股对明代前期"台阁体"和中期"吴门书派"的反叛书风，而张瑞图、黄道周、王铎、倪元璐等人与此一脉相承。

张瑞图、王铎在明末或清初王朝更替之际的行动违背了传统政治伦理。他们的书法成就因而受到蔑视。黄道周、倪元璐的忠烈行为符合传统政治伦理，因此受到后世褒奖，他们的书法却受到忽视。实际上，他们四人都沿着徐渭开创的浪漫书风在艰苦探索，与董其昌在帖学基础上的创新全然不同。他们带着浪漫精神，打破传统框架形式，试图闯出一条新书路。

张瑞图彻底抛开传统书法技巧的约束，走到极端危险的境地。他用尖锋取代回锋，用露锋取代藏头护尾，用偏斜体势取代宽博端正姿态。艺术上的险径根源于他独特的思维和个性。他取得了惊人的成功。不过，张瑞图的书法反叛价值大大不如徐渭的书法可以被接受和理会。因为徐渭在摆脱书法技巧传统的同时还保持了对技巧传统的依恋，只是到达草书狂奔飞舞线条的至高境界，正如他入世不成功却仍在努力入世一样，会得到人们的怜悯和惋惜。而张瑞图入世的彻底失败使他复归于入世之前的本我身份和状态，因而不排除他愤世嫉俗的逆反心理让他抖落一切世俗的白眼成分，彻底抛弃俗世规条中的自我，寻找真正的自我本色，居然本性豁达，做出执意独行的孤愤行为，让一般世人觉得不可思议。他入世的短暂成功和总体上的惨败多半体现其独特的政治思维和价值取向，体现在书法上，却任由其独特的艺术思维和审美价值取向驱使他陷入短暂的失败和取得总体上的成功，留给后人一份宝贵的书学财产，令人思索。政治和艺术价值判断的背离其实导源于思维独特的统一。两者不同的是，政治上的失败和反传统伦理很难挽救，而书法上的反传统壮举则能够得到一些人的共鸣。艺术的率性而为与政治的反传统伦理相差太远，差别太大。因此，张瑞图政治上的失误掩盖不了他书法上具有的传世参考价值。

张瑞图不愧为书法奇才，他能在政治上失败之后遁入静修禅思之门，转借书法艺术作为寓托工具。在彻底背叛传统书法技巧走上极端之路之后，凭借对书体章法的娴熟把握，他揭示了书法强烈的节奏感，从而使其书法技巧上的叛逆狂乱有所抵消。

黄道周、倪元璐勤奋读书，是深受儒家伦理影响、身体力行的清望学者。在明末国难当头之际挺身擎天，担当道义，执一献身。依照传统伦理标准，他们清纯无瑕，忠义千秋。在书法实践中，他们同样以娴熟深厚的书学理论根基表现出一种清纯无瑕的技巧，义风千秋。不过这种技巧过于执一。尽管在表现手法上有所创新，从属于徐渭、张瑞图一类的浪漫书风，但他们已失去徐渭的欲有作为而苦无门路的极端愤懑，只有生遭末世、走投无路，欲有作为而无法作为，承受着胳膊拧不动大腿、独力难补千疮百孔的天帷的重压。欲罢不能、欲为无力的抗争，与中流砥柱的无奈和勇为的胆略形成鲜明的对比。他们更无法达到董其昌那样在对政治洞明之后将个人身世超然物外，有一副潇洒闲散的文人气度。因而他们书法流露的压抑、收缩之态伴随执着的挣脱束缚之势，体现他们期待着清新自由的叛逆性浪漫。他们不是专业书法家，不以书法家为追求的最高目标，却能凭借着书法，表现出身处王朝末世备受拘束、焦躁不安、欲挣脱束缚的心态来。书法完全成为他们心志的传通器。他们受人称颂的政治伦理品行的执一性体现在书法艺术上并不能取得同样的社会效果。这与张瑞图、王铎的类型正好相反，显示了政治和书法艺术在同一主体身上产生的差异性结果。

　　王铎的书法浪漫表达得最为充分，把徐渭的浪漫和张瑞图、黄道周、倪元璐的浪漫结合得十分完美。他立足于书法本体，执着追求古典书法传统的技巧精髓，又能在这一长期潜心钻研的坚实基础上背叛原先的技法，率性写出自我的真实来。他在明朝政治上的顺达，在明末动荡中的无奈，在清初的屈辱贪禄和郁郁寡欢、强作笑颜，都转而愤懑地倾注于书法之中。夸张的笔法，欹侧的结体，连贯绵延的章法，和张瑞图的书法特性十分相似。但他不像张瑞图那样，走入书法险境，而是立马悬崖。又不像黄道周、倪元璐那样，因力行儒家理念的压抑而执着奋争，而是既能在传统基础上充分表现个人特性，又不一味拘泥于传统技法，甚至也可能会背叛传统很远。他对墨色的敏悟和董其昌相同。注重浓厚重深，体现了他入世的过于深刻，以至于几乎难以自拔，与董其昌淡雅清逸，有出世之淡泊，不为世俗牵累，浑然不觉外在情势正好相反，折射出两人所处时代环境和经历的巨大差别。王铎书法在结构上四面出势，这到处显势的书法使他不同于徐渭的疯狂大写意。整体显气势，又超过了张瑞图等无规矩的书家。他处在传统与个人表现结合的档口：论叛逆，他不如徐渭、张瑞图彻底；论传统，他比徐渭、张瑞图掌握把持得更为深刻出奇。他十分注重书法的视觉形式和笔墨效果，有时不免精心巧构，反而伤害了书法本身的巧妙，与董其昌任意书写、不计工拙、不问视觉效果,只有自然灵透心境的做法截然相反。他与董其昌堪称明末书坛上集中国传统书法大成的书法大师,却属于两种截然不同的书风类型。

顾复称得上是个有识见的学者和书画鉴赏家。他因父亲和家庭的关系同董其昌交往密切,受董其昌濡染深刻,当然敬佩董其昌的书画天才。然而,他没有因此忘掉一个学者具有的公正评判他人的立场。他敏感地洞察到明代"虽然举世以尖锋取态为工,秃颖崛强为古,而擅名者奚啻天渊也哉!"因而董其昌出,距不百年,祝允明声价减五六;再数年,王铎继起,"希哲声价顿减七八"。风气变幻,代有人才,移易书坛,创新推展,以致顾复抱定一个主张,"今举世有南董北米之称,欲易为南董北王,识者必吾首肯!"[1] 这毕竟是他的一孔之见,承认董王并称的还是少数人,其中隐含了复杂的因素。

董其昌对传统书法的接受和创新相比于王铎更容易为后人接受与理解。他是"吴门书派"之后的书坛领袖,领"华亭书派"新潮。在赵孟頫帖学影响下形成的"台阁体"书法遭受猛烈批评之后,"吴门书派"继续沿着赵孟頫复兴的继承传统书学的轨道行进,不过更加重视了追根溯源,回归帖学真态。"吴门书派"与赵孟頫都太执着于帖学的规则了,以致自我呈现得不足。董其昌走出了过分执着状态,一头接续传统帖学之源(钟、王),一头奔向自我的未来,因而超越了"吴门书派"与赵孟頫书学。

董其昌处在走出赵孟頫300年书风影子,抛弃"台阁体"书法,挑战"吴门书派"过于注重书法帖学规范和技巧而产生的沉滞平稳的书风,审慎对待徐渭的狂放不羁、背叛传统、纯粹以书法线条作为表现个人心性的艺术,即将要抛弃传统的危险时期。宋代文人恬淡悠逸的心态和书风在明朝经过盛世之后遭到严峻挑战,书法是走向没有标准、胡乱飞舞的目标,还是在传统书学根基上前行呢?书法艺术发展的历史使命使董其昌感受到重重压力。他努力宗法钟、王,在追本寻源下捍卫帖学书法的尊严,以古淡、清雅和恬适的新型审美标准重建明代书坛,把

---

[1] 顾复:《平生壮观》卷五,第166、176页。顾复父亲和董其昌交流20年,参见《平生壮观》卷十,第390页。

书法重新定位于人们心性的天平，让书法有法可依，又让人们在有法可依的帖学前提下最大限度地表现自我，得到主体的自由度，而非乱无章法，狂妄自大。

董其昌天姿纵逸，潇洒自如，对书学要求一切从真迹帖学开始，起点极高，练就扎实的基本功，汲取前贤书法精华，超越时空，与书法大师沟通，从而塑造天真率性的自我。他有节制，又很轻快。入世很成功，却又不为世俗所牵绊。出世得很及时，很透彻，心境纯清，因而任意挥毫，发之纸墨，把书画当作心性的全部寄托、生活的有机构成、生命的整体系统，却没有丝毫压力。他属于第三类风格的书坛领袖：既不同于"吴门书派"规整而拘谨、欲新而不得全新、欲放而不得放足，又不同于张瑞图、黄道周、倪元璐等浪漫书家欲要挣脱重压、叛逆传统技巧、执着于个人心性且几乎毫无书法章法可寻的书风。他还比王铎更喜欢帖学传统，走向平和静谧的淡逸，不像王铎那样具有走向险峻苍茫的浓重风格。毫无疑问，董其昌对帖学真迹的收藏与鉴赏达到了炉火纯青的地步，对"二王"书法的领悟进行了集结性整理。他不愧为"二王传统的最后一位大师"[1]。董其昌在中国书法史上的地位不在于他如何继承传统技巧，而在于他如何把他古淡的书学新审美观通过自身的一步步实践，传递给整个时代，以至让后世膜拜并将他视为最完美的书学偶像，拥有久经不退的魅力。在这方面，他不知把当时与他并称的邢侗、米万钟等继承帖学技法的书法大家甩下多远的距离。

徐渭是位落魄秀才、智慧幕客。董其昌、张瑞图、黄道周、王铎、倪元璐都是进士高官。他们浸淫书法，途径却有所不同：徐渭没有经过严格的书学传统训练，书学成就之大完全出于天然造化；董其昌等人经过长久书学传统技巧熏染。不同于徐渭被迫为生活和政治前途奔波不息，董其昌等人能潜心深究书法艺术奥秘，条件得天独厚。虽然黄道周不把书学当大事，还是把书法提炼为精神的衍生品，倚仗其天赋才华，任意挥洒。董其昌的仕途与黄道周、王铎、倪元璐不同，比较泰然的时代和对官位无谓的追求使他静下心性，体现出另一种书风，有着自然书写审美趣味的目标追求，而张瑞图、黄道周、倪元璐借助书法表现的个

---

[1] 陈振濂：《书法史学教程》，中国美术学院出版社1997年，第100页。

性更为狂放无拘，似乎到了明朝末世有种失控般的无奈，又衬托出几分本性的原真。王铎与董其昌有着相似的书学历程，却在个性表现上将书法推向另一种极端。

晚明书家群体的书法成就无疑是伟大的。在中国书法艺术史上，晚明是一个书家群星灿烂、个性奔放驰骋、各显神通的时代。当然，这个书家群体有社会动荡、改朝换代的局促不安、痛苦挣扎选择的局限性。

二、清朝崇董书及其局限

清朝建立起大一统的统治后，从1644年到1911年长达267年。依照康有为的说法，"国朝书法，凡有四变：康雍之世，专仿香光（董其昌）；乾隆之代，竞讲子昂（赵孟頫）；率更（欧阳询）贵盛于嘉道之间；北碑萌芽于咸同之际。至于今日（光绪），碑学益盛，多出入于北碑、率更间，而吴兴（赵孟頫）亦踽踽[1]伴食焉"[2]。值得称道的是，清朝入关之后的10位皇帝都喜爱中国传统书画，能够用汉人久用的毛笔书写汉字和满文，其中以康熙帝玄烨和乾隆帝弘历的书法造诣为高。

康熙帝酷爱董其昌书法，在他统治的61年中，"董体"占据书坛书体贵显尊位。董其昌的书风对清代的影响最大。究其原因，一方面是董其昌书法集帖学之大成，其令人崇尚的资格使其字体书风成为后代临摹效仿的对象；另一方面康熙帝的心性和艺术趣味与董其昌相通，与"董体"相合。临习"董字""董体"蔚然成风，带来全国书法艺术品位的提升。与明初将书法艺术的起点筑立在"赵字""赵体"上一样，清初书法进入了高于"赵体"的"董体"时代。这是一个良好开端，而且是满族统治者的汉化体现在书法艺术上的良好开端，比起明初由汉家王朝来复兴"赵体"的选择更加来之不易。

但是，由全国最高统治权威的兴趣决定"董体"的风行，容易使对"董体"的学习和效仿产生消极的后果。一些文人学士投康熙帝之好，着力临摹"董体"，作为取得科举功名、升官发财的敲门砖。书法

---

[1] 踽踽：小步走路的样子；往来徘徊。
[2] 康有为：《广艺舟双楫》，《艺林名著丛刊》第二种，第15页。

艺术、一家之体，即使是最佳的书法，一旦与政治利禄、政治心性挂钩，也就丧失了它的学习初衷，偏离了书学正道，失去了书法艺术发展的活力，容易导向它的学习反面，受人指责，及至会被一股脑儿地抛弃。于是，书法艺术的天平再次摇摇摆摆地倾斜了。犹如明初"赵字""赵体"的僵化摹习，禁锢了"赵体"自身优长的发挥，以致扼杀了"赵体"书法内蕴的活力，书法艺术偏向失衡发展，这时的清代书坛必须产生新时代的书法巨子，才能重新扳正书学的路向，推动书坛百花盛放、再迎新书学时代的到来。

董其昌的《戏鸿堂法帖》在清朝风靡海内，多次翻刻，渐渐失去原貌，失去学习法帖的初意。董其昌书法摆脱赵孟頫书法的巧丽和圆腴丰润，追求个性超脱，率情写真，显得疏淡幽远，空灵剔透。一般学人没有董其昌的书学经历、书学博识和灵敏悟性，在临摹时往往学到疏淡皮相，因之丢掉了其内在的灵逸气韵，从而越写越空，越写越轻，雕疏纤弱，每况愈下。这一现象的产生不是董其昌书法本身的罪过。

书法艺术和其他艺术一样，有着自身发展规律。一种书体形成有其自身长期的艺术实践检验，融合了前人书法精华，总结自己的艺术领悟，高度表达个性，又具有审美代表性。或者说，它是书法家的兴趣人性同前人成就接触后选择、融合，又获得普遍赞赏，在原有的书法艺术基础上向前迈进的结晶。至于这种书体成就有多高多低，取决于书法家这一书法主体的学习功底和悟性程度。应该说，董其昌书学根柢和感悟程度在明朝都是首屈一指的。他的书法不仅超过赵孟頫，而且博得时代的喝彩，呼声高于祝允明、文徵明、邢侗、米万钟等人。随着时间推移，许多与他相提并比的同时代书法家一一湮没，或者退居其后了。董其昌攀上了中国书法帖学的巅峰。后人在帖学书法的道路上行进似乎极难逾越他了。

按照书法艺术发展首重创新的规律，清人欲超过董其昌的书法成就，必须首先继承董其昌的书法遗产，然后遍取众家之长，结合个性独特之处，形成自我面貌，包括结字、用笔、章法等面上呈现的功夫以及深蕴字形线条和墨色之中的气韵精神，才是正确的书学路子。康熙帝作为满族出身的皇帝，居然钟爱董其昌书法，诚属不易了。但他作为一国之君，注重对董其昌书体的模仿，不能像书法家那样锐意书法艺术创新,把顽强探索、写出自我作为书法实践的终极目标。因此,他倡导学习董其昌书体既产生积极意义,同时带来一定的负面效应。而书法艺术一旦失去了求新求变的个性灵魂,就失去了它内在的艺术生命力。

乾隆帝在位60年,加上退居太上皇4年,成为中国历史上实际统治时间最长的皇帝。清朝历经顺治、康熙、雍正将近一个世纪的恢复发展和乾隆的近三分之二世纪,到达兴旺发达的顶点。弘历不像其祖父玄烨,他并不喜欢董其昌书体。与他许多仿效乃祖的做法相反,他在书法上转而钟爱赵孟頫丰润巧丽的书体。或许"赵书"可以为他的盛世锦上添花,他舍弃了以疏淡超逸居于主导书风地位的董其昌书法。看来他的书学悟性与玄烨差别很大:书法审美价值更接近于赵孟頫,而玄烨出世比弘历深得多,书法悟性比弘历要高得多。因为赵、董两体堪称中国书法两大奇葩,然而"董体"取代"赵体",最起码已经规避了"赵体"的不足,进而超越了赵书,显现出自身的优长。现在抬出"赵体",单一学习,简直退回到了董其昌、文徵明之前的明代,退回到元朝,忽视了董其昌等创新书体的存在。因此,不能令学人满意。况且,董其昌书法的局限也不是用"赵体"就能弥补得了的。清朝书学在乾隆时代实际上面临着困境,不知怎样才能越过董其昌这一帖学丰碑。

随着金石文物出土的增加,拓片广为流传,许多学人转向重视金石考据之学。金石碑版文字向书学频频发起挑战。经过乾嘉汉学大家、名臣阮元等人积极提倡,嘉庆、道光年间,书法碑学终于成了气候,别开中国书法艺术的新局面。西周金文、秦汉刻石、六朝墓志、唐人碑版,从摩崖刻石到造像砖瓦、片石只字,都令人流连忘返,心摩意踵。书法名家、书学理论家包世臣、康有为替众多学习无名碑石文字的学者书家摇旗呐喊,把尊碑抑帖推崇为书学主流,深刻影响晚清和近现代中国书法,使书坛孕育出了一批书法大家。这是书法艺术在发展中展现的强大驱动力。

但是,清代碑学书法走上矫枉过正的偏向。抨击帖学,全盘否定了帖学。尊碑抑制了帖,未必是书学健康发展的方向。碑帖各有自己的优劣。清代书家弘扬碑学书法之长,成绩斐然,值得高度肯定。然而,盲目丢弃帖学书法之长,看不到帖学书法从碑学书法发展而来,是书写材质和工具进步的产物,一味回到迷醉碑石文字的阶段,并不利于书学的整体发展，只会肇启无谓的书学门户之争。碑石书学在返璞归真上产生了巨大作用，促使书法家追溯帖学书法的起源和钟、王等人取得惊人成就的动因，从而有所领悟，进行自我书法创造。可是，只重视碑石书学，既回不到也融不进1600多年帖学书法承继发展的优秀艺术遗产宝库中去，无异于走上孤芳自赏的书学奇门之路，又有多少艺术的社会效果？明代帖学大盛，碑学为次，仍然有越来越多的学者认真地汲取碑学书法营养，从事碑学书法实践，或做着帖学碑学、书法融合和创新的工作。在这方面，李东阳、文徵明、王穉登、赵宦光、王铎都十分典型。然而这时的碑学书法地位与帖学相比，差距实在太大。清朝碑学书法崛起，可以恢复碑学和帖学书法并列的地位，却万万不能再走上重此轻彼的老路。汲取碑学、帖学书法之长，摒弃碑学、帖学书法之短，取长补短，各有所需，才是碑学、帖学共举繁荣、开创书学新局面的有效途径。

从中国书法长河来考察，中国书法从魏晋钟繇、"二王"出，帖学大盛，占据书学主流。这是文风昌炽、使用毛笔纸张书写的必然结果。唐宋元明清时代，帖学名家辈出。虽说他们浏览过碑石文字并汲取过其营养，但碑学终究不是书法的重头所在。他们内心所重，仍然是在帖学真迹中抒发个性。帖学在赵孟頫、文徵明之后，出现集大成者董其昌。加上张瑞图、黄道周、王铎、倪元璐等一群浪漫帖学书家的涌现，对清朝书学发展的助推力很大。

清朝嘉庆、道光以前帖学大盛，之后则碑学大盛。帖学书法在康熙朝以玄烨帝喜爱的"董体"为盛，至乾隆朝经弘历帝大力推崇，转以"赵体"为盛。但士大夫把"董书"与"赵书"融合，并学习唐宋书家特长，总体上延续了"董体"书风。待到嘉道年间掀起看重唐碑之风，咸同光宣时候更是重视北碑，愈变愈古。吴大澂专长古籀文，吴昌硕专攻石鼓文，民国时甲骨文、简牍发现，又掀起一阵摹习古书法的热潮，成为清朝碑学之重的延续。倘若碑学能与帖学书法很好地结合，或许将成为现代书法的新路。

其实，不论帖学还是碑学的兴盛，清朝书学的发展都烙上了明代书学的痕迹。

清初从顺治朝到康熙朝的近80年中，董其昌和晚明浪漫书风昌炽，并没有因为清朝取代明朝的统治而衰落，相反，明末宗帖书法体现的个性解放被大规模总结升华，出现了不同于董其昌的另一位明末清初书法大家王铎。

强调"作字先作人，人奇字自古"的傅山，继承徐渭的浪漫书风，标新立异，提出"宁拙毋巧，宁丑毋媚，宁支离毋轻滑，宁真率毋安排"的"四宁四毋"书法审美新标准，抛弃了赵孟頫、董其昌书学风格。然而，他从"二十岁左右，于先世所传晋、唐楷书法无所不临，而不能略肖。偶得赵子昂（赵孟頫）、香光（董其昌）诗墨迹，爱其圆转流丽，遂临之。不数过，而遂欲乱真"。以他颖异的天性，加上锐意屹屹自立，在学习中化导出自我的书风。但傅山忠于明朝，坚持遗民一生的气节。在重新衡定赵孟頫的为人品行之后，他得出"予极不喜赵子昂，薄其人遂恶其书"的结论，并怀疑"不知董太史（董其昌）何所见，而遂称孟頫为'五百年中所无'"，转而选择正气凛然的颜真卿书法。他后来认识到赵孟頫"近细视之，亦未可厚非。熟媚绰约自是贱态，润秀圆转尚属正脉。盖自《兰亭》内稍变而至此"，却毕竟拉开了与赵、董书法平正研美的审美距离，继承并开拓着徐渭狂放的浪漫书风。[1]

除了傅山之外，法若真、朱耷等人与傅山属于同一类型，是继承晚明浪漫书风的书法家。

董其昌的书风孕育了清朝一大批书法名家，查士标、笪重光、沈荃、姜宸英、王士禛、汪士鋐、何焯、张照都从习"董体"起家，与"华亭书派"一脉相承。在碑学渐兴的乾隆朝，"浓墨宰相"刘墉、"淡墨探花"王文治都从"董书"起步。他们与梁同书、翁方纲合称"四大书法家"，同成亲王永瑆、铁保等人一样，继承了董、赵书学。梁同书融颜、柳、米、董于一家。翁方纲擅长金石之学、篆隶古法，书法也是从褚遂良、王羲之帖学开始的。桐城古文派领袖姚鼐，书法专精王献之、董其昌，以董其昌书学成功之路作为自己书学成就比较的对象。此外，行书师法米、董的戴熙，汲取颜书精华、融赵与董书法为一炉的状元帝师翁同龢，名臣林则徐及曾国藩出入欧、赵、董书，以及近现代的

---

[1] 傅山：《霜红龛书论》，崔尔平选编点校：《明清书法论文选》，第451—452、454页。

沈尹默，都是明代帖学书法的延续。尽管乾隆帝个人抛弃董书而钟爱赵书，实际上，董其昌的书风在乾隆朝甚至以后也一直长盛不衰，成为书法有识之士的共识。乾隆时，"朝廷重董书，士大夫莫不人人淡墨渴笔称华亭矣"。"董华亭为有明以来一大宗，执牛耳将三百年。"[1] 可见其特长所在。

清初书学承袭晚明书风还有另一条书路。因为明代帖学大盛之下存在着碑学书法的传统与实践，出现一批篆隶书法名家与民间书家，促动晚明一些书家开始重视这笔书法财富，突破帖学翰札规范，涉猎篆隶金石碑版。如赵宧光以草入篆，写草篆；王铎写汉碑。他们身体力行的倡导在晚明未成气候，到清朝却得到了响应，因而开创了注重金石文字的先河。傅山篆隶正行草五体都能，既会写赵宧光式的草篆，又能写王铎式的汉碑。石涛以隶法写行书，影响了"扬州八怪"的书法。"扬州八怪"中的李鱓、金农、郑燮，"西泠八家"中的丁敬、陈鸿寿等人受到帖学深刻影响，却倾向于碑学。郑簠以隶立身，专治汉碑，更与傅山、石涛等书路相继，光大了赵宧光、王铎的碑学之趣，率先在清代走进碑学。邓石如、伊秉绶以篆隶为重，成就卓著，奠定了碑学书法牢固不动的地位，令人耳目一新。嘉道之后，何绍基、吴熙载、张裕钊、赵之谦、杨守敬、吴昌硕、康有为等都为碑学书法高手。碑学盛行使临习帖学的书家转而刮目看待碑学书法的发展，也从中摄取养料，如翁方纲、钱沣等名家。

在清代书学实践中，还存在碑学与帖学书法并重和糅合的现象，回到理智看待碑帖两途分合同归的正道。除了极端的碑学或帖学书家之外，书法家们其实都需要碑学与帖学书法中富藏的养料。因为帖学作为中国书学的一种流派体系总是一种独特和永恒的存在，不因为某个时期的相对沉寂而消亡，降低自身的艺术价值。同样，作为书法艺术史发展到一定阶段出现的回归和跳宕，清代中后期的碑学书法也是书学中的一个体系。中国书法艺术史上先有碑学，再有帖学，碑先帖后。魏晋到唐代从碑学大盛到碑帖并行，碑学衰落，让位于帖学，使帖学成为书法主流，宋元明帖学至于极盛，经历了漫长的演变过程。帖学从唐到清中期

---

[1] 李瑞清：《跋钱南园大楷册》，崔尔平选编点校：《明清书法论文选》，第1081页。

在钟、王基础上登峰造极，名家辈出。清中期碑学开始复兴，与帖学争夺书坛天下，一度占据主流。但碑帖再度并行，促成清代书学兴旺，不能不说是对晚明书学的继承和积极探索，从另一角度映衬了晚明帖学书法大家对后世的巨大影响。

邓石如以"山人"身份，振兴篆书于其衰落数百年后，被曹文埴、翁方纲、赵之谦等人推崇为四体皆精的清朝书法第一人，开清代碑学之宗。他的行草书劲健展张，笔势磅礴如屋漏，如画沙，有篆意，有隶韵，与黄道周、倪元璐其实同属一类浪漫风格。沈曾植晚年取法黄道周、倪元璐书法，以钟繇、怀素为基本功夫，写出自己的面目。伊秉绶、何绍基、赵之谦、吴昌硕、李瑞卿等书法名家都从研习帖学法书而倾重于碑学，从破帖走向师碑，做到碑帖贯通。清代草书在董其昌、黄道周、王铎、倪元璐的书风流布下被着力摸索，出现不少优秀作品和书法名家，如傅山、龚贤、朱耷、黄慎、刘墉、邓石如、朱冕、翁同龢等，远追晋、唐、宋风韵，近法晚明浪漫书家气势，自成一体。康有为在晚年感到碑派也有不是，必须碑帖相融。可惜他来不及付诸实践了。他把晋帖唐碑比作古学，所得以帖为多；北碑汉篆比作今学，所得以碑为主。有此变化，是因为"人未有不为风气所限者。制度、文章、学术，皆有时焉"[1]。书法帖碑的分合也应是"时""限"所造成的了。

可以说，从清代中期开始，真正称得上书法大家的，书学上大多走向碑帖统一，只在兴趣和个性表现上更接近或碑或帖的面目。例如民国时期于右任倾向于碑，沈尹默倾向于帖，两人书风迥异，却都承继书学的优秀传统，绝对不是仅有或碑或帖单一的功夫。

---

[1] 康有为：《广艺舟双楫》，《艺林名著丛刊》第二种，第15页。

第六章　明代书法作品的流传、鉴藏与辨伪

在中国书法史上，毫无疑问，明代书法取得了巨大成就，留下大批优秀作品，也收集整理传承前代书法作品刻帖成石，这些都成为中国艺术瑰宝，流传后世，为人著录、鉴藏，并有伪作乱真，必须鉴别。以下从书法作品的流程、鉴藏和辨伪方面加以叙述。

第一节　明代书法作品的著录与收藏

关于明代书法作品的著录书籍较多，其不仅著录明代人的书法作品，而且著录流传到明代的前代书法作品，为中国书法史研究提供了可贵的文献资料。[1]

一、明代书法作品的著录

明代书法著录著作众多，以下主要介绍12部，做个大概了解。

1. 朱存理《珊瑚木难》

朱存理（1444—1513），字性甫，号野航，南直隶苏州府长洲县人，居于葑门外。明中期著名鉴藏家。擅长书画，书法学晋、唐，工篆籀。《珊瑚木难》著录他生平所见书画碑帖名迹，是明代第一部私人鉴藏比较完备的书画著作，开创明代以题跋文字形式著录书画类别书籍的体例。书中保留书画碑帖的诗文题跋与诗文著述，加上附记，简述收藏

---

[1] 本节参考杨仁恺主编《中国书画》第七章"明代书画"第七节"书画的鉴藏流传与著述"（第481-501页），以及其他著作写成。

地点。其缺陷在于有的编排次序与类别杂乱。

2. 赵琦美《铁网珊瑚》

赵琦美（1563—1624），字元度，号清常道人，南直隶苏州府常熟县人。《铁网珊瑚》作者存在争议，此书历来传为朱存理所撰，约成书于弘治、正德年间。书末有赵琦美自序，作于万历二十八年（1600）。该序声称该书是他把常熟秦氏藏本、焦竑校对本和自己所见真迹合编而成。因而可以把赵琦美定为最后的著者。书中著录古今书画名迹，其中"书品"有10卷，按时间顺序，详细著录每件书法作品的款识和题跋。赵琦美喜爱书画，见识过书画，做书画鉴藏与著录，对明代书画著录和传藏事业做出了贡献。

3. 都穆《寓意编》

都穆（1459—1525），字元敬，南直隶苏州府吴县人。弘治十二年（1499）进士，官至太仆寺少卿。著名鉴藏家、文学家、书法家。人很聪明，7岁能诗。因为在弘治十二年（1499）会试时揭发吴门四大画家之一的唐寅交通考官程敏政（与事实不符），致使唐寅受黜为小吏，革去解元，不许再试，他却高中进士，登入仕途，所以长久在家乡文人圈中备受冷落，郁郁不得志。他学问渊博，著作宏富，却没有威望，不受人重视。他奉使到陕西时，搜罗金石遗文，摹拓缮写，著有《金薤琳琅》等书。《寓意编》成书于弘治、正德年间，著录他所见到的古代书画名迹和其收藏地点，比较全面地反映了明代中期私家书画收藏的状况。都穆是位士大夫，有识见，有条件接触较多的书画名迹，因此能对书画作品进行考证，见解精到，颇有参考价值。

4. 文嘉《钤山堂书画记》

文嘉（1501—1583），字休承，号文水，南直隶苏州府长洲县人。著名书画家文徵明次子。官和州学正。工诗文书画，继承家学，擅长山水，画如其父。小楷俊美，还能篆刻。见识广博。

钤山堂是明代嘉靖朝著名权相严嵩的堂名。嘉靖四十四年（1565），严嵩被革职抄家。他和儿子严世蕃所藏书画被籍没。文嘉被选中参与清理记录严家历代所藏3000余件书画名迹的工作，其中大多是严嵩为相20余年中举国上下奉迎拍马者媚献的物品。《钤山堂书画记》反映严家攫取的书画艺术财富和书画珍品在明中期的流传和收藏情况，以及政治特权对书画名作流传和收藏的影响。

5. 詹景凤《詹东图玄览编》4 卷

詹景凤（1535—1602），字东图，号白岳山人，南直隶徽州府休宁县人。隆庆元年（1567）举人，官南京吏部司务。明中期著名书画家、鉴藏家。他的草书擅名一时，甚至与祝允明并称。《詹东图玄览编》成书于万历十九年（1591），记录他所见古书画碑帖名品的内容、款识、印章，还抄录作品题跋。詹景凤以卓有成就的书画家的专门眼力鉴赏字画，识见极高，使该书不像一般鉴藏著录。他侧重于书墨技法，持论公允，没有门户之见，很是难得。因而他的鉴赏大多精当可靠，引起人们的重视。他还著有《詹氏小辨》《画苑》。

6. 项穆《书法雅言》

项穆（约 1550—1600），原名德枝，字德纯，号贞玄（贞元）、无称子，浙江嘉兴人。著名鉴藏家项元汴之子。官中秘。工于书法。他秉承家学，精于鉴赏。《书法雅言》是他评论书法的专著，共 17 篇，分别论述从古到明代书法家的品格优劣、书体演变、笔法功力、工具器用等情况，叙述条理清晰，历来为研习书法者重视。

7. 张丑《清河书画舫》12 卷

张丑（1577—1643），字青甫，号米庵，南直隶苏州府昆山县人。明后期著名鉴藏家。《清河书画舫》成书于万历四十四年（1616），以人物为纲，按时代顺序，著录他家藏的和所见的古代书画名迹，抄录前人论述、题跋文字，并加上自己的评论和考证。此书与他后来的《真迹日录》《张氏书画四表》形式有异，内容上却有重复之处。

8. 朱谋垔《续书史会要》

朱谋垔（1584—1628），字隐之，号八桂、厌原山人。明宗室宁献王朱权七世孙。《续书史会要》补续著名书法家、大学问家陶宗仪的《书史会要》，简单记录明代书法家的资料，有的还有他人评语，是研究明代书法史的重要材料。

9. 汪砢玉《珊瑚网》48 卷

汪砢玉（1587—?），字玉水，号乐卿、乐闲外史，南直隶徽州府人，寄居浙江嘉兴。斋名莲登草堂、韵石阁、青人巢。父汪爱荆，与项元汴相交甚密，筑凝霞阁储藏书画，收藏富甲一时。汪砢玉继承父好。

崇祯时官山东盐运使判官。又擅长书法，成为明后期著名鉴藏家。《珊瑚网》成书于崇祯十六年（1643），记录他见到的书画作品，抄录题跋文字、收藏、流传的情况，多有创见之处。

10. 郁逢庆《书画题跋记》

郁逢庆，字叔遇，号水西道人，浙江嘉兴人。广闻博识，深于书法。《书画题跋记》成书于崇祯七年（1634），著录他见到的古书画名迹，详录每件作品的题跋、印记，内有不少书画精品。但编辑无分类，时间无次序，属于随记随录的作品，影响了它的使用价值。

11. 朱之赤《朱卧庵藏书画目》

朱之赤，号卧庵，明末清初鉴藏家。《朱卧庵藏书画目》成书于明末清初，简单记录他所见到的书画名称和题跋人的姓名。

12. 姜绍书《无声诗史》7卷

姜绍书，字二酉，镇江府丹阳县人。明崇祯时官南京工部郎中。《无声诗史》这一书名取自画中有诗，实际上该书是明代画史，成于清康熙十八年（1679）之后，著录从洪武到崇祯的书画家400余家（201人明确），资料丰富。缺陷在于叙述无章法，时间杂乱，分类不当，还有人名、字号错误，取材有冗杂不当之处。

以上书法著录书籍大多数产生于江南商品经济、科举文化和书画艺术兴盛之地。这表明书法艺术作品的所见所录所藏离不开作者所处的文化社会氛围及必要的经济条件。中国传统书画艺术品毋容置疑地多与经济文化发达地区紧密挂钩，这是明代社会书画艺术传播和收藏的一种倾向。经济文化发达地区的学者、收藏家乃至普通人家有财力的人，有较多的机会看到书画真品，见识书画珍宝，能够接近书画家，与他们交流，购藏他们的作品，具备必要的财力和必需的鉴赏力。

二、明代书法作品的收藏

明代从中期开始，随着社会经济发展，私家财力壮大，滋长了对文化艺术的爱好。不少书画作品成为收藏对象，提高了社会书画鉴赏水平。书画的商品价值增大，促使书画鉴藏成风。贵族官吏、地方名流，甚至宦官、商人手中积贮了大批珍贵字画，从而使明朝的书画艺术品收藏有别于其他王朝。突出的书法收藏家有以下一些，略加介绍。

朱㭎（1358—1398），明太祖朱元璋第三子，封藩于太原为晋王，得到宫中赏赐的许多内府书画珍品。他在藏品上一律盖上"晋府"和"晋国奎章"的大红方印。

沐璘。明初开国将军沐英打进云南后，被封为沐国公，世代袭职留守。沐璘是沐英后代，喜欢收藏书画，搜集不少名品，盖有"黔宁王"印章。

钱能，就是钱素轩，明宪宗成化末太监，曾任云南镇抚使、南京守备。身为太监，出任监军，这是明朝太监专权的重要条件。他喜欢收藏字画，在南京时，他每隔5天，抬出书画柜2只，循环玩赏，大多是晋、唐、宋名品，元代书画更是不可胜计。在云南时，他收取沐国公府中文物，价值4万多金。他的用印有"素轩清玩珍宝""钱氏素轩书画之记"等。明代太监任意弄权，将书画艺术品窃为己有，这是很明显的一例。他们并不真正喜欢书画，也不能利用珍贵书画做出新的艺术贡献，而是凭借接近之便，炫耀显赫权势，将书画珍品视为掌中玩物，作为宝贵财富加以积储，这样恰好妨碍了书画艺术的学习和传播，在书画传布鉴赏途中拦腰一截，堵塞了书画艺术发展的通道。

黄琳（1450—1520），字美之，号蕴真、休伯、国器，休宁人。弘治年间锦衣卫指挥使。他收藏古籍书画冠于东南，建有藏书楼淮东书院，书画藏在富文堂宴集欣赏，印记有"黄琳美之""美之"等。他与人物画家吴伟（号小仙，湖广江夏人）相交甚密，吴伟称他为"蕴真黄公"。得到书画业内人士推崇，有助于他的书画收藏水平提高。

严嵩（1481—1568），字惟中，江西袁州府分宜县人。出身民间清贫之家，由进士翰林位居内阁首辅，曾有些政治作为，诗文才华很好，擅长书法，有《钤山堂集》。他当国20多年，南方倭寇、北方蒙古贵族头领骚扰严重。严嵩与子严世蕃固结党羽，贪污受贿，罔顾国计民生，陷害正直大臣，祸国殃民，民愤极大，最后成为朝廷党争的牺牲品，也受到应有的惩罚，大快民心。严嵩是文人出身，对书画艺术十分喜爱，也很内行。他利用手中炽热的权势，不择手段，及至陷人于死地，攫取和贿收一大批中国历代书画珍品，收藏在他分宜老家的钤山堂中，共3000多件。但毕竟黑手遮天不能长久。严家父子倒台，严世蕃被判处死刑，后改为远徙，严嵩则削职为民，在老家度过残生。他们的书画珍藏全部充公，收入皇室内廷。文彭把它们编入《钤山堂书画记》。贪官显宦利用权势攫夺书画艺术珍品，又被更为强大的皇权无偿攫得，这是中国封建社会书画艺术品流传鉴藏的一条规律，也是我们今天追溯书画鉴藏的一条重要线索。

东南地区是明朝经济文化最为繁盛发达之地，书画收藏最为繁富，此地收藏家又最精鉴赏。

沈周（1427—1509），字启南，号石田、玉田生、白石翁。明中期吴门大书画家，民间书画收藏家中最早的一个。他一生布衣，气质清纯朴实。家世业农，殷实丰厚，是苏州府长洲县相城的世家大族。他有财力、有书画见识进行私人书画收藏。

文徵明（1470—1559）和他的长子文彭、次子文嘉，以及曾孙、状元、大学士文震孟等，南直隶苏州府长洲县人，一门书画篆刻艺术家，在中国书画艺术史上十分少见。他们擅长书画，善于鉴赏收藏。文徵明的书画收藏室称为"停云馆"，使用"停云馆""停云"印记。从嘉靖十六年（1537）起，他汇聚自己精心收藏的墨迹和当时书法名家沈周、李应祯、王鏊的收藏墨迹，精刻成11卷。文徵明之后，他的子孙又把他的小楷《黄庭经》、行书《西苑诗》10首刻石，续为第12卷。这是当时全国闻名的书法丛帖。文彭、文嘉兄弟继承父风，传延子孙。文彭还开创篆刻书派。他们与项元汴来往密切，一起鉴赏书画，水平很高。文徵明父子高寿，引领吴门书画篆刻潮流，交往书画家极多，见识书画极富，收藏极佳。可惜文家书画收藏没有著录行世，这可能与沈周、华夏、项元汴等大收藏家一样，既是当时收藏的风气，又可防止家秘外传露底。但是，这种做法是中国书画流传、收藏和鉴赏无可弥补的损失，并不利于书画传习和研究的展开。

安国（1481—1534），字民泰，南直隶常州府无锡县胶山人。精鉴赏。家底殷实，从经营农业、商业之家转向文化世家，积累起一批书画财宝。

华夏（1494—1567），字中甫，南直隶常州府无锡县人，出身当地世家望族。他是著名鉴藏家，堂名"真赏斋"。华夏与祝允明、文徵明、都穆等著名书画鉴藏家交往密切，互相切磋书画鉴赏，鉴别能力极强，有"江东巨眼"之誉。他收藏精品真迹很多，经常盖上"华夏"

"真赏""真赏斋印"等钤记。著名书法家丰坊撰有《真赏斋赋》，全面记述华家藏品，其中书法有钟繇《荐季直表》、王羲之《袁生帖》、颜真卿《刘中使帖》和《朱巨川告身》、黄庭坚《诸上座帖》等珍品。

项元汴（1525—1590），字子京，号墨林居士、墨林山人、香岩居士、鸳鸯湖长、退密斋主人，浙江嘉兴槜李人。著名大鉴藏家。收藏古书画宏富，当在千件以上。精于鉴赏，自许天下双眼，当时人鲜能匹比。[1] 他还会画山水画，与陈淳（字道复）、丰坊、文彭、文嘉等书画家来往密切。

项元汴因得古琴"天籁"而把金石书画贮藏之所称为"天籁阁"。常用的印记有"项元汴印""子京""墨林""寄傲""净因庵主""天籁阁""槜李""槜李项氏世家宝玩""项子京家珍藏""项墨林父秘笈之印""神品""密""子孙永保""神游心赏""子孙世昌""桃花源里人家"等。他用印没有一定陈式，有时一印盖上多次，有时一幅书画珍品前后加印几十个。这样未免玷辱名迹。后来清乾隆帝乱题乱钤书画印记与他做法差不多。他的书画珍品按《千字文》顺序在左、右下角编号，这成为项氏收藏书画的重要特征。

项元汴收藏许多书法名迹，能见到的传世实物有索靖《出师颂》帖、王献之《洛神赋十三行》、欧阳询《梦奠帖》、怀素《苦笋帖》和《自叙帖》、杜牧《张好好诗》帖、杨凝式《神仙起居法》帖、赵孟頫《洛神赋》行书卷、宋克《急就章》卷等。可惜他的收藏没有著录传世。《蕉窗九录》是伪托之作，在鉴别书画真迹时应警惕上当，不要以为该书有记载就是项元汴收藏过，当作真迹来对待，或照此收藏书画作品。

王世贞（1526—1590），字元美，号凤洲、弇州山人，南直隶苏州府太仓州人。进士出身，官至南京礼部尚书。著有《弇州山人四部稿》《弇州史料》等。著名文学家、史学家、书法家，嘉靖、万历时期文坛领袖，"后七子"之首。他擅长书法，撰有《艺苑卮言》，立论精当，涉及面广泛，是书画艺术评论名著。还有《古今法书苑》《弇州墨刻跋》《三吴楷法跋》。他家从他父亲王忬开始富于书画收藏，引得严嵩

---

[1] 参见徐邦达《历代书画家传记考辨》，上海人民美术出版社1983年，第44—46页。

馋涎欲滴，他家由此罹受祸殃。到王世贞时，王家收藏历代书法名迹很多。如钟繇《荐季直表》、王献之《送梨帖》、怀素《自叙帖》、颜真卿《送裴将军诗》、范仲淹《道服赞》，以及苏轼《烟江叠嶂歌》《洞庭春色》《中山松醪》赋和赵孟頫《千字文》《洛神赋》草书，鲜于枢、俞和及明代沈周、唐寅、文徵明等书法名家的手迹，都藏在尔雅楼。

王世贞之弟王世懋（1536—1588），字敬美，号麟洲、澹圃、墙东生、损斋。由进士官至南京太常寺少卿。擅长古文书画，著有《奉常集》《澹圃画品》《澹圃书品》。藏有王献之《送梨帖》、欧阳询《千字文》、智永《真草千字文》和元、明多家真迹。印记常用"敬美""损斋道人"。

太仓王世贞一支出于琅琊，[1] 来迁后成为世家大族，到王忬与王世贞、王世懋时声名最响。王世贞以文名掩盖书名，而富于书画收藏，鉴赏精当，书名依然被扬天下。

韩世能（1528—1598），字存良，南直隶苏州府长洲县人。明隆庆二年（1568）进士，官至礼部尚书。他有条件悉心搜罗书画，收藏宏富。张丑《清河书画舫》著录他在韩宅所见名迹很多。传闻严嵩所藏书画"今大半归韩太史家"。董其昌称他为江南三大书画收藏家之一。韩世能用"韩世能印""宗伯学士之印""韩仲子氏"等印识。

郭衢阶（1546—1605），字亨甫，四川富顺县人。万历二年（1574）进士。著名鉴藏家。印记用"郭衢阶鉴赏""亨父""亨父鉴定真迹"等。

董其昌，作为大书画家，又精于鉴赏，富于收藏。他把精心收罗的书法名迹连同自己的书法真迹刊刻成著名的《戏鸿堂帖》。可惜它在万历四十四年（1616）焚毁于"民抄"董宦事件，后来刊刻便粗制滥造，为后世诟病，书学界应当引以为鉴。

张孝思，字则之，号懒逸，明末清初南直隶镇江府丹徒县人。工于书画，精于鉴赏，收藏不少精品，如杜牧《张好好诗》、杨凝式《神仙起居法》，贮于家中培风阁。

---

[1] 吴聿明：《娄东画派研究》，南京大学出版社1991年，第4页。又参见太仓市政协文史委员会编《王时敏与娄东画派》，浙江人民美术出版社1994年，第125页。

明代大量私家书画收藏出现在中期以后，社会经济发展，政治控制有所松弛，民间有财力者被允许把书画作品作为珍宝进行投资或鉴赏。皇家内府收藏书画早在民间收藏热兴起之前已经开始，甚至明初只有皇家内府才有资格贮积书画，完全是"大公"的皇"家"独家收藏鉴赏。这是小农经济时代封建中央政府利用权力垄断了书画收藏。

明朝在洪武元年（1368）元旦宣告成立。十月，明军攻入元大都（北京），接管全部元朝内室收藏，特别是雅好儒术、酷爱中原文化艺术的元文宗在奎章阁的珍贵藏品，包括书画艺术珍品，从而构成明朝内府的大宗书画藏品，另外还有历代因王朝更替而承继的皇室书画收藏菁华。

明朝从太祖到孝宗都很重视艺术发展。皇家专设画院。太祖、成祖、仁宗、宣宗、孝宗都能书法。宣宗还雅善绘画。神宗、思宗对书画很喜欢。于是有明一代内府法书名画云集，特别在宣、宪、孝宗三朝出现书画鼎盛局面，堪与宋代徽宗宣和、高宗绍兴时代媲美，推动了全国书画鉴藏风气流行。

朱元璋对古代书画保管十分重视，专立裱背所装修、补缀书画作品，重用浙江嘉兴魏塘著名画家和装裱大师盛著（叔彰）。盛著的全色本领高强无比。永乐时，苏州书法名家滕用亨应召入宫，任待诏、翰林中书，以善书和精于鉴赏古书画而闻名。宣宗能文能武，擅长书画，经常使用内府库藏名迹教育子孙，把书画艺术的欣赏收藏价值和教化价值结合起来。如他对赵孟頫的《豳风图》大为感慨，赋长诗一首，告诫子孙谙知稼穑创业艰难，万世人君皆当作鉴，并悬图、诗于宫室墙壁，朝夕入目，示以儆励。这是有为之君的明智做法。

明代内府书画钤记，洪武时有"典礼纪察司印"，作为内府专管书画的宫印，常在手卷中横刻于右下方的边缘，且大都只露"司印"二字，或兼露"纪察"二字半印，另一半大概刻在执掌库藏文物的账簿清单上。宣宗的书画作品喜欢用"广运之宝""武英殿宝""宣德秘玩""御府图书""雍熙世人""格物致知"等印玺。"广运之宝"在宣德、成化、弘治，即宣、宪、孝宗三朝通用。弘治时还有"御府图绘之记"。神宗时有"万历之玺"印记。

明代内府库藏书画文物没有严格的保管制度，搜集和鉴别也没有著录书籍传世，显得漫不经意。书画珍玩都让太监管理，使得太监私行盗取成为常事。前述钱能窃取大批书画炫耀取乐就是明证。隆庆、万历时期，因国家财赋危机，有的书画被当作"折俸"发给官员，抵作实物工资，使大量古代书画名作流出宫廷，成为社会流传与追逐的珍藏佳品，构成礼教束缚松懈、商品经济兴旺之后日益成风的私家书画收藏的重要来源。另外，皇帝经常把内府书画名迹用于封赏贵族官僚，如朱元璋赐给第三子晋王朱㭎；宣宗御制书画赏赐大臣，以古玩字画赏赐皇亲国戚，在明朝诸帝中最为突出。宣德五年（1430），宣宗赐给著名书法家沈粲端溪砚、龙香墨、金花笺、黄封笔、笔架山（为海外之物），即"文房四宝"中的精品；[1] 赐给臣工书画古董名物。把书画和文房用具作为治理工具，增强君臣情感，起到特殊的政治纽带作用，书画和文具的功能被政治化、御用化了。同时，宫廷书画和文具珍品流向了民间，为书法等艺术发展或学习打开了门户。例如，怀素的《自叙帖》真迹，原在苏州陆完家，文徵明摹刻入《停云馆帖》行世；嘉靖时由严嵩收藏；没入内府后，给侯伯为月俸，由朱太尉希孝收藏；嘉兴项元汴以六百金购于朱锦衣家，而朱锦衣得于内府。[2]

第二节　明代传世的主要刻帖

一、碑刻与碑帖（刻帖）

在中国书法史上，碑和帖的含义与对立有个演变历程，因而形成碑学与帖学两种书法路子。

碑的最早含义指竖石，上面没有文字，因而与书法没有关系。只有刻了文字的竖石才是书法含义上的碑。后来人们把文字刻石总称为碑。刻石的文字就是碑刻。秦汉刻石、汉代摩崖和题刻、六朝墓志等，都是碑或碑刻。碑的体制、形式和字体在宋代以前都已定型，元、明、清无变化。刻碑，一般先书后刻。汉代先用朱笔书丹，然后照刻于石。后代

---

[1]《三希堂法帖》第二十七册，上海书店1990年，第516-518页。
[2] 董其昌：《画禅室随笔》，《艺林名著丛刊》第三种，第11页。

先写在纸上，再钩摹上石，由刻手为书者服务。

帖的含义经过多次变化。原指以帛作书，书于帛者，即帛书为帖。从东汉起，凡是写字的小件篇幅都称为帖。书家的手迹有短札尺牍被世人珍藏，如陆机的《平复帖》格外珍贵。这种名人翰墨就是书法上具有特定含义的帖。晋时，张芝、钟繇、索靖、卫瓘、王羲之、王献之的片纸只字都被人们视为珍宝秘藏。因为书家手迹原件罕少，多被士大夫收藏，秘不示人，为了流传，便于学习，就产生了复制。一般有4种复制方法，即临摹[1]、双钩廓填（把纸覆盖在原迹上面，钩出原件轮廓，再填墨）、硬黄钩摹（硬黄是纸名，专门用来摹描法书，先在纸上涂上黄蜡，再用熨斗把它涂均匀，蜡融在纸上，变得稍硬又半透明，便于蒙在法书真迹上摹写）、响拓（在暗室中开一洞，如碗大，把法书与纸悬于洞口，被光透视，法书于纸上清晰可见，可以双钩成形，再填上墨，这种法书副本称为响拓本）。虞世南、褚遂良等人的《兰亭序》临摹本和王羲之的《丧乱帖》等是双钩廓填本。而传世的晋、唐法书多数是响拓本。

五代十国的南唐开国皇帝李昪把宫中所藏历代名家书迹命人钩摹上石，刻成《昪元帖》，它是我国书法史上最早的汇帖或丛帖。后来南唐国破，帖也散失无存。宋太宗酷爱书法，淳化三年（992），命翰林侍书王著把内府收藏的历代书家墨迹汇编成10卷共420余帖，摹刻于枣木板上，再用澄心堂纸，由李廷珪墨拓成册，此即享誉后世的《淳化阁帖》。这些摹刻上石或上木的法书都是刻帖或帖。由于《淳化阁帖》原迹不传，拓本难得，人们把原拓本翻刻行世。翻刻拓本供不应求，又将翻刻本再翻刻。辗转翻刻，版本多达几十种。历代书法墨迹依靠拓本而遍布天下，极大地方便了人们学习和欣赏法书。后世官府和民间纷纷仿效，遂使刻帖蔚然成风。

从宋到清中期，凡学习书法，都从临摹法帖开始，学帖成为学书最为盛行的方法，直到清代碑学兴起成为主流而退居其次，至今影响不绝。

---

[1] 临是面对真迹仿写，摹是罩纸影写，隋唐有此称谓，临不同于摹。参见冯忠莲《古书画副本摹制技法》，紫禁城出版社1993年，第2页。

明代书学继承宋、元以来的帖学之风，沉浸于从帖学书之中，而且在习帖上超过宋、元时代。明末董其昌集帖学大成，王铎在习帖基础上变出与董其昌不同的书貌，两人殊途同归，峙立书坛，登上中国书法帖学的高峰。

在书法学习之中，明人非常重视摹刻法帖上石，当然更注重从原帖真迹入手学习，把原帖真迹临摹刻石，形成碑帖传习路径。明代是我国书法史上又一个帖学的高峰。许多书法大家搞过碑帖。

清代碑学，狭义上指对六朝碑石，尤其是对魏碑或北碑的学习研究，广义上指对唐以前甲骨、钟鼎、大小篆、秦权、汉碑、瓦当、封泥、简牍、石幢、古玺、秦汉印、六朝墓志造像等以篆隶为主的一切文字的学习研究。它是一种书学流派，与另一种书学流派帖学完全对立。而帖学成为魏晋以后以真行草字体为主、以法帖为书法学习研究的对象，以崇尚钟王为正宗的书学流派。

碑、帖在唐代以前极易区别。宋代以后由于刻帖盛行，刻帖可以刻于石上，因此碑、帖混淆不清。直到清代出现碑学、帖学之争，才重新有了新的含义和区分标准。

清中期碑学兴盛之前，广义讲，凡是历代优秀书法，不论是手迹、刻帖还是碑刻，只要是把法书、拓片装裱成册以供学习书法的范本，都可以称为帖。摹刻在石上的法书拓印成册，也可以称为碑帖。狭义上的帖，指宋代我国第一部书法范本《淳化阁帖》以后的各种丛帖。这些帖都用石刻或木板翻刻名家手迹。因此，有人更单指手迹为帖。

从手迹学习书法，最容易感受、领悟从而直接掌握名家用笔的丰肥清瘦、轻重缓急、转折换锋、接搭引带，结体的清晰准确，墨色的浓淡枯润，以及神态气势。手迹一经摹写刻石或刻板拓印，有摹写和刻工两道人手，无论怎样精到逼真，都容易走样，外形易存，神气必丧，这点与碑刻完全相同。赵宧光讲："汉、晋遗迹，即名家临摹，已失故步。数翻而往，面目全乖。至于小楷，每帖各别矣，犹然属之一人之作，作真迹想，是邪？非邪？"[1]

---

[1] 赵宧光：《寒山帚谈》附录二，崔尔平选编点校：《明清书法论文选》，第352-353页。

碑刻由书家直接书丹，用毛笔在光滑的石板上书写，通常不如在纸上用墨书写产生的艺术效果好，显得笔画略肥，墨色枯润浓淡俱失，再经过刀工镌刻，必然失真。因此，碑刻与刻帖都失去原书家的神韵逸致，不利于习得名家书学精髓。

宋代大书法家米芾充分察觉了此弊，主张"石刻不可学。但自书使人刻之，已非己书也。故必须真迹观之乃得趣"[1]。他十分强调直接学习名家手迹的重要性，不主张研习碑刻或刻帖。明代董其昌与米芾观点相同，自己初学书法，苦无真迹，走了一段弯路，亲身体会至深。

可是，名家真迹毕竟稀少难得，又不是民间能够普遍收藏和接近的，所以历代官府和民间的书法家、鉴藏家设法搜集书法佳作，摹刻精良，传于子孙，或者为了传播书法艺术。刻帖使历代优秀书作广泛流传，比原迹容易保存久远，从而推动中国书学发展，这是无可奈何的书法学习方法。

二、明代主要刻帖

明代书学处于自宋至清刻帖兴起、兴旺的阶段，又处在清中期碑刻兴旺、碑帖退居其次之前。尽管碑刻、碑帖都从石上拓下，具有相同性，人们还是重视碑帖，即刻帖，把碑刻作为习书的辅助手段。明代碑帖对书学发展推动作用极大，产生了一批著名刻帖。

刻帖有单刻帖和汇帖即汇刻帖两种。单刻帖只刻一种法书。汇帖把各种法书汇聚摹刻。隋、唐已有刻帖。第一次大规模刻帖是宋太宗时期的《淳化阁帖》，起到后世刻帖的示范作用，可以说是法帖之祖。以后宋代有《绛帖》20卷、哲宗淳化《秘阁续帖》10卷、徽宗《大观帖》10卷、《汝帖》12卷、高宗《博古堂帖》（越州石氏帖）、《绍兴米帖》10卷、《武陵帖》（鼎帖）22卷、成都《西楼苏帖》30卷、孝宗《淳熙秘阁续帖》10卷、韩侂胄《群玉堂帖》（阅古堂帖）10卷、《忠义堂帖》（颜鲁公帖）8卷及续1卷、《凤墅帖》、《澄清堂帖》、《兰亭续帖》6卷、《宝晋斋帖》10卷等。

---

[1] 米芾：《海岳名言》，卢辅圣主编：《中国书画全书》第一册，上海书画出版社1993年，第976页。

元朝时间短暂，刻帖少。顾善夫刻《乐善堂帖》（附《名贤集帖》）可作为代表。

明代成为宋代之后刻帖的辉煌时期，自藩王到社会名流书家刻有大量汇帖或单刻帖。明代中后期汇帖之多，分布之广，蔚为壮观。刻帖体例沿袭宋人，范围比宋人广，有古人墨迹，也有近人与时人墨迹摹石。明代帝皇没有宋代帝皇喜爱刻帖，说明刻帖的主体到明代下移了。重要的刻帖汇帖有以下一些，作点简介。

《东书堂帖》10卷。明太祖之孙、朱棣之子周宪王朱有燉做世子时集中古代书法名迹，亲手临摹勒石于永乐十四年（1416）。以《淳化阁帖》为主，补充《秘阁续帖》、《绛帖》、《潭帖》及宋元书迹而成。

《（大）宝贤堂帖》12卷。晋靖王朱奇源为世子时辑录，由宋灏、刘瑀摹勒上石，刻于弘治九年（1496）。摹刻《大观帖》《绛帖》等帖，增加宋、元、明名家真迹。

《真赏斋帖》3卷。著名鉴藏家无锡华夏编次，著名书画家长洲文徵明、文彭父子钩摹，著名摹刻高手长洲章简父刻石。嘉靖元年（1522）刊石。包括钟繇《荐季直表》、王羲之《袁生帖》和《王方庆万岁通天进帖》。刻成不久，原刻毁于火，又重刻成石，两本皆精。因编、摹、刻三者都是高手巨眼，此帖被公推为明代刻帖第一。

《停云馆帖》12卷。长洲文徵明撰集，文彭、文嘉亲自摹刻，温恕、章简父刻石，从嘉靖十六年到三十九年（1537—1560）历时24年才完成。初为木板，因遭倭乱，焚毁于火，后刻于石。卷一为晋唐小字，卷二为唐摹晋帖，卷三、四为唐人书迹，卷五、六、七为宋人书迹，卷八、九为元人书迹，卷十、十一为明人书迹，卷十二是文徵明书卷，于文徵明逝世后刻石。该帖只有卷一小字钩摹过于圆润，稍乏古意，被人疵议，除此之外，全帖选择精严，摹刻精妙，在明代刻帖中仅次于《真赏斋帖》。

《宝翰斋国朝书法帖》16卷。茅一相撰集，章田、马士龙、尤荣甫刻，隆庆三年至万历十三年（1569—1585）历时17年完成。帖中都是明朝"当代"书家真迹，共百余种。

《来禽馆帖》（澄清堂帖）3卷。邢侗撰集，长洲吴应祈、吴士端父子刻于万历二十年（1592）。作为名扬天下的"当代"书法家，邢侗专选古人书迹精品，聘请吴门摹刻高手上石，使刻帖质量高，历来评价很好。

《馀清斋帖》正帖16卷、续帖8卷。吴廷辑刻于万历二十四年到四十二年（1596—1614）。集晋、唐、宋真迹上板，钩摹精当，刻于徽州府歙县。

《墨池堂帖》5卷。长洲刻石名手章简父之子章藻摹刻于万历三十年到三十八年（1602—1610）。集晋、唐、宋、元各家书迹，名气很响。因木板不易久存，显得愈加难得。

《戏鸿堂帖》16卷。董其昌辑，新都吴桢镌刻，万历三十一年（1603）刻成。初刻于木板，毁于"民抄"董宅之时，于是重刻成石。董其昌收藏宏富，又以书画巨眼精于鉴赏，所刻名迹多为晋、唐、宋、元、明珍稀之物，价值极高，可惜摹勒、刻手都不精严，以致粗率失真，毁誉参半，没有达到人们期望的高度。清金坛人、书法名家王澍认为"董思白以平生所见真迹勒成一十六卷，惜刻手粗恶，字字失真，为古今刻帖中第一恶札"[1]。清乾隆时丹徒人"淡墨探花"王文治，崇尚董书，"尝谓古帖中，有以摹拓至精而传神者，亦有以摹拓粗漫而传神者"。"宋刻诸帖中，评者以《汝帖》为殿"，因其"以名轻，独无赝本"，又"全以粗漫传神。近时木刻《鸿堂》亦然"。他还赞誉"前明亦多汇帖，惟董氏《戏鸿堂》最工"。[2] 除了《戏鸿堂帖》外，董其昌还刻有《玉烟堂帖》等。

《郁冈斋帖》10卷。王肯堂编辑，管驷卿刻于万历三十九年（1611）。集魏、晋、唐、宋名家真迹，却疏于鉴赏，杂入伪迹不少，摹刻倒很精湛。

《玉烟堂帖》24卷。海宁陈巘辑刻于万历四十年（1612）。集历代名家手迹，由董其昌作序，名气很大。

《金陵名贤帖》8卷。徐氏勒石，万历四十三年（1615）刻成。单集金陵54家书迹，其中有独存的书家作品，值得注意。

---

[1] 王澍：《淳化秘阁法帖考正》卷十一，《景印文渊阁四库全书》第六八四册，第631页。

[2] 王文治：《快雨堂题跋》，《王文治诗文集》，刘奕点校，人民文学出版社2014年，第561-562、622页。

《(大)晚香堂苏帖》28卷或35卷。华亭陈继儒撰辑,释莲儒、古冰、蕉幻、陈梦莲摹勒,万历四十四年(1616)刻成。全帖专集苏东坡书迹200余种。因为著名文学家、书法家陈继儒钦慕苏东坡品节书法,由酷爱、摹习苏书,到汇集苏书刻帖,如痴如醉,"虽断简残碑,必极搜采,手自摹刻之"[1]。陈继儒学问广博,精于书法,然而鉴藏功力不足,因而该帖杂有伪作。不过,苏东坡墨迹刻帖经他用心于此,的确蔚为大观。

《泼墨斋帖》10卷。金坛王秉錞编,长洲章德懋刻石,天启四年(1624)刻成。汇集汉、魏、晋、唐、五代、宋、元人书迹,大多数出自他帖,真伪参半。少数帖很精致,为他帖所无,受人重视。

《渤海藏真帖》8卷。海宁陈甫伸编,古吴章镛摹刻于崇祯三年(1630)。集唐、宋、元各家书迹珍品,以《灵飞经》帖为最精。

《清鉴堂帖》。新都摹勒名手吴桢摹刻于崇祯十年(1637)。选取从晋到明书迹,末尾为陈继儒、吴桢书法。吴桢会书法,把己书夹入刻帖中传世。他与董其昌交情厚重,曾刻《戏鸿堂帖》,见识也多,但刻石水平不如长洲章氏。

《旧雨轩藏帖》10卷。上海朱长统摹勒,崇祯十三年(1640)刻成。汇集当时名流书迹90多种。

《快雪堂帖》5卷。涿州冯铨辑录,宛陵刘光旸刻石。集晋、唐、宋、元名家书法,不少从真迹摹勒,刻手很精。冯铨是明末高官,属于阉党余孽,降清后继续享受厚禄,人品不为人重。但他见识多,擅识书画,刻帖很精致,因而此帖名气很大。刻石存于北京,不断有拓本传世。

《晴山堂帖》8卷。江阴徐弘(宏)祖辑。徐弘祖就是大旅行家徐霞客。崇祯年间无锡人何世太把他辑录的书迹摹刻成石。选取元、明书迹94种,其中元与明初的书迹并不是真迹。徐霞客雅好书法,自己却不是书法家。刻帖因他的名气大而得以传播。可是此帖显然为家中所藏,以作习书之用。

《翰香馆法帖》10卷,附2卷。崇祯元年至清康熙十四年(1628—

---

[1] 朱谋垔:《续书史会要》,《景印文渊阁四库全书》第八一四册,第844页。

1675）宛陵刘光旸摹刻成石。集魏、晋至明代书迹。卷末附虞南璎书法2卷。摹勒精当，而有伪迹。

《琅华馆帖》7卷。清顺治六年（1649）长安张翱、宛陵刘光旸摹勒刻石。专集王铎书法41种，摹刻精到，十分有名。

《拟山园帖》10卷。清顺治十六年（1659）由王铎子王无咎辑集，古燕吕昌摹勒，长安张翱刻石。专刻王铎书迹103种，以选材摹刻推重于世。王铎书法以此帖最为完善。

以上22种刻帖，从时间上讲，永乐、弘治各1种，嘉靖2种，隆庆至万历9种，天启1种，崇祯6种，顺治2种（因系以明朝为重的王铎书法而列入），可见明初刻帖较少，大概受到元朝刻帖衰落和明初社会处于恢复发展时期的影响。嘉靖、万历、崇祯时期社会富裕，书画艺术发达，鉴藏盛炽，刻帖迎合了学习书法、鉴藏书法、传播书法、书法品味提高、书法社会功能增强、充实人们日常生活等需要，十分受欢迎。刻帖主人从贵族官僚逐渐向文人士大夫甚至民间刻手移易。众多书画家的积极参与、投入都利于提高刻帖的水准。刻帖的集中则反映商品经济和文化艺术发达地区对刻帖和书法流播、鉴藏的优势，反映书法家的地区中心地位与影响，如文徵明、董其昌、王铎以及前代苏东坡等人的书迹刻石对书家出生地的刻帖和书法学习都产生了马太效应。

单刻帖和汇帖除了流播传世、方便书法研习外，还把明代书法鉴藏推向大盛，有不少刻帖享有盛名。譬如，苏州府吴县状元、宰相申时行的《赐闲堂帖》，松江府上海县因书起家的顾从义所刻的《阁帖》《阁帖释文》，出身于华亭县著名书法世家的莫是龙的《崇兰馆帖》，陈继儒专集米芾书迹刻成的《来仪堂帖》。应该讲，明代刻帖普及于中后期，有财力、有能力、喜爱书法的人家把它当作高雅习书传家之举，进而助长了全社会书法艺术爱好之风，提高了国家的文明素质和艺术素养。

第三节　明代主要书迹

许多明代书法家的真迹在当时已被刻入法帖，摹勒成册，拓出流传，供人临习与研究，并因而垂之久远。另有许多书迹经历众多磨难，终究得到传播，留给我们珍贵的书法艺术财富。现撷取明代一些主要名家墨迹加以介绍，以见有明一代书法大观。

危素《陈氏方寸楼记》

楷书。44行。书法虞世南，有赵孟頫书意，然畅通不及。

宋克《七姬志》

全称《七姬权厝志》帖，小楷。以楷法为主，字形取扁势，存隶意，兼草势，疏朗秀丽，潇洒闲雅，体现宋克师法魏、晋，深得钟、王之法。笔墨精妙，古意淳朴，在他传世书法作品中首屈一指。

宋克《急就章》

章草。汉代章草在魏、晋之后无名家，在唐朝无人重视。宋蔡襄，元赵孟頫、邓文原曾加以注意，却没有反响。明初宋克独树一帜，倡导成风，专心临摹皇象、索靖的章草，糅进自己的时代心态，把章草写得既有浑厚古朴之风，又有今草灵动之气。此作是他44岁时临皇象的得意作品，已不是原封不动的临写，而是清新活泼，热情奔放，笔画多变，比赵孟頫的临本更有生气，但也有锋芒毕露、过分轻佻之弊。

宋克《书杜工部枏木为秋风所拔叹卷》

草书。脱开元人习气，有自己风貌。

宋克《赠徐彦明诗帖》

草书。80行，款识5行。为宋克33岁所书。他当时精力旺盛，全书毫无倦怠。俊爽劲利与章草之趣尚未形成，利于了解他书体定型之前的书法。

宋克《公宴诗》

草书。6行110字。用王献之笔法融今草、章草于一体，带有隶意，形成自己书风。笔力瘦硬，圆劲飞动，古雅多变，自然成趣。字体紧密，布白行距注意节奏，浑然合一。然而波险太过，筋距溢出。

宋克《子昂兰亭十三跋》

63行。洪武三年（1370）书。真行草章四体齐备，体现宋克的整体书风水准。

宋濂《跋陆柬之书文赋》

小楷。5行。洪武八年（1375）书。以文学名家论书法，字迹清俊古厚。原迹在台北故宫博物院。

宋璲《前日帖》

行书。宋璲为宋濂子，受其父良好家教，独精书法。他用笔圆厚，得虞世南瘦劲笔法，体势宽绰，又得赵孟頫淳古闲雅气韵，大体不出明初追随"赵体"上窥唐、晋的书法路子。而宋璲能自出心意，表达明初华丽典雅的书貌。此本因宋璲腹痛力倦，求医作书札。无意书法，却体现了他自然变化、不主故常的书风。宋璲精通篆隶真草，以小篆最工，当时称第一。楷草书与宋克、宋广号称"三宋"。他书迹传世不多，《三希堂法帖》收有其行书《复岳翁书帖》。

宋广《李白五言诗》轴

草书。首尾5行。用笔清劲。

宋广《画堂红袖诗》轴

草书。4行，款识3行。洪武十二年（1379）书。取法怀素，笔势飞动。

沈度《敬斋箴》

楷书。19行。永乐十六年（1418）书。有晋、唐风姿，兼存赵孟頫笔意，工整端雅，秀美甜熟，为明代"馆阁体"书法的滥觞。

沈度《不自弃说》

楷书。13行。宣德元年（1426）书。婉丽，雍容华贵，精神饱满。

沈度《镛翁大参帖》

行草书。11行。笔法清劲，体势飘逸。

沈粲《古诗》轴

草书。沈粲草书师承宋璲，潇洒遒逸，如飞泉倾泻，婉绕轻盈，有一股秀丽清新之气，令人回味无穷。他与兄沈度并称"二沈"。《三希堂法帖》收录其《端溪砚》《龙香墨》《金花笺》《黄封笔》《笔架山》五咏行草，写得清秀婉丽。

沈粲《千字文》

草书。笔法劲挺爽利。

王绂《叔训帖》

行草。21行。流丽古雅。

陈璧《五行诗》轴

草书。使笔圆转狂放，笔势连绵缠绕，笔画遒劲，跌宕飞动，章法密茂奇伟，无有羁绊，率性自如。

陈璧《陶诗》

草书。有怀素笔法，圆熟畅达。

曾棨《天马赋》

行草。临摹书法。有晋、唐笔意，腴润秀美，遒劲，笔墨多变，布白大方，结体端正，任心随意，又合书法规矩，于临摹中出新意，寓性情于礼法，具有不激不厉、虚怀守中的人生追求和书法气度。

解缙《李邕古诗四帖跋》

行草书。用笔纵放圆润，结体潇洒不俗，意向谨严，点画露而不狂，气势舒展轻快，端雅婉丽，有魏、晋书风，又自出心意，映见他豪放磊落、谈笑风生的君子风流。

解缙《自书诗卷》

草书，夹杂行书。永乐八年（1410）书以付侄解祯期。气韵畅达自如，轻松灵动。笔势连绵盘绕，率意中深蕴机趣。结体大小错落有致，点画粗细交替多变，飞动中以沉着凝动相辅。墨色虚实浓淡有序。全书布局精心，又不偏离草书法度。

解缙《跋唐人草书月仪帖》

草书。8行。洪武二十九年（1396）书。见出他的书法观点。

张弼《唐诗七律》

狂草。通篇气势贯通，挥洒天成，无拘无束。中锋行笔，墨色饱满酣畅。笔势连绵，使转圆润。布白紧密，大小错落，重心突出，似信手拈来，又有精到之处。

张弼《杜甫诗》

狂草。整体气势宏大，热情奔放，一气飞泻，字字连贯，得力于张旭和怀素的狂草。怪伟跌宕，而放中有收，流中有稳，纵笔夸张，曲折多变，布白丰满，灵动最能充分流露心性，又不完全偏离草书法度，体现狂草书法的线条美。

张弼《五言律诗》

草书。用章草笔法写今草，用笔娴熟，点画粗细、枯润、轻重、徐速中体现奔放、潇洒的性情。用瘦劲的笔画改变古代章草肥厚姿态，与宋克一起开创章草新面貌，但大胆改革宋克妍丽、遒媚的书风，保留其隽永灵秀的气韵。

张弼《千字文》

草书。成化二年（1466）书。师法张旭，劲挺飞舞，雍穆有失。

张弼《凤有高梧鹤有松诗》

草书。纵逸飞动。回环密集处已开王铎之渐。

张弼《草书歌》

行草。反映张弼草书观。清劲隽拔，与李东阳有相似之处。

张骏《杜诗贫交行》

狂草。张骏擅长篆隶行草，书法宗怀素，尤擅长狂草，用长锋硬毫，笔画狂放，圆转曲折多变，如龙蛇翻飞，宏大潇洒，优美流畅劲峭，章法精思严构，清新爽朗。此作笔势飞舞，流畅中有肃穆，构思奇巧。

聂大年《烦求帖》

行草。9行。结构严谨，运笔紧劲。

钱博《滕王阁序》

小楷。13行。正统十四年（1449）书。有宋克、沈度书意。

刘珏《孝行廉名诗》轴

草书。成化二年（1466）书。习怀素书法，笔势飞动，圆劲飘逸。

刘珏《玉田帖》

行书。闲丽秀逸，有赵孟頫余韵。

陈献章《云隔溪扉诗》

草书。28行。用茅龙笔书写。字里行间多有逸韵，然不精湛。

陈献章《行草书诗卷》

行草。用茅龙（茅草）笔书写，豪放潇洒，得之于心，随笔点画，自成一家。浓淡墨色相宜，别具清新之气。

陈献章《种草麻诗》

行草。53行。用茅龙笔书写。龙飞凤舞，奔泉流石。

陈献章《行草书卷》

行草。成化十九年（1483）书陶渊明诗11首。《自遣》，用兔毫写。字体大小不一，共千余字。末有弟子湛若水跋。

陈献章《自书诗》

行书。自书诗5首，晚年用茅龙笔写成。符合陈献章自评其书有法而不囿、肆而不流、拙而愈巧、刚而能柔的特征。

陈献章《慈元寺碑残石》

行书。笔法质朴遒劲，刻石精良。

李应祯《明口帖》

行草尺牍。隽秀遒劲，稳中见奇，飘逸中寓沉着，点画粗细，用笔多变，功力深厚，无一俗笔，笔笔有法可录。

李应祯《仲山帖》

行草。22行。用笔力沉，体势飞动，有"宋四家"书风。

吴宽《楷书题跋》

楷书。用笔丰腴，字取扁势，稍带欹侧，书法苏轼，又有自得。不像苏东坡欹向右上方，右上方转折用笔肥重，而是欹侧稍轻，有的字向左倾斜，字的重心靠近左上角；有的字用正势；结字变化丰富，字体、行距、布白结密有致，浑然一体，姿润秀美又见奇崛，显示状元显达的端雅君子风度。

吴宽《行书题跋》

行书。字体向右上倾斜，也取稍扁势，仍有苏轼书风。笔画注重多变，用墨讲求浓淡，灵动秀美，落落大方。

吴宽《种竹诗》

行书。弘治七年（1494）书自书诗6首。笔力沉厚，墨采飞动，为吴宽书迹精品，反映他60—64岁书风。

吴宽《东坡词卷》

行书。31行。写苏东坡词5首。书学苏东坡，体势稍纵。

李东阳《行书题跋》

行书。骨秀神清，纯雅平和，字体缜密，小巧玲珑，字行疏朗，用墨凝厚，内涵隽永，韵味深长。

李东阳《草书题跋》

草书。中锋行笔，辅以侧笔，不厉不险，平和流畅，讲究笔画繁简厚实，笔势连贯，字势纯雅飞动，行气充沛，行距先密后疏，节奏由畅快到缓慢明快，流丽雅致，又不失矫健。

李东阳《种竹诗》

正行草篆四体书自写诗 14 首。正德十一年（1516）书。正行草师法颜真卿，更加恢宏简穆。篆书在李斯与李阳冰之间。

李东阳《六月四日帖》

行草书简牍。14 行。字大径寸，用笔谨严，有晋、唐风韵。

王鏊《腊八帖》

行草。结体纵长严谨，清劲秀丽，气息自然贯通。有抛筋露骨、皮多肉少、笔意过硬之病。实际上，骨髓持正，不畏刘瑾等权阉势力昌炽，在正德朝为人称颂的王鏊，其个性在他的书法上有足够的体现。

沈周《化须疏》

行书。50 岁作。用笔遒劲，严肃认真，纵放有度，神韵闲雅，一派黄庭坚书风化出。

沈周《游张公洞诗并引》

行书。长 3.5 米，72 岁作。字形瘦长欹侧，结体内敛缜密，用笔奇劲，神气充足，沉着雄放，比《化须疏》更有笔力，布局纵密横疏，神情闲致，融于宜兴佳山秀水之中，美不胜收，已经人书俱老。

沈周《跋黄子久富春山居图》

行书。弘治元年（1488）书。笔锐墨酣，心手双畅。

祝允明《在山记》

行书。弘治八年（1495）重阳书。书风严谨，与晚年肆意老辣苍劲有异。

祝允明《育斋记》

行书。31 行。弘治十八年（1505）书。取法赵孟頫，极显精丽，自我风格不强。

祝允明《闲居秋日诗》

狂草。狂草是祝允明书法的一大特长。此作任情恣性，先散后紧，先闲逸后振作，节奏分明，笔锋回转，墨迹错落，书势奇伟古雅，淋漓尽致。

祝允明《杜甫诗》轴

草书。笔法酣畅，静穆不足，有佯狂之兆。

祝允明《前后赤壁赋》

草书。结字奇巧，气势雄伟。

祝允明《钓赋》

草书。136 行。正德二年（1507）书。记一时兴致，用秃笔在灯下书成，显示他的书法功力深厚。用笔遒劲，通畅凝神。现藏美国纽约。

祝允明《米元章论书》

草书。正德十一年（1516）书。当时祝允明擅名书坛，犹且自谦，以米芾为榜样，奋以自励。效米芾字势，笔沉墨涩，为祝允明书中精心之作。

祝允明《草书诗稿》

草书。正德十六年（1521）过溧阳书赠友人诗 10 首。用笔苍劲，气势慑人，为他晚年精品。

祝允明《自书诗五首》

草书。71 行。用笔恣意隽秀，圆转挥洒，又有章法可循，精妙冠于一时。

祝允明《唐诗五首》

草书。48 行。书李白等诗。用笔严谨劲秀，气势奔放。

祝允明《杜甫诸将五首》

草书。68 行。书势畅达剽悍，韵味不足。

祝允明《自书诗帖》

草书。94 行。嘉靖二年（1523）书。用笔雄劲，气势奔腾，书法个性成熟定型。

祝允明《六体诗赋》

正行草章。临摹作品。正德壬午年（实嘉靖元年，即 1522 年）所写。赠其姻亲沈则山。体现祝书对钟繇、张旭、苏轼、黄庭坚、赵孟頫以及古章草的取法和自家本色，是他晚年对自己书法的悠闲回瞻之作。

祝允明《出师表》

小楷。取法钟繇，掺以行草笔势，点画遒劲飞动，含蓄平稳，结字活泼别致，参差多变，字形疏朗，阔绰有余，气势通畅，气息古雅，精严的法度之外带有天真雅拙秀美之姿，是祝允明的传世杰作。

祝允明《临黄庭经》

小楷。73 行。弘治十三年（1500）书。笔力遒劲，无恣肆之处，为祝允明中年精心之作。

祝允明《叙字帖》

小楷。40 行。论学书方法，笔力矫健，结构严密。

唐寅《落花诗册》

行书。30 页。书法谨严，秀挺俊逸，字如其画。

唐寅《行书七律诗》轴

行书。用笔挺劲秀逸，圆熟多姿，字形纵长，笔力稍弱，结构散松，与《落花诗册》等行书典雅秀美、婀娜多姿、含润冲和书风大有不同。

唐寅《若容帖》

行草。23 行。有李邕遗意。

唐寅《漫兴一律》

行草。点画牵带，草意之重开晚明书风，与喜写行书不同。

文徵明《满江红词》

行楷书。用软毫笔写成，与他善用硬毫笔书写有不同特色。结体齐整、稳重、严谨，遒劲秀美，温雅圆和。

文徵明《渔父词十二首》

行草。39 行。草意多，有轻快之风。

文徵明《杂花诗》

行草。书于 89 岁。嘉靖三十七年（1558）书自咏杂花诗七律 12 首。

文徵明《晴明帖》

行草。20 行。书法精妙。

文徵明《心经》

行书。30 行。嘉靖二十年（1541）书。清劲闲雅，笔意轻随，为晚年杰作。

文徵明《致外舅书》

行书。17 行。肃穆端庄。

楷书。15 行。中和淳美。

文徵明《游虎丘诗》

行书。45 行。嘉靖十三年（1534）书。酷暑得佳纸，仿黄庭坚墨法，笔力苍劲，骨韵齐备。

文徵明《四诗屏》

行书。字大五六寸。4 幅。劲挺疏朗。

文徵明《云山书画扇》

行书。11 行。以黄庭坚笔意，疏张静严，精心杰作。

文徵明《行书前赤壁赋》

行书。59 行。"嘉靖戊午（1558）冬十一月廿日，夜寒不寐，著灯漫书，纸墨欠佳，笔尤不精，殊不成字。"这是文徵明临终前 3 个月即 89 岁时的纯熟精品。以行夹草，足够的漫不经心，纯然出于书写欲望，寄托寒冬黄昏耄耋老人的心性。字取长形，用笔或方或圆，笔硬锋秃，拙趣自生，而规矩法度谨严，苍劲端健，天姿秀雅，风骨疏朗，神清气爽，运笔徐速自如，用墨随心所得，已到人书俱老的佳境。

文徵明《草书七绝诗》轴

草书。点画线条流畅，体势疏朗，有中和秀美之态。

文徵明《兰亭序》

草书。38 行。嘉靖三十三年（1554）书。一改行书写法，劲洁秀美。

文徵明《四体千字文》

真草隶篆，书于嘉靖二十七年到三十年（1548—1551），见出文徵明书法整体风貌。

文徵明《诗文合卷》

楷书。古雅灵淡。

文徵明《醉翁亭记》

小楷。19 行。嘉靖三十年（1551）书。法度精严，韵致盎然，晚年精品。

文徵明《雪赋月赋合册》

小楷。63 行。嘉靖二十九年（1550）书。结构匀称，点画严谨，布局疏密合一，雅静灵动，为文徵明绝构。

文徵明《小楷离骚经》

小楷。书于 85 岁。文徵明小楷出自《黄庭经》《乐毅论》，为诸体之冠。此作是他楷法精绝之迹。他喜欢横画起笔，尖微不忌露锋，一生未改，形成自己鲜明的书风。4400多字无一苟且率意，匀称端庄，法度谨严，劲健舒疏，典雅秀丽，以书写屈大夫正人君子正气，寄托自己性灵，布白横排纵列多变化，有儒士风范和书卷气息。

王宠《草书古诗十九首》

草书。点画空灵，笔力沉厚，奇崛雅逸。方圆之笔并用，喜欢切锋重入，捺笔参用章草笔意，收笔用顿，笔端斜方有棱角。运笔迅劲，线条挺拔。质朴逸雅，秀媚精巧，高古脱俗，姿骨天然。

王宠《五言律诗》

草书。用笔瘦硬，骨清神腴。

王宠《秋怀三首》

草书。26行。精心用虚，疏可走马，结构奇特。

王宠《自作杂诗卷》

草书。嘉靖十年（1531）书。笔法精妙，气韵雅淡。

王宠《游海珠诗扇》

行草。14行。浑厚跌宕，疏朗清逸。

王宠《章君简甫宿山斋夜雨诗》

行草。14行。嘉靖十一年（1532）书。遒逸婉丽，空灵尽致。于38岁，逝世前一年作。

王宠《西苑诗》

行草。65行。嘉靖九年（1530）书。遒逸秀润。

王宠《自书诗卷》

行草楷书。正德十三年到十四年（1518—1519）作，早年作品。清丽俊逸，已见天姿秀骨，空疏灵气。

王宠《琴操诗十首》

行楷。57行。嘉靖四年（1525）书。逸劲拙雅。

王宠《小楷临宣示表》

小楷。用笔圆润，结构疏宕，行笔缓慢，笔势稳重，神韵超逸，静谧秀媚。有钟繇、王献之之秀丽和虞世南色润之姿。以拙取巧，洁净空灵之气渗透在字画间，似连非连，字体内留有许多空白。

王宠《临曹娥诔辞》

小楷。35行。嘉靖十二年（1533）书。笔锋内敛，严谨认真，结体肃穆舒展，楷法齐备，为绝笔佳作。

邵宝《自书诗卷》

行草。109行。正德二年（1507）书。用笔雄浑，端庄谨严。

湛若水《江岸芙蓉诗》轴

草书。笔力雄健，气势磅礴。

姚绶《张外史诗》

行书。用笔丰富多变，单字结体，线条质朴，用墨厚重，老成持重，随心所欲，法度严肃，不失劲健遒丽。

姚绶《自作咏物诗册》

行草。成化十六年（1480）书。清劲雅致。

王守仁《象祠记》

草书。94行。运笔自如，骨健气足，轻重谨严。

陈淳《千字文跋》

行草。用笔豪放多变，沉着细致，功力深厚。布白纵行紧凑，横行疏朗。重于用墨，不愧画家本色。整体斑斓，洁净美观。

陈淳《自书诗卷》

行草。作于62岁去世之前。字体大，体骨雄强劲健，豪放狂纵。运笔用墨丰富，布白、结构多疏逸，但笔锋过露。

陈淳《古诗十九首》

行草。179行。沉着飞动，险而不怪，纵而有法，墨色精彩，淋漓尽致，为自己得意之作。

陈淳《白阳山诗》

行草。98行。嘉靖二十三年（1544）绝笔。圆润清媚，无纤毫做作，骨力与米芾仅一尘之隔。

陈淳《墨花册题诗》

行草。12页。健劲豪狂，气势连贯。

陈淳《草书卷跋》

草书。用笔圆润，纵逸连贯，跌宕起伏，飞动灵秀，尤重墨色，不拘束缚，个性独特。

陈淳《游武陵诗》

草书。嘉靖十五年（1536）书。气势奔放，字如其画。

陈淳《秋庭帖》

行书。14行。静穆清丽，一改狷介狂放书风。

陆深《沛水行》

行楷。笔画清瘦，铁画银钩，笔力沉着，遒劲秀丽，体势宽宏，神韵含蓄，耐人寻味。

蔡羽《书说》

行草。74行。嘉靖十四年（1535）书。疏朗淡逸，刚劲挺拔，有高士之风。

蔡羽《白玉河边诗扇》

行草。12行。用笔浑厚，结字疏朗，清奇雅韵，有山林逸士之气。

蔡羽《湘君湘夫人》

小楷。28行。嘉靖十六年（1537）书。精严秀齐，劲健清雅。

王问《会稽残雪诗扇》

草书。13行。得王宠闲雅、疏朗逸致，风骨遒劲。

海瑞《唐诗四首》

行草。嘉靖时书。清正刚直之气得于点画使转之间。

戚继光《送李小山归蓬莱诗》

行书。8行。隆庆四年（1570）书。运笔流畅。

文彭《行书七绝诗》轴

行书。用笔清劲瘦健，潇洒自然，有黄庭坚书态，而字体结构与整幅布局稍疏，不精当。

文彭《草书五律诗》轴

草书。用笔自如多变，体势潇洒放逸，飞动流畅，劲秀华美，然布局平整。

文彭《采莲曲》

草书。44行。嘉靖三十八年（1559）书。运笔畅快，以柔性笔写，随心所欲。

文彭《临兰亭诗序册》

真行草章篆隶六体。书诗34首。隆庆五年（1571）书，时已74岁。

王穀祥《题吴仲圭渔父图卷》

行草。15 行。嘉靖四十三年（1564）书。出文徵明书风，意味蕴藉，有雅韵。

彭年《洛神赋》

小楷。54 行。嘉靖三十年（1551）书。有文徵明书韵。

周天球《行书扇面》

行书。用笔圆润，结字纵长，布白疏朗，清劲婉美，气势通达。

周天球《题周官索绚图》

行书。9 行。笔意醇厚，承文徵明书风又出新意。

周天球《助造帖》

行书。14 行。婉约多姿，自出己意。

陆师道《临麻姑仙坛记》

小楷。51 行。嘉靖二十四年（1545）书。精丽淳古，书艺精湛。

项元汴《跋怀素苦笋帖》

行楷。16 行。书法精彩，有米芾笔意。

王世贞《五言律诗》

行草。字形紧密，用笔挺拔劲俊，字距行距宽疏。学习杨凝式一路，闲适秀逸而严整稳健，自有古雅之趣。

王世贞《草书扇面七律》

草书。笔势飞动峻美，筋骨挺拔，气势恢宏连贯，疏逸有致，古朴清雅，节奏明显。

王世贞《昨见帖》

行书。22 行。有赵孟頫笔意。

王世贞《跋宋拓黄庭经》

行书。运笔闲雅，用墨腴润。

王穉登《行书扇面》

行草。字体紧收，用笔圆润流畅，布局平整，气势平安，笔墨控制力极强。

王穉登《诗》轴

行草。笔力清健，有文徵明书风。

王穉登《跋李龙眠蜀江图》

行书。13行。万历二十二年（1594）书。笔势书风与文徵明、董其昌前后相接。

陈鎏《命不意帖》

行草。用笔遒劲干练，丰姿绰约，秀媚清逸，布白疏朗，字单势连，刚介卓立。

陈元素《君家屏风诗》轴

行书。笔法娴熟，有米芾书意。

程嘉燧《诗题张士伯画扇》

行书。31行。万历二十九年（1601）书。笔墨清劲，有苏轼笔意。

徐渭《草书诗》轴

草书。用笔狂放，甩尽心意，全无笔法，根本无意字行间距布白。全幅密麻零乱，放浪形骸。也无固定结体，全无法度。然而奇崛怪异，气势磅礴，粗犷雄健，沉着痛快，关碍尽失，心性挥洒无几人似如此。尊崇者不论他的书法，论其书神，为八法散圣、字林侠客，独树一帜；贬抑者讥讽他乱头粗服，无有基本功力，点画狼藉，几字能识？破体草率，粗俗林野，野狐禅也是书法？徐渭书法不宜为初学之用。

徐渭《杜甫秋兴诗》

草书。一改粗糙狼藉之态，用笔圆润厚重，用墨深重，注意布白空隙清晰，单字结体较多，仍狂放不拘，骨力不足。

徐渭《二八年时不忧度诗》

行草。33行。天真烂漫，尽性恣意。

徐渭《青天歌》

行草。74行。真伪有歧议。笔意粗犷，苍劲恣媚。

徐渭《自书诗卷》

行草。万历十九年（1591）书。密林恣肆，纷乱耀眼，章法全无，惟有用心才能理清头绪。

徐渭《女芙馆十咏》

行书。老辣凝重，神采飞奕，晚年佳作。

吴承恩《梦鼎堂记》

行楷。圆腴俊逸，有虞世南书风。

丰坊《李白诗》

草书。字体瘦劲遒丽，豪迈挺拔，纵横飞逸，圆转连绵，气息贯通，神情潇洒，横行疏朗，纵行紧密，善于布白，整体严美和谐。

丰坊《临右军养生论卷》

行草。嘉靖二十九年（1550）书。字大寸许，精心构作。

丰坊《孤山观梅帖》

行书。72岁作。用笔结体如黄庭坚，浑厚苍劲，风韵不足。

丰坊《唐人四诗》

古篆。春夏秋冬四诗。古丽苍劲。

丰坊《跋夏承碑》

小楷。4行。嘉靖二十八年（1549）书。师法晋人，淡秀隽永。

赵宧光《篆书联》

草篆。笔画、墨色多变，以草入篆，得自《天发神谶碑》，一变篆书传统风格，抒发性情，遒劲俊秀，一股清逸之气。

莫是龙《行草诗》轴

行草。用笔豪逸，圆润流畅，俊爽多姿，结字紧凑，布白巧妙，墨态多变，风流跌宕，有米芾书气。

陈继儒《五律诗册》

行草。用笔劲瘦，墨色枯润讲究，气势连贯畅达，行距疏朗，布白变化得当，匀称和谐，极有节奏，飘逸洒脱，风致有韵。

陈继儒《咏画梅六首》

行草。6页。有文徵明书风，笔墨酣畅。

陈继儒《自书诗》

行草。5行。神融笔畅，为晚年惬意之作。

董其昌《白居易〈池上篇〉》

行书。用笔率意，潇洒奇宕，以奇为正，不主故常，讲究笔墨浓淡枯润，布白疏阔，神情专注，气韵闲逸连贯，恬淡淳雅，灵秀幽远，高古脱俗。

董其昌《欧阳修昼锦堂记卷》

行书。用笔纯熟，笔画多变，结字自然，重枯淡用墨，轻盈飞动，娴静淡雅，布白空疏。整体秀逸飞灵，清劲流美，天真平淡。

董其昌《临宋四家书》

行书。与米芾最相近，神清骨爽，得其笔意，未专以形工。

董其昌《金粟诗》轴

行书。3行。笔法清劲，自然如米芾法。

董其昌《赤壁赋》

行书。18页71行。万历四十三年（1615）书。行笔轻健，气势自如。

董其昌《山凉微见月诗扇》

行草。14行。崇祯三年（1630）书。清丽圆润。

董其昌《丛竹歌》

行草。7行。师法米芾，自出机杼，笔势精妙，潇洒流宕。

董其昌《自题书画册》

行草。8页。轻淡神腴。

董其昌《月赋》

小楷。正文28行，款记草书11行，小楷后记3行。与赵孟頫不同笔法，很自足。

董其昌《弥陀经册》

楷书。11页。万历四十三年（1615）书。秀逸天纵，精构杰作。

董其昌《跋黄子久富春山居图》

楷书。7行。万历二十四年（1596）书。笔精墨妙，神思飞舞。

娄坚《跋苏轼答谢民师论文帖》

楷书。12行。万历三十五年（1607）书。有苏轼笔意。

文震孟《题谢时臣山水卷》

行草。12行。崇祯八年（1635）书。继承家学书风，清丽婉劲。

李流芳《行书条幅》

行书。笔墨润厚，笔势飘逸秀美，结体紧凑，欹侧反正，行款错落，沉稳含蓄。

詹景凤《七言绝句》

草书。用笔洒脱劲健，使转多润，笔势连绵，气势畅达，纵横跌宕，奇劲多姿，富有节奏，自有逸趣。

詹景凤《杜甫诗》轴

草书。6行。出张旭笔意，用笔流畅，用墨多变。

邢侗《草书》轴

草书。用笔起转浑厚，字体不连而气息相连，劲健淳美，纯熟多姿，功力深厚，用墨深淡有致，神情逸致，跃然线条之外。

邢侗《临鹅群帖》

草书。笔势飞腾、劲厉，自出心意。

邢侗《临王羲之豹奴帖》

章草。笔势圆劲，结字严谨峻峭，富有力度，气韵通畅，用墨和谐，节奏明快，老辣醇雅，富有新意，已非一般章草体势。

米万钟《题画诗》

行草。用笔硬瘦圆劲，盘转曲折，洒脱逸致，气运畅酣，灵机飞翔，内蕴沉健，善于变化。

米万钟《日暖风恬诗扇》

行书。14行。取法苏轼而自有新机，用笔深沉，洒脱成趣。

米万钟《题菊诗》

草书。6行。承接怀素法意，缠绵通畅。

张瑞图《王维终南山诗》轴

草书。用笔跳荡流畅，线条盘旋曲断，牵丝连绵飞动，使转改圆润为方折锐利，笔锋外露，结体紧凑、茂密、敦实，墨色浓淡结合，粘连濡染，更重深浅对比，笔法奇崛，凌厉挺拔，字距紧密，行距疏开，豪放率性，自成面目，一反传统而仍有法度存意。

张瑞图《龙象经行处诗》

草书。侧锋运笔，奇峻跳宕，气势动人。

张瑞图《李白独坐敬亭山诗》

行草。缠折疏朗，露角劲厉，别有面目。

黄道周《五言诗》轴

草书。用笔方拙险峻，峭厉雄强，笔力凝重，笔势畅达连贯，结字茂密，字距紧凑，用行距间开黑白，字形奇险，变幻莫测，气势一泻千里。

黄道周《倚锄有作诗》轴

行草。多方折之笔，气势连绵畅达。

黄道周《和谢南仲诗》

行草。32行。崇祯十六年（1643）书。59岁作，神旺气足，从心所欲。

黄道周《虞夏师前业诗》

行草。笔势劲达，布白谨饬。

黄道周《自书诗帖》

行草。45行。崇祯五年（1632）书。行笔回旋曲折，气韵精到。

黄道周《榕坛问业》

行草。用笔奇峭，古劲严整。

黄道周《富春舟中书札》

行楷。40行。得钟、王古雅逸趣，遒劲润达。

黄道周《周顺昌神道碑》

楷书。用笔遒劲挺拔，布白疏朗，清厉峭刚，奇崛险峻，风骨凛凛，又平淡稳健，落落有君子气度，很难想象他能写出豪迈奔放的草书，别有一番书格。

黄道周《六诗册》

楷书。28行。崇祯五年（1632）书。书法"二王"，端庄秀雅。此为赠倪元璐书作，心意流露于字里行间。

倪元璐《金山诗》轴

草书。笔画凝重，豪放多变，方笔侧势，不避露锋，凌厉刚健，布白字密行疏，气势恢宏，沉雄畅达，连绵不断，灵动超逸，干墨重墨相间，新理异态，气韵神妙。

倪元璐《有感诗》轴

行草。用笔奇宕，用墨浓淡相得，有奇韵。

倪元璐《昨岁帖》

行书。24行。用笔奇肆，脱尽时俗。

王铎《忆游中条语》轴

草书。笔力凝重痛快，气势凛厉，缠绕不绝，顾盼流动，苍老劲健，险怪异常，神采飞扬，布白紧密茂缜，任意成形，跳荡错落，纵意雄逸，以拙求趣，有意无垂直行款排列，用墨干湿参差，极尽韵致和谐，揪动视觉力量。

王铎《杜甫诗卷》

草书。38 行。55 岁作。用笔极其率意粗糙，狂放豪迈，拓落不羁，飞腾跳踯，劲险宕逸，苍劲老辣，根本不在乎线条外的美观与否，线条只是表达心性的工具，偏旁易位，空间疏朗，气势宏大，生动活泼，只是自家书风。在奇险中寓深沉，峻拔凝重，充分把握怪狠奇的野道率意与精美字形的对比，达到非理性书法境界，与董其昌的典雅飘逸属于完全不同的两种书法类型。

王铎《唐诗三首》

草书。50 行。气势腾达，笔劲墨畅。

王铎《薄游诗》

草书。16 行。崇祯七年（1634）书。硬笔方折，生涩峻厉。

王铎《为静原亲翁书》轴

行书。崇祯九年（1636）书。柔笔劲健雄浑，字势开张。

王铎《琅华馆学古帖》

行草。35 行。顺治七年（1650）书。临摹中出己意。

王铎《王维诗》

楷书。崇祯十六年（1643）书。雍容劲健，自有个性。

王铎《跋信行禅师碑》

小楷。顺治六年（1649）书。劲健脱俗，临池功力深厚。

第四节　明代书法作品的作伪与鉴别

书法鉴定的主要依据是时代风格和个人风格，辅助依据有印章、纸绢、题跋、收藏印、著录、装潢。[1]

书法作品的内容，在词汇运用、事迹叙述、思想感情表达等方面都有时代风格。例如，明代用"千古"表达对生人的尊敬。清人书画题款惯用的"某某仁兄雅属"不会在明代出现。避讳、作者生卒年月、

---

[1] 张珩：《怎样鉴定书画》，文物出版社 1966 年，第 4-23 页。

作品中的生活风俗都是判断真伪的依据，而书法的物质条件更有时代的特定性。

书法作品的款式具有鲜明的时代发展性。如明代团扇的主流地位被折扇取代，折扇扇面书法流行于明代。又如，一般讲，对联是明代后期的产物，却不盛行，清乾隆以后开始流行。明朝前、中、后期的书法风格与形式各有特征。

个人书法风格可以具体捉摸，用来判断伪作与否，包括书家的用笔特征、布局章法、用墨、落款、用纸、用印、装潢爱好等。必须看得多，见得真切，多加揣摩，才容易识得真伪，因为这是书家作品中贯穿的基本特征。

明初书风受到元末书风影响，明末书风又延续到清初，都体现了时代书法的继承和影响，这些不会随着改朝换代而骤变，会有个过渡阶段。

元末开始使用的石印在明朝流行开来。明中期文彭以精刻石印名重当时，引得全国纷纷仿效。书家很重视用印。伪作的印章，在笔画疏密尤其是转弯之处最容易暴露与真印的细微差别。新刻的印比较锋利，用旧的印，笔画比较圆钝。书家死后印章落在别人手中被用来仿作，印章是真，作品为假。有的书画家印章使用较固定，有的则使用混乱，凭印章识别真伪便可能失误。如沈周印章很乱，《卧游册》中画牛的一页，同幅上二方"启南"印字文，大小全同，却不是同一印。

元代和明代是油印（用油调朱）、蜜印（用蜜调朱）并用时期，此后蜜印渐废，专用油印。但总有例外。八大山人一生用水印，装裱时不像油印不怕漂。无论什么印，年代久远，好印的印色鲜艳夺目，却沉着温和，没有新印色刺人眼目的感觉。把明代书法作品上的印章和宋、元、清代相比，就能认识它的远近。作伪高超，在印色上也难作伪。[1]

明末以前的纸多有麻，麻纸上面可以见到立起的直丝。清初开始，宣纸里没有麻了。纸有100余种。沈周、文徵明等人常用一种白棉纸，质松，容易发黑。正德、嘉靖间有一种近似洋纸的布纹纸，写尺牍可用，清乾隆帝也用过它。鉴别字画，纸的颜色是重要旁证。年代久远，

---

[1] 李智超：《古旧字画鉴别法》，河北美术出版社1995年，第26-29页。

纸没有新纸侵人眼目的光，没了火气，无论深浅，都感到沉着，深入纸的肌理。新纸染旧最好的，纸色总浮在表面。如宋、元、明的麻纸只有从纸的颜色、纸的收缩上才能确认。

项子京、王世贞、董其昌等人的收藏印很可靠。他们识判力极强。但要注意假收藏印的使用。1949 前北京琉璃厂小古玩铺大都有项子京的一套假收藏印和乾隆帝的假八玺。识别收藏印，要真假对比，尤其在印色上对照。另外，收藏印至少提供作品的下限年代。例如有张丑的收藏印，可以断定至迟是晚明作品。

作伪历代屡见不鲜。宋代已很盛行。名气大的书法家，当时和后代都有仿效他们的作品从中获利的人。作假方法愈来愈巧妙，使伪作充斥世间。明代中后期，由于字画的商品价值上升，不仅前代字画作假很多，当时的书画作品中伪作也很多。

明朝大书画家文徵明晚年买到老师沈周的一幅山水画，挂在家中，有友人要求转让也不舍得。该友后来遇到一人卖沈周画，同文徵明家中悬挂的完全一样，询问之后才知道文徵明家中的画也是这人伪造的。文徵明以书画巨眼，竟然被蒙骗而不知，可见作伪者功力深厚。书法作品的作伪在明朝十分普遍。

书法作伪的方法和例子极多，常见的作伪法大约有以下 10 种。[1]

1. 摹画

摹本没有精神气韵，摹时不离开原本点画，放不开笔。

2. 硬黄

唐人初用，为留下好的副本，但被人用来混真获利，书法作假本领高强。

3. 响拓

本意同硬黄，心邪者用来牟利。

4. 代笔与伪作

代笔是伪作的重要形式。作者出于应酬等原因，往往找人代作字

---

[1]《黄宾虹画语录》（上海人民美术出版社 1961 年，第 56-58 页）分为全赝品（纸、画、款、印章、墨、色、装裱均伪，有题签或跋亦伪。有当时伪作，也有后代人伪作。前者不易识别）、半赝品（就是赝品，不过作伪有别，有张冠李戴；挖补款书；沙里有金；代笔；画真而破，改大为小，移款移章裱成；画伪题字真，裱伪）。

画，落本人真名款，钤盖真印记。书法代笔有的连名款也一包到底，只由书家钤盖印记。明代书法名家请人代笔最典型的有文徵明、董其昌、陈继儒、米万钟等人，因为书名高盛，实在难于应酬。像董其昌常讲他的应酬之作十分率意，"惟应酬作答，皆率意苟完，此最是病"[1]。不像其乡贤陆深"虽率尔作应酬字，俱不苟且"[2]，从而影响了自己的书作质量。但他确实无可奈何。他必须在应酬中抽出时间追求书法的创造，多临摹名家真迹，多寻找自我突破。有一次，他好不容易借到韩宗伯家藏王献之《洛神赋十三行》真迹，而"是日也，友人携酒过余旅舍者甚多。余以琴棋诸品分曹款之，因得闲身仿此帖。既成具得其肉，所乏神采，亦不足异也"[3]。书家的真正乐趣不在于应酬之作，不在于琴棋酒乐，也不在于利市，而在于能够学习古人神采，提升自我书法境界。从这个角度讲，他们找人代笔应酬，是可以理解的。

文徵明二子文彭、文嘉及弟子周天球等学习他的书法惟妙惟肖。他们是书法名家，为文徵明代笔，令人难以识别，当时其代笔之作确实是作为文徵明真迹来处理的。即文徵明故意让他的代笔手制造他的伪作，允许它们留传后世，与他亲自书写的书迹同等看待。

一些人摹习文徵明书法，学得极像。如钱穀替文徵明代笔，再让他亲题落款。吴县人朱朗为文徵明代笔最多，替他"了一清债"。《平生壮观》讲文徵明"与朱青溪（朗）手柬大小二十余幅，行书，皆倩渠代笔作画以应所求者"[4]。文彭代父补书苏轼《前赤壁赋》所缺前四行并题跋，都由文徵明落具名款。文徵明"文笔遍天下。门下士赝作者颇多，徵明亦不禁"[5]。

董其昌的代笔数量和文徵明可以媲美。顾复的父亲说他"与思翁交游二十年，未尝见其作画，案头绢纸、竹箑[6]堆积，则呼赵行之（泂）、叶君山（有年）代笔，翁则题诗、写款、用图章，以与求者而已。吾故不翁求，而翁亦不吾与也。闻翁中岁，四方求者颇多，则令赵

---

[1] 董其昌：《画禅室随笔》，《艺林名著丛刊》第三种，第5页。
[2] 董其昌：《画禅室随笔》，《艺林名著丛刊》第三种，第5页。
[3] 董其昌：《画禅室随笔》，《艺林名著丛刊》第三种，第15页。
[4] 顾复：《平生壮观》卷五，第169页。
[5] 《明史》卷二百八十七列传第一百七十五《文苑三·文徵明》，第7362页。
[6] 箑：扇子。

文度（佐）代作。文度没，而君山、行之继之，真赝混行矣。然真赝区别，一目击而知之。但真迹时有讹误处，不可听人之指谪，轻为去取也，望其神骏，斯得矣"[1]。董其昌中年起书画声名日重，因而赵洞（行之）、赵文度（佐）、叶有年（君山）都是其画代笔。书法的主要代笔高手是吴易、杨继鹏，作品也都由董其昌亲自题款用章，以予相求者。董其昌的友人松江杨继鹏，字彦冲，精于书画，"画学师资于董思翁，颇能得其心印。思翁晚年应酬之笔出于彦冲者居多"[2]。董其昌的朋友、弟子乃至小妾的代笔，都能以假乱真。甚至有人冒用董其昌的书画大名写了字画，公然请他题款盖章，他也不加拒绝，认为他的字画名气可以为他人解决燃眉之急，就十分乐意帮忙。吴易坐在董其昌书房里，凡来求字的，除董其昌至好亲友外，都由他当面书字，这样的代笔成为公开的秘密。后果是董其昌的落款印章真实也遮不住自己制造的赝品。出于笔墨初衷的"最矜慎"，反而乱了自己的作品。[3]

明代陈谦以伪作赵孟頫的字而享有盛名。沈周与董其昌的做法相似，为作假字画的人署名落款上印，惹得祝允明为此事打抱不平。唐寅常请他的老师周臣（东村）代笔。文徵明的伪作字画遍天下，他不加禁止。明末马士英、杨龙友只能作小幅山水，大幅画必请盛伯含、盛林玉兄弟和施雨咸代笔，再落上真实名款。这样做就使假字画与假字真款、代笔有相似之处，真真假假，迷惑了收藏者。

假字画可以从多方面识别，其中，书家个人风格的变化既为鉴伪提供了依据，也使辨伪遇到了麻烦。沈周书法专学黄庭坚，修长挺拔，字形内敛，神气丰足，伪造者常常过分矫揉造作，横平竖直，反而有助于识破；有的临摹作品可以从题字上一眼识出。

文徵明的书画风格多变，各个年龄期的作品宛如异人所作，也有的是随意涂写，只讲意致抒情，艺术质量却不高，这是很平常的事。如果用成熟和认真的文徵明作品来衡量，则这些作品容易判为伪作，应当注

---

[1] 顾复：《平生壮观》卷十，第390页。
[2] 姜绍书：《无声诗史 韵石斋笔谈》卷七，第163页。
[3] 钱谦益：《列朝诗集小传》，第637页。又参见周亮工《读画录》卷一，商务印书馆1936年，第2-3页。主要针对董其昌绘画代笔人而言。启功考证了董其昌书画代笔人的详细信息，参见启功《董其昌书画代笔人考》，《启功丛稿·论文卷》，中华书局1999年，第184-200页。

意细致判断。文徵明的书法中，行书、小楷的旧临作品伪作较多。尤其是小楷，属于文徵明杰作，伪作也最多，因为容易营利的缘故。如《存菊图》卷后的题诗，用笔很弱，结体大多不稳，不是真迹。小楷《离骚九歌》册页，字体平稳，风格与王宠相近，是伪作。当时人专门伪造文徵明、王宠的书法作品，所以这幅作品出于一人之手，在文、王书法中留下连贯一致的痕迹。小楷《过秦论》册页，年款署癸丑（嘉靖三十二年，1553），当时文徵明已84岁了，作品书法却用笔嫩弱，不像文徵明老辣沉健之笔，清劲端雅之风，比较接近王宠书风，也是伪作。

祝允明小楷、狂草水平高超，受人欢迎，伪作便普遍，尤其以草书为多。当时人有祝允明草书真迹十不得一的说法。董其昌也讲："枝指山人书，吴中多赝本。"[1] 伪作水平参差不齐，小字呆滞无神气，大者狂纵假疯癫。狂草大字往往有梅花、兰花、百花诗等纸本。高头大卷，每行大字二三字不等，行笔狂纵，筋骨外露，使转圆滑，无有灵机内蕴。这些凭空伪造作品大多由一人作写，至今流传很多。

5. 写错姓名

伪作者的知识缺陷总会在伪作上露出马脚，把原作者不为人注意的地方弄错，姓名上常常有误。例如，文徵明初名壁，与兄文奎、弟文室排行，都从土，不是璧。他的作品在44岁以前都署名壁，像他42岁的《南窗记》写成文壁，如果写为文璧，肯定是伪作。44岁开始落款改用徵明，没有壁字款。凡是44岁以后以壁落款的书画必须慎重鉴别。

6. 拼凑题跋，真假混杂

周臣的《观瀑图》现藏上海博物馆，功底极深。后人为了抬高其身价，挖去原落款，补造唐寅诗跋。

沈周的伪作有的由当时人凭空伪造。如故宫博物院的《石泉图》卷，原是文徵明、金琮、祝允明各家所写石泉诗，没有图。图是他人凭空伪造，并把各家书迹拼凑起来。有的由时人临摹。如故宫博物院的《东原图》，画风与沈周相似，笔墨拘滞平板，有的勾皴笔画不贯气，作于弘治十一年（1498），时沈周已72岁。此图与沈周晚年画风大不相同，落款"门人沈周补东原图"8字，笔画瘦硬造作，顿时暴露临摹者

---

[1] 董其昌：《容台集》，崔尔平选编点校：《明清书法论文选》，第256页。

的丑态。有的作品，一幅中亲笔，也有别人伪入，真伪难辨。如《溪山深秀图》藏于故宫博物院，有沈周晚年笔墨，却无刚柔相济、劲健清秀的画技，笔画粗俗呆滞，有股火气。画中局部如杨柳、芭蕉等，可能出于亲笔，画的拖尾有文嘉、王穉登二跋，也是真迹。这类字画可能大部分请人代笔，局部自己动手，也可能都是他人代笔，出产时就是伪作，应当具体鉴别。

文徵明的《深翠轩诗》卷补图，画法和他的面貌不同，用笔拘泥、呆板生硬。题记的年款误书正德十三年（1518）为己卯，应为戊寅，己卯是十四年（1519），画和题记都假。但前后有明初人俞贞木、解缙、王汝玉等13家为深翠道人所书的深翠诗，都真，说明此作品是伪画真字，字画系拼配而成。解缙、文徵明的字与画配合在一起，让我们鉴别伪作可以从字画关系上去着想。

7. 苏州片，地区性造假

明代苏州经济文化发达，书画的市场价格高。一些人专门伪造行情看好的书画名家作品，牟取暴利，手法高明，有的作品甚至比书画家漫不经心之作还要高级。因此，伪作中有"假名品"，也成为珍藏品了。

对画的伪造较多。苏城西面金门、阊门之间的专诸巷是假书画市场，西北面虎丘地区假书画也很集中且有名。明吴门四大画家之一的仇英就是以画苏州片起家的。当时《清明上河图》的伪作最流行，每本黄金一两，请名人题跋。这些隐名的书画高手经验丰富，书画技巧被反复磨炼出来，没有几分把握不敢贸然下手。城北桃花坞大街素来以印刷制版木刻年画闻名全国，影响海外，也是临摹伪造古字画的集中之地。沈周、唐寅、文徵明、董其昌等大书画家的字画都能伪造，或在苏州片上造出他们的题跋，抬高身价，卖个好价钱。

苏州片有的容易辨认，有的功力深厚，艺术造诣深，不易辨认。据考证，黄（王）彪是苏州片造画的作者之一。崇祯时松江的张泰阶专门制造历代大画家如顾恺之、展子虔等人的作品，画后配制全套假题跋，全是一人写成，用松江黄粉笺纸居多，还造出通篇假画的《宝绘录》。

8. "搬家"

文徵明字画喜欢用"衡山""徵明"两印，题字的前边惯用"停云馆印"。有人把其中一印或二印取下裱在假字画上，这种做法叫"搬家"。只凭印章识别就会上当。有人把真字上的真题跋和手卷后的真题跋移在假字画上，并在真字画上补上假题跋，这种方法也叫"搬家"，与真假混杂、拼凑作假属于同一种手法。

9. 愤而作伪

有的书家功力精深，却难以成名，又因没有书画市场，转而一变为愤世嫉俗者，恃才而作伪，欺骗世人，既为己利，也为报复社会不公。白麟专门欺骗大官僚大财主鉴藏家，伪作书法名作。有的人买到后认为很好，专门刻成碑帖，如刻帖苏东坡草书《醉翁亭》广为流传，实际上是他的伪作。他书写后有时也请人刻石拓印以卖高价。这和绘画上的作伪方法是一致的。

10. 装潢

装潢是作伪的一条途径，名家真迹经过贪利装裱师的精心揭裱，变得分身有术。利用装潢工序，挖出书画本身，而保留原装裱，嵌进伪本，称为金蝉脱壳。同时，他们也可能受重利的诱惑，为作假者装裱高档名家字画。明代不少书家的假真迹便是这样产生的。因此，不能只凭装潢鉴别书画真伪，要结合其他因素来综合鉴定。

多读书画著录，了解字画作品的数量、流传、收藏、鉴别、题跋、印章、尺寸、装潢等事实，体察作品的风格特性，留下真品的深刻印象，多与实物对照，锻炼眼力，提高鉴别能力，才会使伪作无藏身之地。

总之，书画作品具有了商品交换价值，就有了伪作。明代画中有书法的作品很多，延续苏东坡开创的文人画传统形式，连同单幅书法作品一起，构成作伪和辨伪的对象。书画创作与伪作是一对孪生子。书画作伪与辨伪鉴定又是书画产生之后的两个新兴领域，却都以书画的真实作为依据。一是冒充真实，一是辨识真实，两者都努力把握真实的书画作品，然后依照截然相反的心术取向发展。虽然作伪者主观动机很多，或牟取暴利；或希图学习，但因真迹难得，所以施用伎俩诈取；或为游戏，逞绝技。清著名书法家、学者钱泳讲："作伪书画者，自古有之，如唐之程修己伪王右军，宋之米元章（芾）伪褚河南（遂良），不过以此游戏，未必以此射利也。"[1] 米芾更是伪作王羲之书法的高手。不少

---

[1] 钱泳：《履园丛话》丛话十一下《画学》，第298页。

书法名家都有善临名迹、以假乱真的本事，表明他们的书法技艺达到了非常高超的境界。然而，临摹作品成了伪作，混淆了后人视线，甚至原迹遗佚，传世作品恰好是通过临摹、代笔、拼凑等方法假造的，这就为书画鉴定带来了巨大困难，并对鉴定者提出了极高要求。发展书画鉴定技术对我国书画文化艺术财富的保护具有极其重要的价值。

另一方面，鉴定出伪作书画，弄清了源流，对于书画艺术史贡献之大自不必多说，就是辨出的伪作，本身也有其艺术价值，可以视为对于原作的临摹和研讨，甚至是发展。伪作手必定先琢磨原作的技法和风格，其初衷的多样性总改不了作品流通、传播和收藏的结果。伪作的价值与真品相比较而显示出来，对中国书画的保存和延续也有一定的贡献。不过，务必当心不要被假所瞒，被假所害，被假所误。这才是书画鉴别的初衷。同时，肯定伪作有一定地位，与鼓励伪作牟利是全然不同的价值取向。[1]

---

[1] 本节有关内容参见杨仁恺《中国书画》第七章"明代书画"第六节"明代书画作伪的情况"，第473-481页；李智超《古旧字画鉴别法》，第49-75页；张珩《怎样鉴定书画》，第24-29页。

下　编

"民抄"董宦事件研究

第七章　晚明江南的社区与大众心态：
乡绅的宣言
——"民抄"董宦事件的个案分析之一

在乡士大夫与士人即乡绅是支配明代城乡共同体的主流势力。这个社区[1]精英群体的一言一行都将影响政府管辖的措施和效果，影响普通民众的行为和心态。无论是平安年代还是峥嵘岁月，他们都充当社区主角，发挥着自觉功能。在万历四十四年（1616）三月松江"民抄"董其昌的骚乱中，松江的社区精英也不例外，但他们的社区和心态却具有较强的个性。

万历四十三年（1615）八月，董其昌次子董祖常诱淫了松江府学生员陆兆芳家使女绿英。因绿英继养宦仆之家，以探望生母为由逃走未回，董氏家奴陈明受董祖常指使，纠集家奴200余人，于一天夜里二更时分打进陆兆芳家内室，惊散其家人，携掠其家资什物，将绿英抢走。陆兆芳不服，状告董其昌，引起评讼。[2]

争婢事件发生之后，松江乡绅就参与其中，努力避免矛盾的扩大与尖锐化。陆兆芳敢于向董其昌发难，必有情理；而董其昌反诉，振振有词；双方都有辩解之处，而且都有隐衷。因此，在乡绅何节推（三畏）、吴祠部（炯）劝解之下，"陆生甘心含忍，自秋

---

[1] 社区，在传统中国社会，意指地方或区域。
[2] 《民抄董宦事实》，中国历史研究社编：《明武宗外纪》，上海书店1982年，根据神州国光社1951年版复印，第226、250页。

迄春，抱病杜门"[1]。但是，是非自有公论，"合郡闻之不平，造为《黑白传》诸书"[2]，"街坊传闻共忿，致有流言、《黑白小传》并丑詈曲本"[3]，"演为词曲，被之弦管丝索，以授瞽者，令合城歌之"[4]。《黑白传》第一回有"白公子夜打陆家庄，黑秀才大闹龙门里"。陆兆芳有陆黑之称，故称"黑秀才"。[5]

陆兆芳身为生员，敢于向曾任湖广提学副使、退居在家已经 12 年整、年龄已 62 岁的董其昌和生员董祖常父子发难，本身就是社区乡绅之间矛盾的较量，证明乡绅的分化和差异。但是，他们之间的纷争牵涉社区其余乡绅之间的关系，因而其余乡绅会主动从中调解，即使陆生冤屈，也只能连愤恨带气恼，致成病体，以杜门不出半年之多表示静默的抗议。

董其昌为一个使女，如果是自己享用，大动干戈，飞横跋扈，那么他毫无人格廉耻可言；如果是董祖常行凶乡间，那么他可能"误信仆言"[6]。不论是否怂恿儿子行凶，他起码也在积极庇护这个浪荡公子。但后来官府的判决巧妙避开了这个敏感问题，只讲董宦"今以使女之故，被造黑白传奇，玷其闺阃，此即贤者难堪"[7]。董其昌显得十分恼怒，状告于松江府，要求严缉造作之人。可是没有主名，不知传奇唱本从何而来。

只捕到说书人钱二（瞽人），他口称《黑白传》是同城生员范昶所

---

[1]《民抄董宦事实》，《明武宗外纪》，第 236 页。邓之诚《骨董琐记》卷四（中国书店 1991 年，第 132 页）记载："思白老而渔色，招致方士，专请房术，尝篡夺诸生陆绍芳（按：兆芳）佃户女绿英为妾。诸子皆横，次子祖权（按：祖常）尤肆，实主夺女事。"邓氏之说，自有出处。谋夺使女，果真出于董其昌本人自用，则当时人指董宦为恶，即指董其昌本人在内，不单是董其昌诸子及家人。然而当时受诬生员 12 人（包括陆兆芳在内）的辩冤书只指明祖常诱淫绿英，不是董其昌。当然也痛斥董其昌"淫童女而采阴，干宇宙之大忌"的罪孽，参见《民抄董宦事实》，《明武宗外纪》，第 249、250 页。

[2]《民抄董宦事实》，《明武宗外纪》，第 250 页。

[3]《民抄董宦事实》，《明武宗外纪》，第 226 页。

[4]《民抄董宦事实》，《明武宗外纪》，第 255 页。出于文秉《定陵纪略》，又载于沈炳巽《权斋老人笔记》，但此处直言董其昌姻亲范某（实即范昶）所作，与《民抄董宦事实》审结不实不符。

[5] 邓之诚：《骨董琐记》卷四，第 132 页。

[6]《民抄董宦事实》，《明武宗外纪》，第 236 页。

[7]《民抄董宦事实》，《明武宗外纪》，第 246 页。

作。范昶心不相甘，号呼告冤，控告董其昌，颠蹶求白。万历四十四年（1616）三月初二日，董仆逼范昶到董宅。董其昌亲自审问，令他跪庭，与钱二同跪，赌誓面质；又与他对城隍神共同设誓。董其昌、董祖常此时均非官长，要姻亲生员跪庭与一个说书艺人当众对质发誓，已是十足的人格侮辱，所以范昶回家后不满十天，便不胜愤激，发病致死。

范昶83岁的老母亲、州守公命妻冯宜人恃属与董其昌姻亲，媳即范昶妻龚氏、给谏公孙女，是董其昌内亲（妻妹），孙媳董氏又是董其昌族女，挈龚氏及女奴3人，前往董宅辩诬分理。龚氏满身缟素，一副凄楚。冯氏"且哭且詈"[1]。董宦群奴以陈明为首，把冯氏、龚氏舁入僧寺，冯氏被推委于沟壑，龚氏被裂去缥裳，[2] 轿毁于河。而随从妇女被剥裈（满裆裤）捣阴。[3] 旁人目击，都切齿不平。"打后大开重门，祖常南坐，对众呼为榜样；复将诸妇，舁入坐化庵中，泥涂满面，上无蔽体之衣，血流至足，下乏掩羞人布。观者摩肩，人人指发，咸谓董氏之恶，至此极矣。"[4] 乡绅严知事闻知，立即前往董宅救范妇。范家亲戚、生员张扬誉则赴府求救。范昶子、生员范启宋背负门庭奇耻大辱，奋起前往苏州学院告状。而董其昌知此事激愤民心，也赶到设在苏州的学院、抚院，预先辩白，又与松江知府、华亭知县打过招呼，要摆布范氏一门。两姓争开衅端，各抱不平，越数百里而不趋避辛劳。

辱范事件进一步激化了董家与松江民众的矛盾，董其昌再也不能像与陆兆芳争婢事件发生后那样静心于书画了。他四出活动，以求平息事端。但事与愿违，他的告状辩白适得其反，"自此无不怒发上指，激动合郡不平之心"[5]。

地方乡绅以生员群体最为敏感，他们自觉站到生员范昶、范启宋父子一边，集体向官府请求依法惩治董宦家奴和董祖常的恶行，体现了未达之士与已达之士、寒素之士与贵介之士的对立，而且，出于是非公正之心，他们在舆论与行动上对董宦家奴的暴行表示极大的愤慨，矛头直

---

[1]《民抄董宦事实》，《明武宗外纪》，第228页。
[2]《民抄董宦事实》，《明武宗外纪》，第250页。
[3]《民抄董宦事实》，《明武宗外纪》，第226、250页。
[4]《民抄董宦事实》，《明武宗外纪》，第250页。
[5]《民抄董宦事实》，《明武宗外纪》，第220页。

指同样生员出身、获得科举功名的董其昌，似乎董其昌是一切事端的主犯。三月十四日，松江府学、华亭、上海、青浦、金山卫共五学的生员为当时已外出告状的范启宋鸣冤于府。十五日，乘府学明伦堂府县官员例行拈香行祭之期细陈董家主奴罪恶。自从三月十三日松江署府海防同知黄朝鼎、华亭署县府理刑推官吴之甲外出苏州办公事归松江，民情激昂，飞檄布满街衢委巷，要求声讨董宦，"若要柴米强（按：吴语'便宜'意），先杀董其昌"之语已遍传闾阎，[1]"兽宦"董其昌，"恶孽""枭孽"董祖常，百姓骂不绝口。

三月十五日，"百姓拥挤街道两旁，不下百万，而骂声如沸"[2]。府县知道众怒难犯，又因生员讲事，下牌拘捕了陈明，杖责25板，羁押，等候正法。董家虑事急变，于家不利，雇集郡中打行吴龙等100多人守宅。而百姓中争先报怨者至其门，先撤其"旗竿"。防护者将粪溺从屋上泼下。百姓亦上屋将瓦砾掷进。观者一起持砖相助，董宅门道都被打破。民众与董宦的冲突进入白热化的阶段。下一步就是十六日晚上焚抢董其昌、董祖常之宅，焚烧陈明房宅及陈明母亲尸棺。十七日，董祖源宅又被焚烧。十九日，董其昌在城外白龙潭的书园楼居也被焚破。烧三宅，焚一棺，酿成了震惊朝野的"民抄"董宦事件。

事态的迅速升级，骚乱的集合行为使民众对董宦的怨恨有了直接的报复出口。尽管只是失范的物怨，却超出了同处一个社区的乡绅们心理和行为的极限。他们把对董宦的不满暂时收敛起来，静观待变，默认却不干预，实际上反映了他们的姿态。

学台王以宁以强硬态度行文松江府，严加追查生员对焚抢董宅的起衅责任，认为陆兆芳与董其昌争婢，五学生员在府学为范启宋父子伸冤请治董宦豪奴，就是焚抢的衅端。除陆兆芳已被黜革衣冠外，五学生员面临追究株连的险境。已有10名生员被累牵入。祸民祸士，又将祸官，要惩办站在反董一边、拖延办理查惩讲事生员一事的官员。府学教官已被学台解院提考，松江地方秩序动荡，濒临崩溃。至此，社区的乡绅们失去了静心耐性，"向以远嫌，并未通启，兹且事不获已，敢合词以请，

---

[1]《民抄董宦事实》，《明武宗外纪》，第236页。
[2]《民抄董宦事实》，《明武宗外纪》，第220页。

实为地方，非关游说也"[1]。位居生员以上的两个乡绅群体，一是"合郡乡士大夫"，一是"合郡孝廉"即举人，分别公书、公揭，发表自己对焚抢董宅骚乱的看法，陈述解决方案，同时也表达了自己的感情倾向，做出积极维护地方稳定、捍卫士民生命安全的社区保护者的姿态，而且立论公允，其不畏权贵和政治高压的精神气魄令人钦佩。

顺沿着地方政府、权贵严迫追究骚乱首犯的思路，合郡乡士大夫的"公书"严格区分表意群众与行动群众，把生员讲事与"民抄"董宅分属两个不同性质的范畴揭示出来，竭力为陆兆芳、五学生员辩冤。

把陆董两家争使女，黑白传奇纷传；范昶暴卒，陈明辱范母范妻，揭纸遍布，诸生不平，诉于府，鸣于庠，陈明下狱，"诸生散矣"；"松之人每遇一奇闻，辄聚观如堵，不逞之徒，乘观者为声势，焚而抄之，势不可止，董宅为烬矣"，分为三案三截，各有明确的利害关系。"夫含忍之陆生，于谤书起火无与也，倡言之诸生，于越宿之焚抢无与也，事已三截，情各不蒙。""焚宅一事，变实异常，然皆三四辈利抢之徒，乘机局讧，与学校毫不相涉也。"[2] 他们主张严惩乘火焚抢的凶徒，坚决反对借机株连无辜，"胁从诸党，易涉非辜，而必欲指杜门含忍者为首事，波明伦聚讲者为祸先，无论陆生可悯，众青衿可原，而揆之事理，蔓延株连，恐后来终无了局"，明白地把矛头指向学台王以宁和董其昌等在任在野的权宦，并强烈呼吁妥善处理好董陆两家、学校与地方的关系，"安陆生所以安董，安学校正以安郡城"。"夺陆生之衣冠，坐诸生于一网，甘心士类，为一家全胜之局，则他日有叵测之患。生辈居城者，置不一言，亦与有责焉。"[3] 士人关心国家与地方事务，以表意为己任，若提出建议、意见者都因为有什么结果而被逆追罪责，无疑会导致噤若寒蝉的状态，这与明中叶以来养成的士风与社区风气迥然大异，不符合社会需要和规范。因此，"乡士大夫"在此提出了这一标准，作为防范社区未来消极后果之大端，正是晚明江南社区风貌的一种体现。

"合郡"举人的"公揭"措词锋厉，以更加激进的态度反对上级官员包庇董宦、惩治生员。他们的公"揭为僭陈舆谕，上白士冤，以全乡

---

[1] 《民抄董宦事实》，《明武宗外纪》，第235页。
[2] 《民抄董宦事实》，《明武宗外纪》，第234-235页。
[3] 《民抄董宦事实》，《明武宗外纪》，第235页。

绅，以安地方事"。与"乡士大夫"立场一致，把焚宅之责推给几个抢劫恶棍，认为"祸因利抢棍徒，闻有报怨之民，乘机蜂起，与学校绝无干涉"，不仅替陆兆芳、受累讲事生员陈冤情，反对牵连无辜，把陆生、范生遭董家凌辱的事实直揭无遗，而且把松江府三县一卫地方军民对董家的怨仇昭然于纸，明确地站到反董的一边，认为董宅被焚抢的远因是董家咎由自取，民怨长久，日积月累，寻机突发；近因则一起于范昶之冤死，再起于董奴之凌辱，而"速祸于打行捍卫之人"，绝对不像董宦"急欲鸣冤而讳言民变，辄归罪于学校，先加起衅于陆生"，再查讲事生员而严惩。"夫始难为聚观奸民，已与诸生无涉；焚抄在十六酉时，其去讲期又远，所以本府本学申文，皆言并无生员一人在彼。"[1] "合郡缙绅与董宦岂无狐兔之感，反出公言与陆生申理，则起衅不在学校又明矣。"[2] 照理，乡绅应该更多地支持作为社区士大夫同类的董宦。现在他们不怕牵连，站到相反的立场，用冒险的实际行动剖白生员无辜，陆生负冤。若是重惩陆生、诸学生员，则还将牵连合郡乡士大夫和举人吗？乡绅的社区生活主要角色和社区的保护者角色在"公书"中表露得十分鲜明。

敢出"公书""公启"的松江府乡士大夫共28人，全部举人以上出身，其中进士21人占75%，进士成为"公启"乡士大夫的主干力量。除李益亨一人官职不详外，其余人都担任过中央或地方的各级政府官员，如吏部侍郎张萧、太仆寺少卿吴炯、南京工部尚书杜士全、文渊阁大学士钱龙锡，最低级官职也由举人任知县、推官。他们中96%是华亭、上海、青浦人，只有洪都一人来自徽州，占籍青浦。从进士中式的科分时间看，他们分布于14科52年，隆庆五年（1571）许乐善中进士最早，曾任南京通政使。但徐三重中举人比许乐善还早一科，在隆庆元年；万历元年（1573）中贡士，到万历五年参加廷试中式，任刑部主事。万历三十四年进士钱士贵、张肇林资格最浅，[3] 骚乱时正好在家居住。一些进士或者已经任职，因年老、疾病、性格、家事等赋闲；或者年轻力壮，正在待用，或将官运亨通、飞黄腾达，如钱士贵后来仕至

---

[1]《民抄董宦事实》，《明武宗外纪》，第236页。
[2]《民抄董宦事实》，《明武宗外纪》，第237页。
[3] 嘉庆《松江府志》卷四十五《选举表二》。

刑部侍郎。作为治国栋梁，既然曾经身居要职，或将会身居要津，他们对乡邦关系自身的事务便不会置若罔闻。因焚抢董宅发生的祸民祸士祸官的大悲剧即将在松江上演，"松江合府，无可赦之民可赦之士"，"无可信之官"，而乡士大夫、孝廉"列位老先生在事局之外，有司纵不信人，亦不敢言通郡缙绅尽不足信也"。[1] 但是，"乡士大夫"非常讲究"公书"的措词和策略，如果一招不慎，就将葬送他们的政治前程或者宝贵的生命。他们的"公书"言语平实，柔软中带硬力，显示出坚定捍卫乡邦社区寒衿生员的生命安全，反对董宦非理无法的正直立场。

参加"合郡公揭"的举人有51人，在中式的时间上，以万历十年（1582）举人唐有家资历最深，万历四十三年（1615，即绿英被抢的年份）举人的资历最浅；分科人数上，万历十年（1582）、十三年（1585）、二十二年（1594）各1人，二十五年（1597）、二十八年（1600）、三十一年（1603）各2人，三十四年（1606）4人，三十七年（1609）11人，四十年（1612）13人，四十三年（1615）最多，达14人。尤其注意，万历三十七年（1609）到四十三年（1615）三科新举人达38人，约占"公揭"具名举人总数的75%，表明新举人是社区中富有正义感和同情心的举人群体的主干力量，与前述进士占具名"公书"的乡士大夫的比率相等，富有力度，具有启示性。

"公揭"举人除董中行是苏州府长洲县人，入籍华亭县之外，其余98%的举人是华亭、上海、青浦人。尽管有的人在顺天中式举人，如顺天解元王献吉，但他们都出于松江一府三县一卫儒学，受过家乡共同的文化教育，在共同的社区环境中成长，易于产生对某一事物的认同感和相同的心理，从而采取一致的行动。年轻、朝气蓬勃，书生意气挥斥方遒，使"公揭"举人比"乡士大夫"更加鲜明地站进反董的营垒，他们对反董成功与否的忧虑完全让位于对社区事务和世道人心公正的关注。

另外，参加"公揭"的举人，当时功名只是举人，一些举人已经爬到功名的山顶，与进士、庶吉士绝断缘分；一些举人则如旭日东升，功名还仅是开始。果然在万历四十七年（1619），天启二年（1622）、

---

[1]《民抄董宦事实》，《明武宗外纪》，第239页。

五年（1625）和崇祯元年（1628）连续4榜的进士中，"具名"公揭的松江举人考中10名，占到具名51人的近20%。其中天启二年（1622）中式6名，显示晚明江南举人对进士的竞争后劲充足，更为紧要的是显示他们强大的政治潜力。作为次于进士功名的举人群体，其在社区乡绅中成为仅次于取得进士功名群体的第二力，和进士群体共同构成了社区乡绅或缙绅的主体。之所以举人在家乡闲居静养也会和进士合力对官府管理者的决策产生至关重要的影响，是因为他们潜藏着未来的政治爆发力。

合观松江"合郡"上书公言的"乡士大夫"和"孝廉"79人，先后得中进士共31人，占39%。进士、举人之间，有的互为举人同年，生员同庠，交情深厚，声气相投。如何三畏与唐有家都出于华亭县学，都中万历十年（1582）举人；奚时申与李叔春、杜士全、陆彦章同是万历十三年（1585）举人，奚与陆都在华亭县学读过书。进士的举人同年万历二十八年（1600）有6人，三十一年（1603）5人，三十四年（1606）6人，属于老举人中较多参加"公书"的科分。万历三十八年（1610）到四十四年（1616）的进士中没有参加公书的，大概主要因为他们高中进士立即任官，还没有机会像他们的乡邦前辈进士一样还家居养。

"公书"的进士、举人之间有着甚为紧密的家庭和社会关系，而且他们的家族和家庭中得中进士、举人的人数较多，表明地方乡绅或缙绅的门望身份有连续性。79人中有的是父子：钱大复、钱龙锡、徐三重、徐祯稷、王孙熙、王元瑞、王秉冲、莫是豹、莫道醇。有的是兄弟：杜士基、杜士全、张拱端、张轨端（为同榜进士）、张瀛选、张宾选、王台、王坊。有的是叔侄：何三畏、何万化。有的是堂兄弟：陆彦章、陆懋修、张方陞、张方建。有的出身名门望族，如名臣陆树声之子陆彦章，王昌会是王圻的孙子。合计54人，他们或者出自同一家庭、家族，或者家庭、家族中有人中过进士、举人，[1] 有着亲缘关系，占到"公书"79人的68%，足以代表松江社区缠绕错综的乡绅或缙绅势力，显现科举社会的门第主要由进士、举人的功名资格决定，从而他们拥有了

---

[1] 嘉庆《松江府志》卷四十五《选举表二》。参见附表1、2。

对地方事务的发言权。如果加上上述进士、举人之间构结的姻亲关系和较为疏远的亲缘关系，则他们之间更加盘根交错了。

"公书"的乡绅中其实不乏董其昌的庠友和同榜进士。董其昌生于上海县，因避户役遁居华亭县，入松江府学，[1] 中式顺天府万历十六年（1588）举人，次年以二甲第一名高中进士。同榜"公书"的松江进士居然有4人，即吴炯、李叔春、陈所蕴、陆彦章。这一年松江共7人中进士，内华亭县4人，上海县3人，竟然有57%的同郡同年进士反对董其昌的乡里行止。显然，董其昌家主奴横行乡党已为同年所不齿，更不用说受到乡党绅民的舆论甚至暴力攻击了。

应天学政王以宁以钦差督学御史身份下令苏松兵粮道高查究松江府、华亭县及府县学官拖延查办府学讲事、聚观传札的学员之事，[2] 犹如雷霆万钧，势无完卵。甘于冒着个人政治前程颠覆和满门受株累的风险"公书"声援陆兆芳和五学生员，没有慎审的谋划，无疑在盲目下最大的赌注。"乡士大夫"和举人分别"公书""公揭"，思路如出一辙，主张一致，只有措词激烈程度的差别，而且他们的家庭、家族中或父子，或兄弟，或叔侄等一起参与，或同书联名，或异书具名，预先商定，分别具文，保持社区乡绅的共同行动。为了乡绅的共同体利益，为了社区秩序、民心的稳定，他们努力居于士民与官府之间斡旋，赢得了最大的成功，终于使署府的处境得到改善，[3] 兵道的态度有明显改变。[4] 特别是应天巡抚王应麟出面重新审定焚抢董宦一事的性质，移会学台，不再穷追株连生员和民众，不再严惩经办此案的松江府县官员，发出安民告示，同时也对董宦平素招致民怨的事实加以认定。[5] 甚至连王以宁学政也予以有限的让步，不得不剖白他与董其昌萍水相逢的关系："不佞与董宦向无一臂之交，因于役贵郡，才接片谈，诸青衿皆吾子弟，而敢左右袒？"[6]

---

[1] 参见吴仁安《明清时期上海地区的著姓望族》，第195-196、271-276页；郑威《董其昌年谱》，第8-10页。
[2] 《民抄董宦事实》，《明武宗外纪》，第231-233页。
[3] 《民抄董宦事实》，《明武宗外纪》，第238-239页。
[4] 《民抄董宦事实》，《明武宗外纪》，第239-240页。
[5] 《民抄董宦事实》，《明武宗外纪》，第240-241页。
[6] 《民抄董宦事实》，《明武宗外纪》，第238页。

结果由苏州、常州、镇江三府会审,对生员陆兆芳仍加黜革;对参与讲事、观札、协投冤揭的13名生员分别杖革(5名)、杖降(5名)、杖惩(3名);对几个骚乱现场的群众舆论领袖与抢劫凶犯或斩或徒或杖;陈明处杖,以奴召主祸,身亦受殃;董祖常屋被焚抢,姑免深求;范启宋父死非命,门庭被辱,与家人情俱可原;董其昌第煨烬中,无可究诘,所抢家资,法当追给,[1] 然而也已无有可能。终审避开"民抄"与"士抄",即作为行动群众的民众与表意群众的生员的纠缠,对生员与董宦各打五十大板,使社区乡绅与董宦双方都达到了自己的部分目的,又都没有达到自己的全部目的。牺牲了几个年轻秀才,他们丢了功名前程,也受了皮肉之苦,终于没有掉脑袋。受惩罚最重的还是金留之类的骚乱现场的群众舆论领袖,他"当众夸许,自谓葛成"[2]。至于乘火打劫的棍徒无赖、打行班头一条龙胡龙、地扁蛇朱观等皆被予以重惩。

松江的骚乱使社区乡绅获得一次团结的机会,显示自己的能量,其中有德惠后世的杰出人物。如张萧,号侗初,在焚抢董宅的骚乱之后,董其昌欲杀生员,因为"杀一百个百姓,不如杀十个秀才,方免民抄之名;又谓借陆兆芳之头颈,略痛一回,可免民抄之名"[3],"侗初先生力为排解,诸生得不死。至今士人犹颂其德云"[4]。他是个"砥砺名节文章、通达国体"的人,巨阉"魏忠贤恶之"。[5] 何三畏曾任绍兴府推官,有邢节妇事"拒贵人请、抵讼者于法,中蜚语,拟改调,遂归。遭母丧,誓墓不复出。构芝园,日与宾客为文酒会。赋性伉爽,有古豪士风。凡台使长吏式庐造请者,必开陈利病,无所隐讳"[6]。吴炯由兵部主事乞假归,"恬静端介,不骛荣利"。天启时被魏忠贤追论党庇顾宪成罪。"家世素封,无子,置义田以赡族人。郡中贫士及诸生赴举者,多所资给。尝输万金助边,被诏旌奖。"[7] 徐三重"操行端洁,

---

[1]《民抄董宦事实》,《明武宗外纪》,第245-248页。
[2]《民抄董宦事实》,《明武宗外纪》,第231-232页。
[3]《民抄董宦事实》,《明武宗外纪》,第251页。
[4] 郑威:《董其昌年谱》,第107页。
[5] 光绪《重修华亭县志》卷十五《人物四》,第13页。
[6] 嘉庆《松江府志》卷五十四《古今人传六》,第20页。
[7] 嘉庆《松江府志》卷五十四《古今人传六》,第27页。

门庭肃穆,坐无杂宾"[1]。就是这样一批品行清谨的乡绅同道,在万历四十四年(1616)松江骚乱之后成为中流砥柱,勇于担当不顾社区安危,致使民情激忿、士心不平的董其昌家主奴暴虐行径或企图的狙击手。他们的成功不是偶然的,顺应社区民情士心,斡旋于官府各级力量之间,使个别官员相对"失控",从而让地方事务得到较为妥善的解决,地方秩序"得控",民心"得控",根本上也就符合了国家与人民的利益。当然,他们作为晚明江南社区结构中的特殊分子,本身也受到该结构的制约,从而发挥了应有的效能。

附表1　松江乡士大夫公书名录

序号	姓名	儒学	举人中式年	进士中式年	官职	附注
1	王孙熙	华亭	万历十六年	万历二十三年	台州知府	元瑞父
2	王明时	华亭	万历四年	万历五年	河南按察副使	皋元孙
3	徐三重	松江	隆庆元年	万历五年	刑部主事	祯稷父
4	张希曾	华亭	万历三十一年		南京大理寺卿	
5	许乐善	华亭	隆庆四年	隆庆五年	南京通政使	兼善弟
6	吴炯	松江	万历七年	万历十七年	太仆寺少卿	丕显侄
7	钱大复	华亭	万历七年		蓬莱知县	龙锡父
8	李叔春	儒士	万历十三年	万历十七年	河南按察副使	伯春弟
9	陈所蕴	上海	万历四年	万历十七年	南京太仆寺少卿	
10	王焯	松江	万历七年		饶平知县	端元孙
11	李益亨	—	万历			
12	杜士全	上海	万历十三年	万历二十三年	南京工部尚书	时腾孙
13	郑栋	松江	万历二十八年	万历三十二年	按察副使	
14	洪都	青浦	万历二十二年	万历二十三年	台州知府	
15	何三畏	华亭	万历十年		绍兴府推官	全裔孙
16	陆彦章	华亭	万历十三年	万历十七年	南京刑部侍郎	树声子
17	张翌轸	金山	万历二十二年	万历三十二年	广东按察副使	

---

[1]　嘉庆《松江府志》卷五十四《古今人传六》,第14页。

续表

序号	姓名	儒学	举人中式年	进士中式年	官职	附注
18	莫是豹	华亭	万历二十二年		仙居知县	愚孙
19	徐祯稷	华亭	万历二十八年	万历二十九年	四川按察副使	三重子
20	张鼐	金山	万历三十一年	万历三十二年	吏部侍郎	烈侄
21	陆懋修	华亭	万历元年		金华府推官	树声侄
22	陈敏吾	华亭	万历二十五年	万历四十一年	泉州知府	
23	潘大儒	上海	万历十九年	万历三十八年	中书舍人	
24	陈国是	华亭	万历三十一年	万历三十二年	广西按察副使	
25	王元瑞	青浦	万历二十八年	万历四十一年	太和知县	孙熙子
26	钱龙锡	松江	万历二十八年	万历三十五年	文渊阁大学士	大复子
27	钱士贵	松江	万历三十四年	万历三十八年	刑部侍郎	
28	张肇林	儒士	万历三十四年	万历三十五年	通政使参议	所望弟

注：① 儒士为举人所出的一种类别。
② 据《民抄董宦事实》具名顺序。
资料来源：嘉庆《松江府志》卷四十五《选举表二》《明举人表》《明进士表》。

附表2　松江举人公揭名录

序号	姓名	儒学	举人中式年	进士中式年	官职	附注
1	唐有家	华亭	万历十年			
2	姜云龙	上海	万历二十五年		中书舍人	清七世孙
3	王献吉	华亭	万历三十四年		胶州知州	善继子
4	张汝开	松江	万历三十七年		怀庆知府	本嘉子
5	杜士基	上海	万历二十二年		南京兵部员外郎	士全弟
6	张方陞	松江	万历二十八年		江浦教谕	仲谦孙
7	董中行	华亭	万历三十四年	天启二年	浙江按察副使	中立弟
8	曹蕃	华亭	万历二十五年		荆州府通判	铣子
9	吴克昌	上海	万历二十八年			
10	雷迅	松江	万历三十四年		夔州府推官	
11	董复初	华亭	万历三十七年			

续表

序号	姓名	儒学	举人中式年	进士中式年	官职	附注
12	杨汝成	华亭	万历三十七年	天启五年	礼部侍郎	继礼子
13	沈匡济	青浦	万历三十七年	天启二年	山东提学道	
14	姚元胤	华亭	万历三十一年		工部主事	
15	张元复	华亭	万历三十一年			祚五世孙
16	张尔侯	华亭	万历三十七年		工部司务	扬美侄
17	王秉冲	松江	万历三十七年			孙熙子
18	金以鲁	松江	万历三十七年		新昌知县	
19	谢秉谨	松江	万历三十七年	天启二年	浦城知县	
20	冯明玠	松江	万历四十年	天启二年	海澄知县	
21	严中立	松江	万历四十年		荆门知州	
22	许士奇	华亭	万历四十年		归德府同知	汝升侄
23	何万化	松江	万历四十三年	天启二年	广东按察使	三畏侄
24	张荩臣	华亭	万历四十三年		南京工部郎中	济颜子
25	金时扬	松江	万历三十七年		新昌知县	时振弟
26	奚时申	华亭	万历十三年		宁波府通判	良辅孙
27	胡开文	松江	万历四十年	崇祯元年	建昌知府	
28	姚鏜	金山	万历四十年		临安知县	逢熙兄
29	陈所闻	青浦	万历四十三年	万历四十七年	工部主事	
30	王应伯	华亭	万历四十三年	万历四十七年	邵武府推官	庭梅弟
31	倪家泰	上海	万历三十七年		刑部主事	甫英侄
32	沈可绍	金山	万历四十年		景宁知县	匡侪父
33	宋懋澄	华亭	万历四十年			尧俞子
34	张瀛选	华亭	万历四十年			明正孙
35	张宾选	华亭	万历四十三年		长汀知县	明正孙
36	王台	上海	万历四十三年			陞弟
37	顾伯骐	华亭	万历四十年		湖州府同知	学仁侄孙
38	张拱端	华亭	万历四十年		当阳知县	履端兄
39	张轨端	儒士	万历四十年		邵阳知县	履端弟

续表

序号	姓名	儒学	举人中式年	进士中式年	官职	附注
40	谢应聘	上海	万历四十三年		和州学正	
41	蒋尔扬	松江	万历四十三年		道州知州	
42	王昌会	上海	万历四十三年			圻孙
43	李继元	金山	万历四十三年		临湘知县	昭祥孙
44	莫道醇	华亭	万历四十三年		工部主事	是豹子
45	王坊	金山	万历四十年		信阳知州	陞弟
46	高秉经	上海	万历四十三年			承祚侄
47	朱绍元	上海	万历四十三年		武强知县	鼎五世孙
48	黄廷鹄	青浦	万历三十七年		顺天府通判	明会曾孙
49	陈肇元	上海	万历三十四年			
50	张方建	松江	万历四十三年	天启二年	南京工部主事	仲谦侄孙
51	陆起龙	上海	万历四十年		永宁知县	明扬侄

注：① 儒士为举人所出的一种类别。
② 据《民抄董宦事实》具名顺序。
资料来源：嘉庆《松江府志》卷四十五《选举表二》《明举人表》《明进士表》。

第八章　晚明江南的社区传播与大众心态
——"民抄"董宦事件的个案分析之二

一、松江大火烧董宅

明神宗万历四十四年三月十六日（1616年5月1日）酉时（傍晚五点到七点），正当江南一派春光明媚，落霞有余、暮色初罩的交替时分，南直隶松江府华亭、上海、青浦三县和金山卫的军民上万人齐聚松江府治所华亭县城（今上海市松江区），抢掠、拆毁、焚烧了位于城内坐化庵（龙门寺）东侧的乡宦、书画名家董其昌与二儿子董祖常（祖权）共住的宅第，"数百余间，画栋雕梁，朱栏曲槛，园亭台榭，密室幽房，尽付之一焰中矣"。三儿子董祖源（苑）新造不及半年的高楼大堂壮观华丽，共有二百余间，同时一炬成灰。各种珍奇货玩、金玉珠宝、历代名贵字画，或被焚烧成灰，或窜取于他人之手。董家主奴百余口流离奔窜，逃落他乡。董其昌仓皇翻墙而出，躲避在邻家，后来流落于泖庄等地，往来于苏州、江南一带。事隔半年，才有平息。家奴头领陈明的居室有精美厅堂几十间，先前一日，已为百姓拆破，此时被一燎而尽。陈明母亲的尸棺也被愤怒的群众捣毁焚烧。事态延续到十九日，董其昌在城外白龙潭的书园楼居又被民众焚破。只有董其昌长子董祖和（履）幸免于难。他的宅第处于董祖源的房屋之间，"巍然独存，盖以平日稍知敛戢，民怨未深故也"。[1]

---

[1]《民抄董宦事实》，《明武宗外纪》，第220-222页。《明武宗外纪》第221页称焚烧陈明之妻尸棺；第240页称董其昌"以为烧三宅，杀五命，焚二棺"；第248页终审词定为"五命俱虚，一棺焚毁是实"；据第233页学台王以宁奏疏"烧陈明之母一棺是实"，则可定为烧陈明之母棺，而非妻棺。

烧三宅[1]，焚一棺，这就是震惊晚明朝野上下的"民抄"董宦事件。它不仅使董其昌"四宅焚如，家资若扫"，抱恨终身；成为三县一卫"恶人"，一生名望受到玷污；[2] 一些中国传世书画文物和董其昌的书画佳作罹受叵测之祸，中国文化事业无辜受难，[3] 而且涉及社区群体关系的平衡、秩序摇动及官府控制能力等一系列重要问题，映照出晚明江南社区真实又复杂的大众心态。[4]

综观这起江南社区集合行为中的恶性骚乱事件的发展，大致可以分成三案三截。[5]

董其昌次子董祖常于万历四十三年（1615）八月诱淫了松江府学生员陆兆芳家使女绿英，继养在家仆之家。因她前往陆家探望生母没有马上回来，董家家奴陈明受董祖常指使，纠集家丁二百余人在一个夜里二更时分乘陆家不备，打进内室强行抢回。陆生不服，上告官府，掀起董陆两家的合法讦讼。经过乡绅何三畏、吴尔成的着力劝解，"陆生甘心含忍，自秋迄春，抱病杜门"[6] 不出，以示默默抗议，事情暂时平息了。

争夺绿英事起，街坊纷纷传闻，共忿不平，说唱歌谣流传市井委巷，都对董家不利。董其昌密让家人查访，逮到说书盲人钱二。他推说唱本出于同城生员范昶的手笔。董其昌向官府告冤。又逼迫范昶到董宅，喝令他与钱二同跪面质，范昶坚决不认，又与董其昌到城隍神像前赌誓为盟。经此波折，范昶不胜羞辱，回家不到十日，悒愤病亡。

范昶83岁的老母冯氏仗恃其媳龚氏即范昶妻是董其昌妻妹，孙媳

---

[1]《民抄董宦事实》，《明武宗外纪》，第225页，指烧董其昌、董祖常合住的一宅，董祖源的一宅，陈明的一宅，共三宅，实际上，加上董其昌的城外书馆，董氏被焚房屋三处，但住宅只有二处。

[2]《民抄董宦事实》，《明武宗外纪》，第225页。

[3] 董其昌事后忆及家难，最为痛心疾首的是书画珍品的毁失："余既失颜鲁公（真卿）《送蔡明远帖》《借米帖》及杨少师（凝式）《合浦散帖》《乞花帖》《洛阳帖》，遂欲焚砚。"对于一个视书画艺术如同生命的艺术家来说，董其昌深深陷于艺术与现实的强烈冲突之中而无法回避。参见董其昌《容台集》，崔尔平选编点校：《明清书法论文选》，第235页。

[4] 吴建华《晚明江南的社区与大众心态：乡绅的宣言——"民抄"董宦事件的个案分析之一》（唐力行主编：《家庭·社区·大众心态变迁国际学术研讨会论文集》）研究了其中部分内容。

[5]《民抄董宦事实》，《明武宗外纪》，第234页，《合郡乡士大夫公书》的分析简明扼要。

[6]《民抄董宦事实》，《明武宗外纪》，第236页。

又是董其昌族女，领着龚氏，带上女奴3人前往董宅辩理，边哭边骂。陈明率家奴把冯氏、龚氏异入董宅边上的坐化庵，而把女奴剥裤捣阴，血流如注。当众侮辱，惨无人性，肇致道路侧目，愤愤有辞。

松江府全体生员听闻范昶之子、生员范启宋陈控董其昌的冤词，激于义愤，乘三月十五日府学生员例行集会，当堂为范昶鸣冤叫屈，恳求知府、教官究治豪奴陈明，惩处董家凶恶。知府当即发牌拘捕陈明，以待正法。生员即时散去。

可是民情未释。三月十六日，三县一卫军民忽然各出冤单，声言向董家报仇。董家见万民汹涌，祸在旦夕，急忙召集郡中打行恶少帮助保卫家宅，而此辈地方无赖巴不得有事取乐，遂与围观群众冲突。松江风俗每遇一奇闻，就聚观如堵，好凑热闹，或者瞎起哄。王皮、金留、胡龙等伺机而动，以报怨为名，以陈明为千夫所指，乘聚观人众为声势，带头焚抢。于是董陈之宅化为灰烬。

争婢—辱范—焚宅，分别代表"民抄"董宦事件的衅端、扩大和激化，构成了完整的案件。表面看三案几乎紧密相联，一以贯之，涉及人员愈来愈多，轰轰烈烈，董宅挨抢、遭焚，势不可挡，董家主奴罪有应得。仔细冷静分析，三案相隔实有时日，各有缓冲机巧，而且在人员上除董家外，互不连带。

先是陆生含忍，未涉及谤书、起火之事；继后范昶暴亡，董范两家各抱不平，四出投狱告官；最后府学生员告冤，府官拘捕陈明，民情得到慰藉。生员并没有参与焚抢董宅，他们讨的是个公道，使用的都是合法的陈情官府的手段，借助官府力量迅速妥善处理，在晚明江南社区基本做到了。焚抢董宅显然出于民众的自发行动，当然也有少数凶徒乘机捣乱。

但是，三案的矛头不约而同指向董家，指向董其昌，董其昌成为众怒所归，众矢之的，内中似有幕后串场人物的作用，所谓事外之人从中鼓煽，构成了奇变。可是查无实据，难以断定。因而"民抄"董宦事件只能看作一起三案合一以焚抢作结的骚乱。松江社区结构的压力集中到董家董其昌身上，有了宣泄口。无可否认的是，董家随着科举功名仕宦的成功，成为松江的一个名门望族，人多势众，尤其是董其昌有书画身价名扬海内外、交游遍天下的有利条件。但他骄纵怠惰的子奴横行乡里,积渐结怨,越来越深。人们或者诅咒董家早点遭殃衰败,或者觊觎董家丰厚的财宝奇货,图谋借机生事,于烈焰骚动中混水摸鱼,但敢于行动者总在少数。平素受尽董家凌辱欺压的广大军民,激愤长积于胸,却绝对不是一群只要董家遭受焚抢、董家主奴犹如丧家犬之结果的乌合之众。广大军民富有激情仇怨,却无实际焚抢行动,他们的无意识集合状态被少数别有用心的肇事者借用,以壮声威,从中渔利。

社会学的研究认为,集合行为是一种十分普遍的形式,它的发生没有统一的规则和共性,可能有多种条件促成这样或那样的事件,但有一点可以肯定,集合行为只有在现在的社会组织不能为人们的行动指引方向和提供途径时才会发生。[1] 时间、场合、心态等环境的压力和社会控制机制的相对失灵等因素都决定了董宅焚抢骚乱的发生,但是,这一切特征都从社会结构产生出来。简言之,晚明江南社区结构潜积的压力在万历四十四年(1616)三月松江府城的董其昌父子家奴身上找到了突破口,焚抢董宅的骚乱是松江乃至江南在晚明时期社区结构松动和失衡的实态。

在骚乱之后,董其昌力主改"民抄"为"士抄",就是因为他明白要完全穷追焚抢的群众主犯和从犯是不可能的,所以转向在社区结构的压力上寻找骚乱事件的关联人物。于是,骚乱之前发生的一系列事件构成了如何平息董宦被祸的论判焦点。争婢、辱范案件与此相关,似乎自然与焚抢董宅之案混为一体。其实,这些骚乱的前奏性事件,同样是社区变动和失衡的征兆,它们和焚抢一样,受到社区结构的制约,只不过在程度上稍弱而已。

隐积在晚明松江社区结构中的压力借助向董家宣泄物怨的方式得到释放,暂时缓和了社区结构的紧张,由于情绪变换、心理压力减轻而调整了人际关系,使局部社会问题不致酿成大面积的社会动荡。江南社区的个性在"民抄"董宦事件中表现得十分鲜明。

二、社区传播与"民抄"董宦的进程

松江地区军民、士绅、官员对董家有物怨,能够在短时间内凝聚起

---

[1] 戴维·波普诺:《社会学》(下),刘云德、王戈译,辽宁人民出版社1987年,第565-611页。

来,除了"思老平日的有召怨致抄"[1]外,也和董其昌不能像同郡名人徐光启那样持身清正,教子有方,管家有度,却和同城阁老徐阶一样家人子弟横行霸道,招惹民愤,甚至有过之而无不及有关。家财被毁,鼠窜他乡,的确是怨由自取,咎由自罚。细考其曲折情节过程,在三案三截之中,社会传播含有巨大的杀伤力,社区大众集合行为中的传播不容忽视。

在晚明江南社区结构与环境中,存在着传统中国农业文明社会的两种传播媒介和三种传播类型[2]。

第一种是呈现性媒介,通过人体,包括口头自然语言、表情、姿势等符码直接交流。这是面对面的少数人之间的传播。传播的信息内容是不正规的,或许真实,或许不真实,但感情色彩浓厚,受众容易受到传播者、"守门者"或舆论领袖的感情熏染,做出观念上的感性判断和选择,采取比较一致的行为。

第二种是再现性媒介,使用书籍、绘画、文字等再现性符码,使传播具有可现性和创造性,传播内容会产生不同的传播"文本",去影响广大的受众。通过再现性媒介的传播有两种类型,一为组织传播,以政府发布的文件、命令、告示,甚至书札形式进行。发布的信息内容代表官方的立场和决定,十分正规和独到,即使其中有误断,一般也不容易得到纠正,就成为定论传播开来,组织成员保持着行政上的共同意识和行为。另一类型是大众传播,通过印刷媒体进行,当时有传札、揭帖,甚至流言等大众传播媒介,传递公开的信息,其真实性却成问题,受传播者、"守门者"的意愿、立场、导向影响极大,经过受众的心性过滤,被他们在自己原有的社会规范中选择出来并发酵,蒸发出社区大众的共识和行为。

---

[1]《民抄董宦事实》,《明武宗外纪》,第240页。

[2] 关于社会传播的形式和类型、功能,可以参见中国社会科学院新闻研究所世界新闻研究室编《传播学》,人民日报出版社1983年;丹尼斯·麦奎尔、斯文·温德尔《大众传播模式论》,祝建华、武建译,上海译文出版社1987年;竹内郁郎编《大众传播社会学》,张国良译,复旦大学出版社1989年;周晓明《人类交流与传播》,上海文艺出版社1990年。把传播学理论放入传统中国社会验证,既有共同性,又有中国社会的特性。本书的受众指所有受传播的社区成员。民众指社区平民百姓。大众含比民众广泛,主要指民众,也包括集合行为中的全体成员。"守门者",在大众传播中指决定什么可被传播以及怎样传播的人或机构。

松江社区结构中积聚的能量经过人际传播、组织传播和大众传播的潜移默化，终于在对董其昌一人一家的怨愤不满中于万历四十四年（1616）三月董家这一特定的时间和空间交织的坐标轴上爆发出来，犹如地火喷射，无可阻遏。

　　董家抢掳陆家使女绿英之后，两家开始争讼，结果陆兆芳含辱隐居，杜门不出，抑郁成病；董家暂居上风，但他们以强凌弱的乡里霸道行为遮盖了在婢女事件上可能存在的合理性，[1]激起了社区的公忿，"街坊传闻共忿，致有流言、《黑白小传》并丑詈曲本"[2]，"道路辄有歌谣流播"[3]。"《黑白小传》"指说唱话本《黑白传》，第一回是"白公子夜打陆家庄，黑秀才大闹龙门里"。因为董其昌号思白，住在龙门寺旁；陆兆芳面黑，称为"黑秀才"。这是专讲董其昌公子董祖常夜抢绿英、陆董纷争起衅之案的。[4]丑詈曲本据说还有《五精八魂记》等。[5]这些作品的文字情节诙谐，刻意借事丑化翰林学政出身、归居在家的乡宦董其昌的为人行径，成为社区轰动一时的新闻，因而如一石击水，吸引了大众的注意力，并且很快流播扩散开来。

　　显然，匿名的社区舆论领袖洞若观火，在一旁暗中监察着本社区的动向。他们采用说书、唱本、传奇、词曲、歌谣等大众容易理会接受的通俗文学的形式，把董陆两家争婢之案迅速大肆渲染，达到对董家不利、用社会舆论惩儆乡绅劣宦等目的。

　　经过文人起草加工的董陆争婢之案具有鲜明的大众通俗文学色彩，成为纪实性文学作品，不可避免地与事实真相有所背离。而说书的盲人钱二很喜欢这样的说唱曲本，他绘声绘色，最是舆论领袖的知音。他的用情会意，亲身传播，属于人际传播，又把舆论领袖关于董陆之争的大

---

[1]《民抄董宦事实》，《明武宗外纪》，第 255 页，"附录《权斋老人笔记》载《定陵纪略》董氏焚劫始末"，有董其昌"同里陆生者，先世有富仆，陆诛求无厌，仆乃投充，视权（董祖权即祖常）作纪纲，为护身符。陆生复至需索如旧，祖权统很小攒殴之。次日陆生之兄率诸生登其堂，面讨其罪，惶恐谢过乃已"。如果此陆生就是陆兆芳，则他与仆人的关系处于紧张状态，而投充在晚明江南社区十分普遍。绿英与该富仆是否有联系，尚不得而知。

[2]《民抄董宦事实》，《明武宗外纪》，第 226 页。

[3]《民抄董宦事实》，《明武宗外纪》，第 228 页。

[4] 邓之诚：《骨董琐记》卷四，第 132 页。据说有说唱本《黑白传》存世，尚未查得。

[5] 吴同瑞、王文宝等编：《中国俗文学概论》，北京大学出版社 1997 年，第 20 页。引胡士莹《话本小说概论》第十一章，但所说内容已与实情有出入，反映文学加工的艺术。

众传播意图发挥得淋漓尽致。

钱二身为社会底层的说唱艺人,敢于不避忌讳,公开走街串巷,宣传董家横行闾阎的恶行,而社会上还有许多来自各阶层的听众对他的宣讲表演啧啧称道,无所趋避,这个现象表明晚明江南社区确有新气象:民众舆论的出现不只需要胆量,更需要允许民众舆论表达的社会氛围。董其昌受到同里社区舆论传播的攻击,说明他的功名和仕途经历并不足以震慑社区大众,他不是凭名高势重压倒乡里的显要人物,所以钱二、范昶、军民大众,以及后来的生员、举人、进士等都直率无畏地表达对董其昌的看法,甚至公然向他发难,站在与之相背的阵营。而民众集合围观董宅,少数凶徒"肆逞于青天,焚掠公行于大郡,此乃非常之变、王法所不宥者"[1]。缙绅大户人家的宅第财物朝不保夕,人心惶惶,是"民抄"董宦事件的可怕警示,反映晚明江南社会日趋尖锐的阶级矛盾,也是晚明朝纲淆乱、走向崩溃的恶兆。但江南社区民众的矛头只指向类似董其昌这样的缙绅人家,没有扩及缙绅大户整体,又使晚明朝政得以喘息延续。江南社区结构的压力还只是局部的问题,社区结构存在大众怨愤的岩浆足以宣泄的罅隙。

陆兆芳、董其昌因为婢女之争曾经对簿公堂,几经交涉,各执一词,没有定论,也各不甘休。经过乡绅的热心调停,陆生忍让,事件暂告一个段落。陆董在争婢之事上各自没有充足的理由证明自己是对的,似乎各有隐情衷曲;陆生对与下人关系的处理也有不妥之处。通过官府申辩与调节无疑是解决纠纷的正规途径,照理说争婢之案已经终结。

可是,人是社会性群居的理性分子,社区的事件纠纷不仅是当事人的事情,而且与社区的其余群体成员相关。董陆争婢之案从官府审理到"寻已中解"[2],改由民间调解告结,这一做法表面上使陆生受屈,董家占先,超出了一部分人的忍耐限度和预期结果,从而无法接受。匿名的舆论领袖出于多重目的从中起事,不明真相的大众倾向于遭受欺辱的陆秀才,以致"流言"纷纷。事件传播者、"守门者"的精心制作,钱二式说唱艺人的才能加工,明显聚起社区的焦点,调动大众的心力,无

---

[1]《民抄董宦事实》,《明武宗外纪》,第247页。
[2]《民抄董宦事实》,《明武宗外纪》,第234页。

形之中，感情重心已倒向董家的对立面。

平心而论，黑白传奇、丑詈曲本、流言歌谣等的传播已超出事情真相，使董其昌的名誉人格受到严重侵害，后来的官员在审案时为董其昌所做的几分辩白也符合道理，不是纯粹袒护狡辩："董宦夙擅文望，名满寰中，今以使女之故，被造黑白传奇，玷其闺阃，此即贤者难堪。"[1] 事态的发展使董其昌无法忍受和袖手旁观。他首先通过合法正规的途径，状告于官府，要求严缉主使传播之人，而事情的极端隐秘详慎使主使传播之人如子虚乌有，官府无法破案并保护乡宦的名誉。董其昌只得动用个人的力量，让家丁四出暗访密查，终于拿获了表现突出的人际传播者钱二。董其昌私自庭讯，照例有违法纪，然而情绪过激之下，士绅在民间纷争中，仗势压人，常有背于法纪之处，在民间已属司空见惯，往往被视作小节。

"《黑白小传》起，莫得其所从来"[2]，"董宦根究无迹"，而钱二"口称生员范昶"指使，[3] 似乎范昶成了主使传播的舆论领袖，惹得董其昌万分恼怒。范昶与董家两代姻亲，又同属乡绅行列，却有隔阂。是否真正的舆论领袖或传播者、"守门者"深谙个中利害机巧，引火烧董，我们目前很难直接推论。但董其昌听了钱二的招供，就"意疑"范昶，[4] 随即派家人找来范昶，与钱二当庭跪下面面对质，说明董其昌对幕后存在反对自己的舆论领袖及其势力深信不疑，甚至认为其中之一就是范昶。口舌之间，愤激顿起，怎能容忍冷静思索、细心判断！黑白传奇、丑詈曲本等肯定是董其昌的宿敌旧怨者所为，不是一般大众能够编写出来的。传播者有意借事用印刷文字、大众传播的工具攻击他。董其昌必欲查个水落石出，才能挽回声名，否则难于立足松江社区。

当查知范昶是"主使之人"后，董其昌"因号呼告冤，颠蹶求白"[5]，仍然试图通过官府的合法途径解决纠纷，平息流言，禁止丑毁

---

[1]《民抄董宦事实》，《明武宗外纪》，第246页。

[2]《民抄董宦事实》，《明武宗外纪》，第234页。

[3]《民抄董宦事实》，《明武宗外纪》，第236、226页。胡士莹讲范昶是钱二的一个听客。文秉讲范某把争婢之事"演为词曲，被之弦管丝索，以授瞽者，令合城歌之"（《民抄董宦事实》，《明武宗外纪》，第255页），但与官府审断不符。

[4]《民抄董宦事实》，《明武宗外纪》，第236页。

[5]《民抄董宦事实》，《明武宗外纪》，第226页。

自我形象的传奇说唱，洗却蒙受的不白之冤。

岂料范昶经受与钱二的跪庭对质，与董其昌于城隍前赌誓，感到人格受辱，愤郁发病，旬日暴死；而范昶母、妻率女仆上董家"登门诉骂"，女奴竟会遭到董家奴仆的侮辱殴打。这一暴行既是董家子奴逞凶乡里的惯习做法，也没有料到会触犯社区众怒；又是范昶母、妻倚仗与董家有"内戚之情"，"范昶以钱二妄指作传，遂誓神忿懑以死，此莫致之命，于董何尤？"把两起偶发巧合之事一味归到董其昌头上的结果。尽管董家奴仆有意把范昶母、妻与女奴分隔开来，剥衣虐打的只是女奴，但董其昌对家奴子弟的作为放纵不管，于此可见一斑。如此恶行是出于董其昌的主意，还是"奴辈之不法，而或董宦未之知也"，[1] 在事情突发的场景以及后来的审结中，就没有多少弄清的必要了。因为在大众眼里，家人子弟不法的暴行，灭绝人伦，都与作为家长的董其昌有关；无论他是不是直接参与，都应该承担责任。

范昶生于读书人家，先世做官，父子同是生员，他们的亲戚朋友有不少乡绅人物，如秀才张扬誉、冯大辰都支持范启宋，控告于官府，"同投冤单"，他们是范家"至戚"。姚瑞征等五秀才"协投冤揭"，则是好友。全郡生员在听闻范启宋悲愤声诉家门遭受董家"冤害"之后，义愤填膺，[2] 愤慨不集中在范昶之死与董家的巧合，而集聚在范家老母寡妻带去说理的女仆被当众侮辱、董家丧失了人伦之性上。范启宋的亲身控诉，实际上是人际传播，作用很大，加上乡言沸腾，舆论不在董其昌一边，"合郡士民"即秀才士绅与民众，达成了默契，怨愤都指向身为董门家长的董其昌。

当然，秀才士绅的做法不会完全同于民众。五学生员"传札而起，三月十四日鸣于府，十五日鸣于庠，若见为义激然者"[3]。署松江知府黄同知朝鼎、署华亭知县吴推官之甲因公事到苏州，至十三日始归，次日就有"合郡士民"为范启宋"愤愤不平"之请，经他们"用言慰谕，已各心释"。[4] 十五日，秀才方小一到祖宗祠堂行香，发现门上贴有声

---

[1]《民抄董宦事实》，《明武宗外纪》，第246页。
[2]《民抄董宦事实》，《明武宗外纪》，第245、233、224页。
[3]《民抄董宦事实》，《明武宗外纪》，第228页。
[4]《民抄董宦事实》，《明武宗外纪》，第224页。

讨董其昌的札文，就揭下观看。回去路经文庙，遇到他的老师马彧，便出示给他看，并送给陆石麟一阅。姚麟祚知晓后，从旁接过观看。直到丁宣读后，"遂丸而投于河"。这是秀才们"传札"的过程，好像出于偶然所得，历经五人之手。姚麟祚、陆石麟"年少负气，不无喜事之心"，"丁宣投札于河，犹知畏法"，而马彧、方小一"则朴讷之夫，亦非知情"。在日后的审讯中，官府"严拷至再"，秀才们"不肯招服"这纸札文出于他们之手。"复拘刻匠顾心旸，严行对质札文授受来历，亦抵死不认，法穷于无可加，情亦无可求矣。"[1] 而郁伯绅也讲，"十四日有不识姓名一人，持帖一封，内写公札若干，乞共声击兽臣等句，投之伊家"[2]。看来当时檄札乱贴乱传，未必是被审秀才所造，应为真确。[3]

乘着每月朔望松江府儒学明伦堂例会，五学生员候府学教官行香祭孔、实行训导的机会，十五日，诸生在范启宋出外告状的情况下，"众口称冤，俱系作揖，从容跪禀"[4]，领头的秀才是"好刚任侠、口若悬河"[5] 的郁伯绅。他们"众口一辞，归咎董仆陈明"[6]，恳请究治。行香后，郁伯绅"倡言勿脱公服，再进府一禀"[7]，他们"丑詈董宦，细述本宦平日父子主仆作恶罪状"[8]。知府随即行牌，拘拿陈明，责过二十五板，羁候正法，诸生"咸颂本府昭雪之速矣"，皆欣然即时谢散，"并无聚众扛帮、攘臂喧逞等情"[9]。由此可知秀才士人采用通过官方组织的合法渠道惩处辱范凶犯，以平民愤，以伸张正义。陈明被拘捕，以待正法，秀才群体有理性的行动，基本上收到了成效，"政堪结局耳"[10]。

尽管如此，秀才士人群体有限度的行为还是被官府所不容。士人在

---

[1]《民抄董宦事实》，《明武宗外纪》，第246页。
[2]《民抄董宦事实》，《明武宗外纪》，第243页。
[3]《民抄董宦事实》，《明武宗外纪》，第227、244页。
[4]《民抄董宦事实》，《明武宗外纪》，第227页。
[5]《民抄董宦事实》，《明武宗外纪》，第245页。
[6]《民抄董宦事实》，《明武宗外纪》，第226页。
[7]《民抄董宦事实》，《明武宗外纪》，第242页。
[8]《民抄董宦事实》，《明武宗外纪》，第243页。
[9]《民抄董宦事实》，《明武宗外纪》，第227、226页。
[10]《民抄董宦事实》，《明武宗外纪》，第228页。

大众传播中与民众处在同一受众的位置，又因辱范加剧了与民众相同的义愤情感。他们对府学、知府的禀请讲事在焚抢董宅前一两日，呼吁行动立即导致了对陈明的捉拿，显示出董家貌不可犯的虚空架子，让民众对董家的情绪愈加激愤起来，导致相互的冲突。士人的行动似乎直接促使民众行动升级，成为日后官府断定"董宦之祸，始基于士，终凶于民，亦綦烈矣"[1] 的依据，以及董其昌努力把"民抄"转为"士抄"，以便挽回面子的原因。"诸生一时过信启宋之词，以耳伺耳，以目伺目，忿激成仇，扬袂而起，五学若狂，秽词加遗，骋一时之意气，忘当机之隐祸"；"并游黉序，罔守准绳；意气虽激于同袍，利害弗顾其所止；扛帮传札，似违钦定之条；率众禀官，殊符挟制之例；狂澜既逝，惩创宜严"，[2] 成为终定的"会审断词"，使参与讲事、观札、投冤揭的为首秀才13人分别受到杖革、杖降、杖惩的处罚，直接危及了功名前程。

郁伯绅带头讲事，成为"罪魁"，[3] 甚至"百姓王庵、万心齐等，刻揭丑詈董宦，倡言民抄，亦系伯绅怂恿成事矣"[4]，差点把"民抄"之谋归到他头上，最后以"难以悬坐"作结，但"首难何疑也"，"率众鸣学，持札禀府"，"无伯绅则无今日"，[5] 他担当了最大责任，成了"民抄"在士人中的替罪羊。他和翁元升、张复本、姚瑞征、沈国光首先进言，以扛帮、挟制被杖革秀才，处分最重，而其亲身传播的行为确实作用不小。

士人的传播行为对民众起了壮胆作用，感染了群众，以致发生集合行为。士人"有因激而招祸"[6]，为了社区事务，自身遭受重大损失，然而毕竟要承认"此一狱也，祸虽因士胚胎，士实未尝与乱同事"[7]，焚抢现场无一秀才。他们挨了板子，与为首的民众相比，仍然轻了许多，没有完全达到董其昌变"民抄"为"士抄"的意图，官府交了一笔模棱两可的账目。

---

[1]《民抄董宦事实》，《明武宗外纪》，第245页。
[2]《民抄董宦事实》，《明武宗外纪》，第246、247页。
[3]《民抄董宦事实》，《明武宗外纪》，第244-245页。
[4]《民抄董宦事实》，《明武宗外纪》，第242-243页。
[5]《民抄董宦事实》，《明武宗外纪》，第245页。
[6]《民抄董宦事实》，《明武宗外纪》，第247页。
[7]《民抄董宦事实》，《明武宗外纪》，第248页。

处于狂热中的大众仿佛一堆干柴，在传播的火星飞溅时一触即燃，燎成熊熊之势。辱范之案突发，在社区的多数人的理解中，"斯时董宦少知悔祸，出罪巳（己）之言，犹可及止，反去告状学院，告状抚台，要摆布范氏一门，自此无不怒发上指，激动合郡不平之心"[1]。上诉官府，企图以组织合法手段来了结纷争，是董陆争讼的同一办法。不过，这时的民众仍然认为董其昌在仗势欺人，不容许他的做法了。"董宦平日敛怨于民"而蓄积的地能烈浆通过"陈明昨又肆恶于范"[2] 的导火线遽然而发，合郡大众的"不平之心"已被充分激发出来。

就在董其昌、范启宋忙于告状离开松江的当口，初十日、十一日、十二日，三天之中，"各处飞章投揭，布满街衢，儿童妇女竞传'若要柴米强，先杀董其昌'之谣。至于刊刻大书"兽宦董其昌、枭孽董祖常"等揭纸，沿街塞路；以致徽州、湖广、川陕、山西等处客商，亦共有冤揭黏贴；娼妓、龟子、游船等项，亦各有报纸相传"[3]，"三县军民，各出冤单，军以拖赖三仓粮为辞，民以兜揽公事为辞，黏贴墙壁，穷乡委巷，无所不到"，署府黄同知"急命地方涂抹揭去，而'若要柴米强，先杀董其昌'之谣，已遍传闾阎矣"。[4]

讨伐董其昌的檄文指责他"无罪而杀士"，声称"人心谁无公愤？凡我同类，勿作旁观，当念悲狐，毋嫌投鼠，奉行天讨，以快人心"，以此辈"若再容留，决非世界"，号召"公移一到，众鼓齐鸣，期于十日之中，定举四凶之讨"。[5] 从语气上看，应该出于文人秀才的手笔。但传檄"或暗贴通衢，或撒遗在地，此必平时抱怨深者所为"[6]，查不出是谁草拟，传播影响却极大。在之后的十日之中，事态似乎果然朝预定的征讨顽凶的辙向演进：从府城到各县卫的军民大众云集，经秀才要求，先逮陈明，又由民众烧抢董宅，只差咫尺，就到乘乱"先杀董其昌"，柴米才会"强"了。幸而董其昌父子家人抱头鼠窜，没有命丧黄泉，这个宣传口号才没兑现。

---

[1]《民抄董宦事实》，《明武宗外纪》，第220页。
[2]《民抄董宦事实》，《明武宗外纪》，第224页。
[3]《民抄董宦事实》，《明武宗外纪》，第220页。
[4]《民抄董宦事实》，《明武宗外纪》，第236页。
[5]《民抄董宦事实》，《明武宗外纪》，第219页。
[6]《民抄董宦事实》，《明武宗外纪》，第227页。

十四日、十五日，秀才先后禀见知府、教官，强烈要求惩罚辱范凶手。与此同时，"民怨益甚，日多一日"。行香日早上，"两府见百姓拥挤街道两旁，不下百万，而骂声如沸，知民情怒甚"。应着生员陈请，顺势拘责陈明，生员散去了。"百姓聚集不散，自府学至董宦门首，拥挤不得行，骂者不绝口。"董其昌的堂兄董乾庵、董光大等"犹持董宦冤揭分送，被百姓各出扇于袖中，或拾砖块乱打，一时忿声激几里"。董家急雇郡中打行把守家宅，而"百姓争先报怨者，至其门先撤去旗竿。防护者将粪溺从屋上泼出，百姓亦上屋将瓦砾掷进，观者群持砖助之，而董宦门道俱打破矣。百姓皆曰：'陈明横甚，先破其居可也。'于是一人挥手，群而和之，数十间精华厅堂，俱拆破矣"。等到午后，大家稍稍散去。下午又集聚，"欲起火烧房，而天适雷雨，百姓料雨可灭火，今夜无益，姑止之"。[1]

十六日，"百姓仍前拥挤，加以上海、青浦、金山等处，闻知来报怨者，俱夜早齐到"[2]。到傍晚就发生了百姓"焚其房屋，搬其家资，令宦一门鼠窜"[3] 的"民抄"。

董宅起火，海防同知"欲点兵出救，登轿于理刑厅前"，署华亭知县吴之甲"差人禀止，曰：'不必出救，百姓数万，恐有他变也。'虽云老成之见闻，亦云不满于董宦虐范之事耳"。[4] 尽管避免了一场官兵与民众面对面的交锋，以致可能的血腥镇压，是地方官员的惯常做法，却见出当时地方中下级官员对董家的不满，对民众讨董行为的默认。在松江府出的告示里，明言对董家作恶，"本府正痛恨而思大惩创之"，只是到焚抢之后的次日，府、县政府连出告示十几道，张贴在坐化庵等处，命令百姓"即宜各归家，静听院、道详处，毋得再拥挤生端，致干官法"，否则"府、县捕官，带领兵快，一一锁拿，即以乱民论矣"。既然焚毁家财，对董家"亦足惩其恶而暴其罪矣"，[5] 讨董泄怨目的完全达到，乘没有闹出人命，赶紧疏散群众，以免再酿大事。组织传播

---

[1]《民抄董宦事实》，《明武宗外纪》，第 220-221 页。
[2]《民抄董宦事实》，《明武宗外纪》，第 221 页。
[3]《民抄董宦事实》，《明武宗外纪》，第 224 页。
[4]《民抄董宦事实》，《明武宗外纪》，第 221 页。
[5]《民抄董宦事实》，《明武宗外纪》，第 224 页。

在官方强大压力下起了作用，百姓自动解散了。

骚乱之中带头放火、用贮米的芦席烧陈明庐室的是王皮；放火烧董其昌堂屋的人很多，而"纵爇于两未冠手"，一个"上海声音面肥者"没有缉到，另一个"华亭声音面麻者"就是曹辰。王皮曾与盛心洲构讼，陈明受钱居中摆布，因而王皮对他怨之刺骨。曹辰在"民抄"前一日，即十五日，偶立董门，被董仆推跌在地。他出言不逊，被董仆擒进，持砖剥衣重殴一顿，由此矢志报仇雪恨。他们在受讯时，被官方断为"一系凶徒，一系恶少"，看来王皮是平民，曹辰是少年负气之人。两人"只云董宦罪恶深重，人人要民抄，非我一二人"，从而被判为"魁首无疑"。[1] 显然，他们受到了大众传播宣传的鼓动，乘机积极向董家报仇。感受到现场群众围观董宅、骂声如沸的高昂斗志，他们有了胆量，采取点火烧抢的冲动办法，想的是"民抄"，煞煞董家的威风，出口怨气，还不到有胆量非出面"先杀董其昌"的地步。

另一位在现场冒出的群众领袖是金留，他"当众夸许，自谓葛成"[2]，从现场表意群众立即上升为行动领袖，属于人际传播的头面人物，是好勇任侠、喜好在群体场合出头露面、凸显个性、性格外放的人。像他这样的人在骚乱中很少，但几乎所有的集合行为都会产生，所谓"虽鼓倡原非多众，而哄乱实繁有徒"[3]。至于放肆抢掠之徒，有乘机贪利的民众，也有处心积虑的凶犯，如"一条龙"胡龙、"地扁蛇"朱观等人，本身是郡中打行班头，在社区为所欲为。"此辈蜂聚蚁合，实繁有徒，幸地方有变，以逞其狂，盖日夜几之望也。"[4] 受到严惩，真是罪有应得。

焚抢董宦之后，县、府、抚衙等告示，府、院、道、抚台等来往公文，学院奏疏，中央批示谕旨，官方审案判词，乡绅向官府的"公揭""公书"，被处置的12名秀才（有陆兆芳，无郁伯绅、方小一）的辩冤

---

[1]《民抄董宦事实》,《明武宗外纪》, 第228、229页。
[2]《民抄董宦事实》,《明武宗外纪》, 第231-232页。
[3]《民抄董宦事实》,《明武宗外纪》, 第232页。
[4]《民抄董宦事实》,《明武宗外纪》, 第228页。地扁蛇,"形扁色苍,亦蛇之最毒者也。啮人极难治,治少缓即毙"。参见清人陈鼎《蛇谱》,《生活与博物丛书·禽鱼虫兽编》, 上海古籍出版社1993年, 第317页。朱观绰号地扁蛇,是极其狠毒之人,在松江社区横行,为人民所恨,为人所惧,可知一斑。

上书，董其昌、范启宋的上告状揭等，都是正式的组织传播的工具，起到平息事端、安抚地方的功用。

三、社区传播与大众心态

传播是个人或团体主要通过符号向其他个人或团体传递信息、观念、态度或情感，通过信息进行的社会的相互作用。[1]"民抄"董宦的传播者有匿名的士绅、舆论领袖和民众，通过揭帖、传奇唱本、丑詈词曲、冤揭传单、檄文、报纸，乃至歌谣流言等形式向松江社区的大众传递反董的信息；董其昌和陆兆芳、范启宋的状告纠纷，郁伯绅等陈情说事，则是组织传播的有效形式，从另一个角度助长了大众的反董心态。

公开与开放是大众传播的特征，规范与严密是组织传播的特征，感性色彩强烈是人际传播的特征，它们的共同之处是传播有关董其昌及其家门的信息，特别是董家在争婢、辱范中的凶恶行径。士绅、军民、商贾、娼妓嫖客、游人过客等受众都从士人或军民的社区传播中获知各种有关董宦的信息，经过各自对信息符码的鉴别、理解，加以选择，再层级传播，如漪涟一般扩散开来。

受众的选择与行为有多重性，却容易受到传播者、"守门者"的直接影响，呈现出目的与行为上较多的一致性。士绅与民众在发送反董信息上有相似性，反董目的有一致性，采取的传播手段和行为却有多样性，效果差别很大。公开的士绅的组织传播和行为具有合法性、有序性和可控性，达到了惩罚陈明和董宦的目的，而匿名的士绅与民众的大众传播和行为具有非法性、无序性和不可控性；士绅的反董传播与行为对民众焚抢董宅最多只有间接的作用，他们没有在现场直接参与"民抄"行动，而民众受到传播力量鼓舞直接焚抢或围观哄闹董宅的行为造成了董家的惨重损失，加重了非法的程度，官府不得不出面驱散百姓，收拾残局。

正是公开的士绅的合法、有序、可控的组织传播与行为在反董信息与目的上与匿名士绅、民众的大众传播具有一致性，他们几乎成为"民

---

[1] 丹尼斯·麦奎尔、斯文·温德尔：《大众传播模式论》，第5页。

抄"董宦的肇始者。董其昌机敏地意识到转"民抄"为"士抄"的可能性，通过努力周旋，终于使14个秀才（包括陆兆芳）名誉扫地。对复杂事件中传播和行为的模糊认识替董其昌在社区继续立足挽留下几分颜面。

之所以士绅与民众的传播与行为既有一致性，又有多样性，是因为焚抢董宅，"先杀董其昌"之类的行为后果势必危及和董其昌同类的士林缙绅家庭的房屋财产乃至生命的安全。在既要伸张正义，保护士人利益，惩处董家凶残非人的行为，安定社区，又要保护士人群体的私有财产和人身安全的双重任务的驱使下，士绅队伍必须受到固有的道德规范的约束，以保证本身的稳定性。董其昌教育子弟家人不严，怨愤充满社区，士绅通过合法途径表达反董的意愿，矫正士绅群体中个别的越轨行为，才是士绅反董的初衷。但他们需要调集大众对董家不满的能量，形成对官府与董家的压力。因此，士绅群体不得不采用大众传播与组织传播、匿名的与公开的传播作为双重途径，直到大众骚乱发生，董宦家财若扫，全家弃窜，官方追查主犯，威胁五秀才的生命安全、士绅群体的地位、社区的秩序，他们挺身而出，充当社区与大众利益保护者的角色，在官府与社区大众之间充当有力的调停者，让事件的解决重新回到合法有序和可控的轨道上。

士绅精英群体在社区活动中运用大众传播与组织传播、匿名的与公开的传播两种手段，其矛盾之处在于他们既需要受众在过滤选择传播的信息后的有效行动，又必须控制信息传播后受众行为导致的盲目性后果；既要平衡国家政府与家园社区及大众的利益，又必须明哲保身，维护自身的权益。他们的心态在社区具体事务上和民众有一致性，在理念上却超越一般民众。传播方式不一是他们为了调节社区和大众心态的需要而做出的有效选择。

在信息传播过程中，出现许多对信息分析思考的受众，如士人、军民、商旅等。他们从各自的兴趣经历、知识框架出发对信息加以判断和选择，逐渐发生趋同效应。传播者、"守门者"对信息的加工剪辑改变了信息的内容与组合结构，舍弃了臃肿的部分，添加了新鲜又具有活力的成分，使信息更有感情与行为上的挑逗性与激励性。如《黑白传》、揭帖中描述董其昌的情况已与真情有所背离，但它们能使受众更受震动,更能激发怨恨。

一部分受众原来就与董家有仇隙怨愤,在这个基础上,反董的情绪不断增加;而一些与董家素无瓜葛的受众在传播中也对董家与大众的关系产生好奇,从而无意地参与到反董的行列中,壮大了反董阵营的声势,被有心人在客观上利用,推波助澜,更加孤立了董家的势力。

董家对陆家使女的诱奸与强抢,对范家女仆的"剥裤捣阴",当众侮辱,"泥涂满面,上无蔽体之衣,血流至足,下乏掩羞人布。观者摩肩,人人指发,咸谓董氏之恶,至此极矣"[1],激起社区大众的共愤,吸引了大众的注意力,也引发了大众的想象力;又因陆范都是秀才之家,被事者都是秀才之家的女性下人,柔弱无力,所以激怒了秀才乡绅等社区精英群体。一些民众平日或受到董家的钱粮敲剥,被侵占房屋、土地,或因董家仗势说事,包揽词讼,克榨钱财,霸道市场,个人利益受损,早已窝积了一肚子怨愤,惟恐找不到一个宣泄口。经过加工的传播逐渐固定了受众对董家的形象认知,并浓缩到董其昌、董祖常身上,形成十恶不赦的"兽宦""枭孽"图像,甚至董祖常的孽债亦由董其昌偿还,"若要柴米强,先杀董其昌",成为最言简意赅、能够煽动大众仇恨心态、富有号召力的口头歌谣。

董家对陆范二家的事端在"民抄"董宦中就像两星火花,引燃了大众心中仇怨的火药库。舆论传播赋予受众以行动的合理动机和理论根据,传播一旦转变为内在的力量,就会使行动化为事实。行动战胜认知判断,统一分散的意见态度,促成了焚抢事件,也推动秀才群体勇于直谏。

大众传播的流言与真实的舆论在赋予人们思想行为的正当性上具有相同的价值。受众怀有董家必惩的一致信念掩没了事实的全部情形与董家的任何辩解。从董家对陆范两家女性凌辱的角度去刻意宣传董家的惨无人道,容易激发人们本性的好恶,形成董其昌丑陋的形象,继而在"真相就是如此"的先见意识作用下,流言成为合理解释董家暴行的短暂的最好答案,补充平衡了受众对事实真相的需求,促成趋同的集合行为。受众在流言传播中得到心理享受,处于明智的暧昧状态的受众朝流

---

[1]《民抄董宦事实》,《明武宗外纪》,第250页。

言所期待的心理发展，达成期待的状况，并且在临时熔铸、人声鼎沸、以怨恨为根基的新集合环境里，心理能够忍受的时间限度被努力缩短，而事件爆发的强度在不断增加。流言产生的同化受众行为的效力迫使受众竭力采取一致行动，不达目的，誓不罢休。

从初十开始，在"若要柴米强，先杀董其昌"的召令下，到十五日、十六日，先是华亭，后是上海、青浦、金山的民众心态渐趋一致，主动聚集围观董宅，及至"速祸于打行捍卫之人",[1]舆论与流言的同心球愈滚愈大，愈转愈快，怨情与报复的潜意识终于化作了即时行动。董家被焚烧抢掠，成了废墟一堆，家破人逃，显示了受众的力量。理智的判断认识与行为退让于无可压抑的仇恨与报复心态，攻击董宦的趋同从众心态在传播（包括流言）的作用下似后浪推前浪，层层簇拥，越拥越高，无法追究出头羊，"反正大家一样，要有事大家有事，不是我一人"的心态占了上风；不屈的反抗力量被高度激活，大众群体中的个体自行消失了。

王皮、曹辰的点火行为居然使在场的群众一哄而起；曹辰等少年火烧董宅，居然为那么多成年人所效仿；胡龙、朱观的突发性示抢行为竟让大家失去思考"他们是谁？抢掠对不对？"的余地；金留的自诩葛成无疑替大家临场添胆，勇上加勇。处于集合行为中的大众被舆论、流言俘虏或折服了，复杂的事件在情感怒潮向董家涌去之时不允许在场的人们有半点怀疑和反对。怀疑便是异端，迟疑就是胆怯，行动才是理解，才是唯一的选择。实际上，人们无意中产生了现场趋同的条件反射与盲目遵从。还是应天巡抚王应麟在安民告示中说得明白："大都修隙本宦者，果有其人，而闻风切齿者，遂拥至千万。虽云奇祸，实出无知。姑与维新，免其查究。合行晓谕。"[2]除了生员14人、焚抢8人、说书的钱二，各有处罚，集合行为中的广大民众一概免究了。[3]

大众传播信息的不确定性，乃至模糊性，如"兽宦""枭孽"等骂语加剧了松江社区大众对董家的仇怨。不像组织传播那样需要依靠严格的真情实相的反馈，制定下一步对策，大众传播的宽度大为增加。它和

---

[1]《民抄董宦事实》，《明武宗外纪》，第236页。
[2]《民抄董宦事实》，《明武宗外纪》，第241页。
[3]《民抄董宦事实》，《明武宗外纪》，第247-248页。

人际关系传播如钱二说唱的感性印象,组织传播中意见的分歧一样,使"民抄"董宦的三案三截越加紧密地贯穿起来。

"民抄"董宦的传播是在晚明江南社区特定的经济文化结构中进行的。高度发达的科举文化造就了社区的乡绅精英群体,内中却有分化,产生与董其昌对立的一个乡绅精英阵营。他们和遭受董家欺侮的民众的力量联系在一起;心态上有些相同,行动上却不全然一致,运用了自己独有的方式。商品经济的发展让董家的仗势竞争累积了农业主体社会中部分人际关系的阴影与阶级矛盾,包括地主与农民、工商业者、游民无赖等群体之间的矛盾。在传播力量发挥的过程中,虽然讨董檄文要"先杀董其昌",但结果是秀才士绅以拘捕陈明为满足,民众以焚抢董宅为满足,受众在不同层次上达到了惩治董其昌的目的。

董家在三案三截的"民抄"中基本上处于被动地位,在传播中不齿于人。如果说争婢之后的流言与舆论让董其昌受到奚落,形象败坏,引起大众的不满仅是开端,那么到范昶愤死、范妇受辱,社区的传播便使大众对董其昌的愤恨与日俱增了。士绅与民众从各自固有的对董其昌怨愤的框架出发,运用当时可得的呈现性和再现性媒介,人际、组织、大众传播三种传播类型,倾倒反董情绪,又在传播力的作用下,发生秀才士人讲事的集合行为;民众心态跟随漫无边际传播的舆论已往无序方向急速推进,不捣毁董宅、宣泄物怨,决不罢休。骚动的社区、激昂的集合行为、骄横的董家,为民众行为增加了几分合理性,而官府与董家的疏远空间,乡绅的居中调节,都使传播的魅力四射。

晚明松江社区与大众心态随着倡言"民抄"董宦传播的节奏而层层起伏;社区结构的调整、大众心态的变化和沉淀又使"民抄"董宦事实的传播层层迭加,经久不息,真伪混杂,历史与文学被传播者和"守门者"使用多种传播媒介和类型一次次有机地揉搓进一体。

第九章 晚明江南的社区失范问题
——"民抄"董宦事件的个案研究之四

明神宗万历四十四年三月十六日（公元 1616 年 5 月 1 日）酉时，在南直隶松江府城聚集了府属华亭、上海、青浦三县及金山卫军民上万人，"民抄"乡宦、书画大师董其昌的家宅，焚毁室庐，抢劫财宝，董其昌和家人仓皇亡命于外，此事事隔半年才被平息。这就是震动朝野的晚明"民抄"董宦事件。

透过此事复杂的表象，我们可以剖析晚明江南的社会结构，把握江南社会的某些变化进程，深刻理解其作为中国传统社会转型期的前沿地区呈现的一些特性。中日美学术界以往对此事件的研究主要集中在此事件的性质及就此事对董其昌的评价上，有的将它和晚明其他民变事件放在一起观察晚明江南的社会动向。近几年来，在前人研究的基础上，笔者已从社会史的角度，运用社会学、传播学等多学科方法，围绕此事做过一些尝试性探讨。[1] 现在，我们关注的焦点将放在"民抄"董宦事件中的江南社区失范问题上。

一、"民抄"董宦事件中两种类型的社区失范：道德失范和法律失范

"民抄"董宦事件起因复杂。它的进展大约有三案三截，即争婢、

---

[1] 吴建华：《"民抄"董宦事件与晚明江南社区的大众心态》，《中国社会经济史研究》2000 年第 1 期，第 83—88 页；吴建华：《晚明江南的社区与大众心态：乡绅的宣言——"民抄"董宦事件的个案分析之一》，唐力行主编：《家庭·社区·大众心态变迁国际学术研讨会论文集》，第 496—511 页；吴建华：《晚明江南的社区传播与大众心态——"民抄"董宦事件的个案分析之二》，张国刚主编：《中国社会历史评论》第二卷，第 332—342 页。

辱范、焚宅，愈演愈烈，构成一起完整的大案。

事情起源于董其昌的次子董祖常在万历四十三年（1615）八月诱淫并强抢同城生员陆兆芳家婢女绿英，导致董陆两家到官府争讼纷纷。经乡绅何三畏、吴尔成等极力劝解，"陆生甘心含忍，自秋迄春，抱病杜门"[1]，默示抗议，事情得到平息。

不过，松江社区流言说唱四起，十分不满董家横行霸道，为陆家平白无故受辱鸣叫不平。董其昌知悉，恼怒万分，状告于官府。官府下令追查，却查无得实。董其昌只得动用家丁四处寻访，结果查到说书盲人钱二。钱二拒不承认，推脱说唱本来自同城生员范昶，引得范、钱当堂跪地对质；范生不认，董、范又去面对城隍发毒誓相应。范生经此变故，忧忿交加，不到十日，悒愤暴亡。范母范媳范婢呼天抢地，骂上董门，被董宦家奴分隔，范婢三人被剥裤捣阴，血流如注。这一当众侮辱、惨无人性的凶恶行径立即肇致道路侧目，愤愤有辞。

在社区传播的作用下，民众平素对董家的怨愤被充分调动起来，而秀才出于社会义愤和公正，勇于向府、县官员陈情请事，要求严惩凶犯。松江官府积极惩处董家家奴头目陈明，以示支持。但民众因怒而起的集合行为已成势头，群情激奋，斗志高昂，无可阻挡，加上少数地方无赖觊觎董家财物已久，乘机掺和，而董家处事惊慌，一味蛮横骄纵，终于导致董家和民众的直接冲突。董家多年积聚的辉煌统统毁于一举：房宅被烧，财物被抢，文物受毁，声名受损。

包括焚宅在内和随后发生的一系列事件是松江社区失控的体现。它们使松江社区一度处于混乱之中。社区失控意味着区域社会原有的社会秩序发生混乱，社会组织失去控制和管理能力，人们正常的社会生活被打乱。之所以发生社区失控的情况，是因为原有空间的社会规范错位，即社会失范（social anomie）。它使本来存在并正常运转的社会机器发生故障，严重者会导致社会的瘫痪以致坏死、崩溃。它由多种原因造成，主要是社会结构之间的力量发展不平衡，渐渐趋于紧张，以致出现失衡状态。社会成员素以遵从的社会规范失去了与原来同等效率的约束力，从而呈现社会失序，民众心态骚动，并诉诸实际行为，产生越轨的集合

---

[1]《民抄董宦事实》，《明武宗外纪》，第236页。

行动。另一方面，管理机器失灵，管理效能无法正常发挥。

综观"民抄"董宦事件中江南的社区失范问题，随着事件发展，程度升级，它集中体现在道德失范和法律失范两个方面，而且，出现了从道德失范向法律失范的转向，使道德失范和法律失范合一，由董家的单一道德失范向道德和法律的双重失范转变，从而导致民众采用法律失范的手段，焚烧抢掠了董宅。现将"民抄"事件中的社会失范按照其进程加以分叙。

第一阶段，"民抄"董宦的序幕：董陆争婢案与董家的道德失范。

从万历四十三年（1615）八月绿英事件发生，到四十四年（1616）三月辱范事件发生。

> 董宦于旧年八月内，因生员陆兆芳家使女，继养宦仆之家，此女探生母未回，董仆陈明纠众打毁陆兆芳家资，将女抢去。街坊传闻共怨，致有流言《黑白小传》并丑詈曲本。董宦告府严缉，并无主名。[1]

明显是董家凶横破开陆生家门，强行抢走绿英，违背道德常规，在法律上也居于下风。而社区传言，针对董家暴行，谴责董门的道德失范，违背了人心常理。但是，另有的说法是，陆家也有理亏的地方。从董陆争讼于地方官府公堂，各执一端，诉说道理上看，陆家的行为留下了把柄，陆家也不是完全正确的。

第二阶段，"民抄"董宦的推进：董范争讼案与董家的道德、法律双重失范。

万历四十四年（1616）三月，钱二与范昶对质，董、范赌誓于城隍前，结果，范昶愤死，随后辱范事件发生，加速了"民抄"董宦的进程。

辱范事件发生后，当时反董的檄文明确高举讨伐董家道德失范的大旗，号召松江社区的民众，万众一心，勇猛地向董家开火。

残存的当时松江社区讨董檄文的文字不多，不知出自谁的手笔。从字里行间可以见得，它肯定出于文笔较高的文人之手，还富有豪情气

---

[1]《民抄董宦事实》，《明武宗外纪》，第226页。

势。韵文骈体，不仅遣词造句精心斟酌，文体细加润饰，而且感情倾向浓烈，将思想主题上升到了当时哲学的最高程度，使它既能够在松江和江南社区中得到普通民众的心，又能得到士绅的广泛支持，至少无理由可以在台面上反对。显然，檄文的写作者深谋远虑，充分意识到发动社区各群体反董的艰难性。为了立得住脚，防止产生种种后遗症，他们牢牢把握了董家行为上的道德失范，即使超越时代，越出松江和江南的地域空间，在全国和后人的历史角度上评判，檄文所宣传和传播的理念都合乎永恒的人性，可以让讨董举动立足于不败之地。

（原缺）人心谁无公愤？凡我同类，勿作旁观，当念悲狐，毋嫌投鼠，奉行天讨，以快人心！当问其字非颠米，画非痴黄，文章非司马宗门，词翰非欧阳班辈，何得侥小人之幸，以滥口名？并数其险如卢杞，富如元载，淫奢如董卓，举动豪横如盗跖流风，又乌得窃君子之声，以文巨恶？呜呼！无罪而杀士，已应迸诸四夷；戎首而伏诛，尚须枭其三孽。呜呼！畴昔金闾凌宦，只因一士之仇；今日玉峰周家，亦非通国之冤。较之此恶，不啻有差。若再容留，决非世界！公移一到，众鼓齐鸣，期于十日之中，定举四凶之讨。谨檄！[1]

反董檄文根据董家辱范的事实铁证，严厉谴责了他们兽性大发，丧失人性，从而将董家的行为，民众的常识，提升到人伦、人道与天理、天道的高度，以中国历史文化的事实，将董其昌打入"险如卢杞，富如元载，淫奢如董卓，举动豪横如盗跖流风"之列，远远坠出了"君子""小人"，所谓正常社会等级中的人之常情的道德范畴，已经臻于十恶不赦，类似传说中虞舜流放的"四凶"的地步，甚至已经不配列身于中华礼仪之邦，"已应迸诸四夷，戎首而伏诛，尚须枭其三孽"。因此，对于董家的人心公愤，就不仅在于士人同类的问题，还在于士人群体蔑视董家作为士人缙绅的行为道德沦丧，在于董家失去了人心公道，失去了天理、天道，失去了人性、人道。这样的败类应群起而攻之，人世不容，"若再容留，决非世界！公移一到，众鼓齐鸣，期于十日之中，定

---

[1]《民抄董宦事实》，《明武宗外纪》，第219页。

举四凶之讨"。解决的办法,只有遵从"公愤","奉行天讨,以快人心!"无疑,这是檄文作者认为的最能够平民心、息民怨的途径。

松江社区人心的激愤出于董家的无道行为,不满董家的公文中也说,"傍人目击,咸切齿不平"[1]。檄文旨在剔拨出人心潜在的良知,以图现实的社会规范公正,扭转董家的暴行引起的社会道德失范局面。

第三阶段,"民抄"董宦的高潮:民众焚抢董宅与民众的法律失范。

三月十六日,焚抢董宅事件发生,成为"民抄"董宦的高潮,也迫使朝廷出面,处理善后事宜,平息松江社区的这场震惊晚明朝野的动乱。

无论站在明朝政府的立场上,还是以明朝的法律来衡量,焚抢董宅的举动都是违法的。应该说,这也是中国历史上任何朝代的政府的立场。因为保护臣民的正常生活秩序总是安定局面的基本保障。当然,这里不涉及官逼民反一类问题。

御史杨鹤上疏说:"放火故烧官民房屋者,律有明条,不知当事何以处此?"[2] 站在统治者立场上说,民众的法律失范肯定会遭到惩罚。但究竟如何量刑,还要松江地方当道具体把握分寸。

社会规范有强制性和非强制性两种类型。法律属于强制性的社会规范,而道德属于非强制性的社会规范。因而,对于纠正法律失范、道德失范的举措,也应有两种类型,即强制性的和非强制性的。前者应由国家权力机构出面,予以实施。后者则主要依靠人们良知的发现和行为的自律以及社会舆论的有效监督,才能实现。在董案中,董家的道德失范在先,已输于社会规范,先不齿于人心,而法律失范接着发生,本应很快遭到社会管理者的恰当惩罚,但是后者惩治不力,没有符合社会民众的期望,加上董家连续社会越轨,将道德失范与法律失范合二为一,激化了民众愤怒。民众将对这两种失范的纠正模糊地混同在一起,同时因为多种因素的纠缠,使得国家正式纠正失范的力量明显不足或滞后,从而导致民众的非正式纠正一度占据上风,并且上升到了法律失范的程

---

[1] 《民抄董宦事实》,《明武宗外纪》,第226页。
[2] 《民抄董宦事实》,《明武宗外纪》,第256页。

度，最终也得到社会管理机构正式的法律纠正，民众遭到不必要的损失。而董家依靠过硬的社会关系，极力周旋，变"民抄"为"士抄"，"谓杀一百个百姓，不如杀十个秀才，方免民抄之名"[1]，结果使政府重惩相关的十几个秀才，宽贷绝大部分民众，就是希图逃逸因为自己的社会越轨、法律失范而遭受的正式的法律制裁；而在道德规范上，即使因越轨、失范遭到制裁也不会是灭顶之灾，何况"士抄"的名义，在明末士风中也没有特别不堪，只是士人之间内部矛盾产生的结果而已。[2]

二、社区规范的"守门人"掌握了衡定社区失范的主动权

在"民抄"董案中，很明显，因为有幕后策划和指挥者，事件才会被推波助澜，不捣黄龙之穴，决不罢休。但是主角又始终没有露面，以至于最后惩处的不是恶棍地痞小喽啰，就是替罪的几个在现场的民众领袖，更多的则是无辜的白衣秀才。那么，民众的社会规范意识为什么会在社区传播的驱使下，不断加剧，上升到支配集合行为，焚抢董家的地步？这里就关涉到谁掌握了衡定社区失范的主动权的问题。

"民抄"事件中存在法律失范已是毋庸置疑，可是它只有彻底暴露，到了必须诉诸法律的程度，官府才会出面处理。因此，反董问题的关键还在于不断强化民众有关董家道德失范的意识，使松江整个社区产生对董家一致的愤恨，如此才会产生统一的自觉行动。这里，掌握衡定社区道德失范主动权的人，亦即传播学上的社区"守门人"，高明地利用了董家在董陆、董范纷争中的道德失范行为，恰当地激起了社区多层次民众对董家的怨愤，成功地达到了隐匿幕后，洞若观火，从容地指挥民众步步向董家开火，惩处董家道德失范，甚至对法律失范的惩处也达不到的目的。尽管最后官府的正式法律审理对董家较为有利，对秀才、民众不利，董家还是受到了道德和法律失范导致的双重惩罚。因此，"民抄"大快了松江社区的民心，不过它也留下了深刻的历史教训，是进行历史社会学分析的好材料。

---

[1]《民抄董宦事实》，《明武宗外纪》，第251页。
[2]《民抄董宦事实》（《明武宗外纪》，第225页）有董其昌的求援活动。

回顾董案的进程，起初温和回环，最后剧烈狂暴，只有中间一截承上启下，至关紧要，其中的关节点就在于社区的"守门人"适时煽风点火，逐步燃起反董社会失范的熊熊烈焰。

在上述讨董的檄文里，有几个问题值得深究，从中可以体味出松江社区规范（尤其是道德规范的）"守门人"的真正用意来。

第一个问题，谁在提出"天讨"？檄文撰写的高水平，足以表明它出自松江社区的文人、士人之手。而"天讨"口号的提出，反映松江士人对于同属士人群体，但已经成为士人败类的董家的强烈反感，于是公开决裂。奉行社会规范的士人和道德失范的董家发生明显的道德分歧和社会规范的差异，必然导致同一社区士人群体的分化。同时，可以想见，只有明朝中后期江南士人砥砺品行，伸张正气，才能出现对董其昌这样当时已是名流的乡宦口诛笔伐的现象和举动。

第二个问题，"天讨"怎样界定？"天讨"是个十分模糊的概念，在"天"的背后其实是人的功能，自然事象里蕴含着人事的遵循或忤逆，从而遭受物力与人力的惩罚。但是，信"天"意"天"力，再诉诸人意人力，就比只用人意人力要来得巧妙，既捍卫了人意人力的自然合法性，又冲击了社区人际的非道德非法律关系，社会结构之间从中获得正互动，从失衡状态走向新的和谐状态。至为关键的是道德的失范只有求诸人心公道的审判，人人心中之"天"，就是自然的天理良心，此类内心中产生的自然力量，才是攻无不克、战无不胜的推动力。

第三个问题，为什么要诉诸"天讨"，而不诉诸法律，要号召实行人世的"天讨"？这实际上涉及的是当时江南松江社区的法律失范问题。这种法律失范一方面体现在法律在实施中的不公正性上，人们对此已经失去了足够的信任；另一方面则呈现出了以非法对付非法，以其人之道还治其人之身的策略和无奈。在法律对董家主奴惨绝人寰的道德失范惩处不力或滞后的情况之下，社区人心失衡，于是，以恶报恶，成为唯一急迫的选择。

第四个问题，能不能实施"天讨"？也就是能不能唤醒江南松江社区民众的良知，一致对付董家的无道无法行为，讨回公道人心。这就要看当时的条件积累是否成熟，时机是否紧要。实际上这就是"天讨"口号的提出有什么意义，有什么实际含义和作用的问题，也是最重要的一层。

> 董宦父子,既经剥裈虐辱范氏,由是人人切齿痛骂,无不欲得而甘心焉。又平日祖和、祖常、祖源,父子兄弟,更替说事;家人陈明、刘汉卿、陆春、董文等,封钉民房,捉锁男妇,无日无之;敛怨军民,已非一日;欲食肉寝皮,亦非一人;至剥裈毒淫一事,上干天怒,恶极于无可加矣。
> 斯时董宦少知悔祸,出罪巳(己)之言,犹可及止,反去告状学院,告状抚台,要摆布范氏一门,自此无不怒发上指,激动合郡不平之心。初十、十一、十二等日,各处飞章投揭,布满街衢,儿童妇女竞传"若要柴米强,先杀董其昌"之谣。至于刊刻大书"兽宦董其昌、枭孽董祖常"等揭纸,沿街塞路;以致徽州、湖广、川陕、山西等处客商,亦共有冤揭黏贴;娼妓、龟子、游船等项,亦各有报纸相传。真正怨声载道,穷天罄地矣。[1]

董家既已有违人伦,又一直藐视法律,横凶霸道,鱼肉乡里,以致做下辱范的缺德事,激起了公愤。但董家此时的道德失范问题还不到不可收拾的地步,法律失范问题还没到官府治不动的地步。董家若能及时收住阵脚,仍然可以及时刹住焚抢,避免以后家资和名望的巨大损失。最使社区民众不能容忍的是,董家辱范占了上风,还在仗势欺人,施展自己特殊身份的影响力,想要通过官府压服对手。人们既然心存不满,观察他的举动便觉得很有异样,即使是极为正常的举动,也会认为极无道理,一味认为法律不公,官府总是偏向于董家的。因此,明朝江南地方政府的执法不公和董家利用法律争取上风,同时造成法律的相对失范,这无异于为焚抢董家事件的发生火上添油。

以后"民抄"董宦家宅的结果表明,董家长久的积怨积恶已经大大超出了松江地域,蔓延到了江南,涉及了来到江南、与松江董家发生关联的官、军、士、商、农,以及游客、艺人等下层民众,甚至涉及了地方无赖。这一现象充分说明,江南松江的社区结构中积聚了一股强大

---

[1]《民抄董宦事实》,《明武宗外纪》,第219—220页。

的反董潜能，犹如地壳岩浆的运动，只需要提供一个适当的机会，让它寻到一个突破口，社区的火山就会立刻喷发，这是民心不平的火山喷发。它本是官府和社区的力量，尤其是首当其冲的董家，都应该极力预防和及时消释的。身为董家之主的董其昌，必须富有预见，及时防范，才能避免不必要的巨大损失。所谓"解铃还须系铃人"，毕竟，等到事发之后，董家的物质和精神财富统统付之一炬，苦心竭力去挽回最多的，大概只是虚面了，真的受了名为"天讨"实则是人讨的严惩。纵使官府行政和法律的判断再有偏向于他的成分，他得到的也是家宅废墟一片，千古败名一个了。

第五个问题，怎样进行"天讨"？应该说，"民抄"董宦事件是件无头案，从头到尾，没有核心主使人物出场。事后的追究也是"葫芦僧判葫芦案"，除去严惩几个在现场的民众领袖和趁火打劫的地痞无赖外，就是敷衍了事，置几个穷秀才的生命和政治前程于不顾。因此，事前的周密计划、行动纲领等，一切付诸阙如。

从发展看，事态似乎更有可能是社区"守门人"在幕后调度，但表面上却处于自然无序的状态。随着董家的举措升级，突发的状况增多，似乎没有人会预料到事态的真正结局。"民抄"的烧抢只向董家宣泄物怨，董家人身却毫发无损。这样形式的报怨真令人费解，实际上就是表面上没有统一部署、没有集中领导的民众自发性的集合行为。民众痛恨董家的道德和法律失范，却还没有发展到与其拼命或同归于尽的地步。所以，焚抢结局的出现带有在江南松江社区当时复杂的背景下、在多种社会力量交织互动下的偶然性，当然最后它会以自发性民变的面目出现。

小结

以上分析了"民抄"董宦事件中晚明江南松江社区中的社会失范的两种类型，以及两种类型之间的重合和互相转化的进程，并涉及两种社区失范转化的根源，这在极大程度上与社区规范"守门人"的态度、策略相关。正是在晚明松江社区中普遍存在民众自觉遵从的传统文化的道德规范，因此董家一旦越轨了，违背了社区规范，就触犯了众怒，包括多层次的大多数社区民众希望纠正董家的越轨和失范，使其受到道德和法律上的制裁，社区规范的"守门人"的幕后导引才会取得成功。

限于篇幅，"民抄"董宦事件中社区失范引起的后果不能再细加探讨。但有两点可以肯定：第一，"民抄"董宦事件中的社会失范导致江南松江的社区失控，而且，社区失范本身是社区失控的结果，两者互相影响；第二，"民抄"董宦事件中的社会失范引起的江南松江的社区失控又导致社区规范的恢复、社区秩序的重组。前者在事件发展的过程中得到充分体现。后者则有待于通过对此事的善后处理，细加评析。

社会失控在社会失范下发生。社会失范意味着原有的社会规范受到现实状况的挑战，社会规范和社会现实两者之间出现互不适应的情状，从而使得社会现实暂时失序，失去了正常控制，即呈现社会失控的局面。这种局面是短期失控，还是较长时间的失控，应该视社会控制的力量来决定。一般而言，政府是社会控制力量的主体，它和社会其他的控制力量协调、均衡，十分重要。如果能够在较短的时间内协调平衡，则社会失控延续短暂，社会动荡程度轻微，不会伤筋动骨，反之，社会失控延续长久，社会动荡程度严重，甚至危及社会原有的根本性秩序。

"民抄"董宦事件中的社会失范导致的江南松江的社区失控属于短期失控的类型。士绅、民众力量在反董事件上无意中默契配合互动，使政府行政暂不干预，使原有的社区秩序临时错位，却又是必要的错位，但毕竟还不是本质的变化。因此，明王朝的统治还能在类似"民抄"董宦的诸多事件发生当中，斜阳残照几十年，才被清王朝所取代和接续。

后 记

本书是本人已刊论著结集，包括上、下编两个部分，上编部分是《中国艺术史·书法篆刻卷·明代书法篆刻史》所收七章中的六章，下编部分为"民抄"董宦事件研究的五篇系列论文中的三篇。这些文字与结构基本上保持原样，只是按照规范，作了统一调整。前者在语句上也略作疏通，并尽量订正了错讹；对于引用资料，都作了核对。由于"明代书法篆刻史"撰写较早，都是手写交稿的，后来作了清样校对，手里却没有定稿了，以至有的错讹难免，正好借此机会尽量修订一下。

在整合上述两个部分内容之时，正届上海师范大学与中国美术学院等联办第二届"道·器 江南"学术论坛暨第十五届江南社会史国际学术研讨会之际，洪煜教授催促之下，触动我撰写从艺术社会史角度研究董其昌的事迹与书法艺术的设想，原来表面上似乎不相关联的研究找到了链接点，于是递交了会议论文，并拿来放到本书代替序言了。

本书题名"董其昌暨明代书法研究"，正如"代序"所言，本人长期以来关注董其昌书法与"民抄"董宦事件，以及明代书法的一些情况，尤其偏重于社会背景方面的描述，这可能正是艺术社会史的长足之处。或许这样的理解，有助于未来更好地在董其昌书法绘画艺术的社会方面再做探研。但愿自己能续有新作。

回溯本书写作与刊布的内容，自1997年开始，迄今已达25年了，其间受到学界友朋支持，余温不时萦绕心怀，谨此表示诚挚的感谢！殷伟仁、董粉和教授促使我参与明代书法篆刻史研究。张思师兄从日本专为我复印日文董其昌研究论著，一大叠子，及时寄来，增添了我的研究勇气。唐力行、常建华、王日根、徐茂明、洪煜教授成为督促我不断进行研究的推动力，并且在其相关刊物著作上刊发了论文。苏州大学社会学院王卫平教授长期关心本项研究。朱小田、臧知非、朱从兵、胡火金、王玉贵等教授和高峰院长，以及苏州大学学科办、出版社、财务处对于本项目纳入苏州大学中国史重点学科资助出版，都给予了大力支持。中国美术学院钱伟强副教授曾助解疑。我的硕士研究生韩吉祺、李永玲、陶冶、李嘉明、温玉聪、刘怡，先后参与了文集文档的识别与核对，范莉莉、高波也提出过有益建议。

东吴三湖　吴建华　识于姑苏龙溪草堂
2022 年 11 月 30 日